生命……什麼

阿德勒的自卑與超越

What Should Life Mean to You

阿爾弗雷德・阿德勒——著　王倩——譯

個體心理學經典之作，
深刻探究生命的意義
自卑不是一件羞恥的事，
它具有一種強烈的反彈力量

人類的一切文明都是基於自卑感情結而發展出來的。
—阿爾弗雷德・阿德勒

ALFRED
ADLER

譯者序

一八七〇年，阿爾弗雷德・阿德勒（Alfred Adler）出生於維也納一個富裕的猶太商人家庭。他是個體心理學的創始人，也是現代自我心理學之父。阿德勒的童年是不幸的，在六個兄弟姐妹中他排行老二，哥哥體格健壯，是個典型的模範兒童，而他長得既矮又醜，且患有佝僂病，身體十分孱弱；他與哥哥關係不佳，而母親似乎偏愛哥哥。但阿德勒並沒有被身體上的缺陷壓倒，相反地這激發了他的上進心。後來他更將自己獨特的經歷轉化為其日後研究的基礎，成為西方心理學發展上一位偉大的心理學家，其理論對後來西方心理學的發展具有重要意義。

一八九五年，阿德勒在維也納大學獲醫學博士學位。畢業後，他在維也納醫學院實習了一段時間。一八九六年的四月到九月，他應徵入伍，在奧地利軍隊的一所醫院工作。一八九七年到一八九八年，他又回到母校深造。在此期間，他和來自俄國的留學生蒂諾菲佳娃娜結婚。蒂諾菲佳娃娜是個能說會道、擅長交際的女人，但她的個性與阿德勒沉穩保守的性格頗有衝突，因此在婚姻之初兩人常有摩擦，幸運的是兩人還是恩愛如初，直至白頭偕老。

就在這一時期，阿德勒開始特別注意因身體器官缺陷而產生的自卑，認為它是驅使個人採取行動的真正動力。在熟讀了佛洛伊德所著的《夢的解析》一書後，他認為它對於瞭解人性有莫大的貢獻。因為他曾在維也納一本著名的刊物上寫文章公開支持佛洛伊德的觀點，所以佛洛伊德寫信給他，邀請他加入佛氏所主持的討論會。一九〇二年，阿德勒加入了佛洛伊德的集團，並成為當時精神分析學派的核心成員之一。繼佛氏之後，他成為維也納心理分析學會的主席及心理分析學刊的編輯。

但是阿德勒與佛洛伊德的學術觀點並不相同，起初，兩人還能彼此容忍，可是當佛洛伊德要求阿德勒發表在其學刊上的文章都要先接受榮格（Jung）的檢查時，他們便勢同水火了。隨後，阿德勒率領他的一群追隨者退出心理分析學會，而另組「自由心理分析研究學會」，並自稱其研究為「個體心理學」。

從這時開始，阿德勒徹底摒棄了佛洛伊德泛性論的心理分析觀點，他認為這是對性的迷信，他也承認潛意識動機的存在，但是他卻比佛洛伊德更重視自我的功能。他也不否認對夢的解釋有其重要性，不過他卻認為夢是個人日常心理的一種反映。

一九二〇年，阿德勒開始任教於維也納教育學院，並在學校系統中組織兒童指導臨床活動，創立兒童指導中心。這份工作讓他發現：他的觀點不僅適用於父母和子女間的關係，而且同樣可以涵蓋師生關係。

從這個時期開始，阿德勒已經卓有聲譽了。他開始周遊各國，到處講學。一九二六年，阿德勒初抵美國，受到熱烈歡迎。一九二七年，他受聘為哥倫比亞大學講座教授。一九三四年，阿德勒決定在美國定居。次年，他創辦了國際個體心理學學刊。一九三七年，阿德勒受聘赴歐洲講學。由於各方爭聘他，他有時甚至一天之內要分赴兩個城市演講。由於過度勞累，他終於因心臟病突發而死於蘇格蘭亞伯丁市（Aberdeen）的街道上。

本書出版於一九二七年，書中主要提出了生活的意義、心靈與肉體、自卑感與優越感、早期的記憶、夢、家庭的影響、學校的影響、青春期、犯罪及其預防、職業、朋友及同伴和愛情與婚姻十二個主要論點，是阿德勒思想成熟期的巔峰之作。阿德勒在書中探究了人生最根本的問題，同時也闡明了人生道路和人生意義。

阿德勒認為，我們每個人都有不同程度的自卑感，這是人類的通性，也常常是失敗的根源。青少年時期是完整人格、人生價值觀、社會價值觀形成的重要階段，只要家長和老師能幫助孩子樹立正確對待職業、社會、家庭和性的觀念，並能過個正確理解生活，使他們認識「生命的真正意義」，並懂得合作的價值，他們就能夠從自卑走向超越。

目錄

第一章　生活的意義……9

我們是生活在「意義」的領域之中的。人的一生並不僅僅只是經歷事物本身，更為重要的是，體驗這些事物對我們的生活有什麼樣的意義。

第二章　心靈與肉體……31

有一個問題，讓人類一直爭論不休。那就是：到底是肉體支配心靈，還是心靈控制肉體？參與爭論的哲學家們各執己見，大致可以分為唯物主義和唯心主義兩種觀點。

第三章　自卑感與優越感……53

「自卑情結」作為個體心理學的一個重要發現，已經聞名於世了。很多心理學家對於這個名詞都表示認可，並將他們自認為合適的方法運用到了實際當中。

第四章　早期的記憶……73

經研究，人類的記憶是最能顯露個人心靈祕密的。記憶能夠讓人回憶起自身的限度和環境，是可以隨身攜帶的一種載體。一

第五章　夢……93
我們都會做夢，但對夢的瞭解卻不多。這真是奇怪，夢是人類心靈的一種常見活動，它會讓我們感到好奇，然而，我們卻無法瞭解它的真實意義。

第六章　家庭的影響……117
從降臨人世開始，嬰兒就希望與母親建立一種緊密的關聯，他的所有行為都是以此為目標的。在最開始的時候，對於他來說，母親是最重要的，他對她產生了嚴重的依賴。

第七章　學校的影響……147
對於家庭而言，學校是一種延伸。假如父母可以良好地教育子女，並讓他們獲得解決問題的種種技巧，那麼，學校自然就不必存在了。

第八章　青春期……171
市面上以青春期為主題的書籍可謂是五花八門，大多數書籍在討論中都將青春期看作一個人性格發展的高危險階段。

第九章　犯罪及其預防……185
雖然我們可以透過個體心理學來瞭解不同的各類人，然而，人與人之間的差異並沒有那麼大。我們觀察到：很多人都表現出同一種類型的失敗，比如自殺者、酒鬼、性欲錯亂者、精神病人、罪犯、問題少年。

第十章　職業……229

一直以來，將人類捆縛住的三條繩索構成了人類無法迴避的三個問題。這三個問題必須統一解決，不能被分割開來。

第十一章　朋友及同伴……243

對於人類而言，與自己感興趣的人交朋友是最古老的努力目標，整個種族素質的提高也是因為我們對同類保持著濃厚的興趣。

第十二章　愛情與婚姻……257

據說在德國的某個地方，存在一種傳統習俗，內容是測試一對新人是不是能夠一起過得幸福美滿。新郎和新娘將在舉行結婚典禮之前被帶到一片廣場上，在廣場上有一顆被砍倒的樹木，這棵樹是提前放置好的。他們所要做的就是用一種兩頭都有把手的鋸子，一起將樹幹鋸為兩截。

附錄

第一章

生活的意義

我們是生活在「意義」的領域之中的。人的一生並不僅僅只是經歷事物本身，更為重要的是，體驗這些事物對我們的生活有什麼樣的意義。我們接觸事物時往往都是以自身立場作為立足點對其加以衡量的，無論事物本身有多簡單。

ALFRED ADLER

我們都生活在「意義」的領域中。人的一生並不僅僅只是經歷事物本身，更為重要的是，體驗這些事物對我們的生活有什麼樣的意義。我們接觸事物時往往都是以自身立場作為立足點對其加以衡量的，無論事物本身有多簡單。比如，「木頭」就是「與人類本身有關聯的木頭」，「石頭」便是「作為人類生活元素之一的石頭」。有些人想僅僅生活在單純的環境中，跳出意義的範疇，那麼，他一定會很不幸：這樣的行為將使他失去與外界進行溝通的基礎，因此，無論是對他本身，還是對其他的人，這樣的行為都是無效的，都將失去意義。我們通常會以自己賦予現實的意義作為標準來感受現實，所以我們感受到的是現實被我們賦予的意義，而不是現實本身，或者說我們感受到的是自己對現實的理解。因此，可以這樣說：因為意義原本就是一個充滿謬論的領域，所以，我們所感受到的意義在一定程度上是不全面的，甚至可以說是錯誤的。

如果我們問一個人：「生活的意義是什麼？」他很可能回答不上來。一般來說，人們不願意讓這個近乎於無意義的問題來困擾自己，因此，他們會循規蹈矩地找一些書面化的答案來搪塞，或是乾脆就認為這是個沒有任何意義的問題。然而，我們不得不承認，從人類歷史開始的那一刻起，這個問題就已經存在了。

在我們時代，不僅青年，甚至連一些年歲已高的老人們也會時時為之困惑：「我們活著是為了什麼？活著有什麼意義？」而根據上述事實我們可以斷言：一般情況下，人們只有在遇到巨大挫折的時候，才會發出這樣的疑問。假如一個人的一生都平平淡淡，毫無波瀾，那麼，這也就不

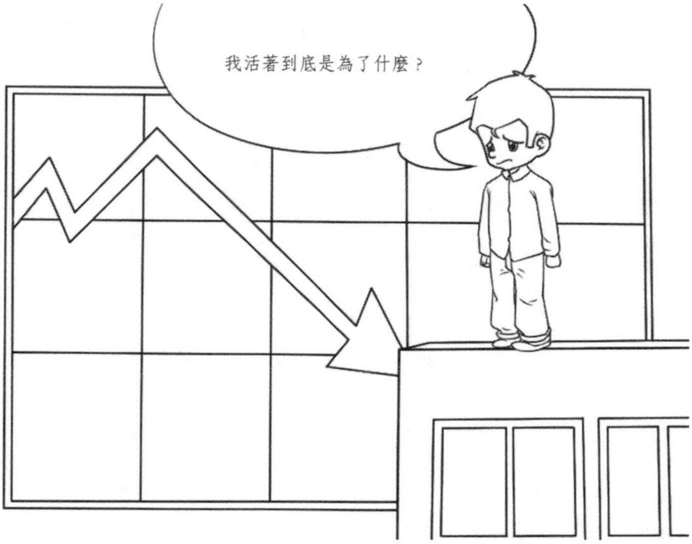

一般情況之下，我們人類只有在遭遇巨大挫折和痛苦的時候，才會有輕生的念頭。很多人都會在面臨死亡邊緣的時候，心生疑問：「我們來到這個世界上，究竟是為了什麼，活著到底有怎樣的意義？」

是個問題，當然也就沒有討論的意義了。

在通常情況下，人類只會透過自己的行為來詮釋他所認為的生活的意義。假如我們只關注一個人的行為，而完全不理會他的言辭，我們可以發現：這個人的動作、表情、態度、習慣、特徵等都是他個人對於「生活意義」理解的表露。他的每一個細微的動作都蘊涵著對這個世界的態度，而他自己似乎也對此深信不疑。我們彷彿能聽到他向世人宣告：世界就是以這樣的形態存在的，而我就是這個樣子。這些就是他對自己及生活究竟是何種意義的最好詮釋。

生活的意義有多種多樣的表現形式，這是因為生活對於每個人都是不同的。我們會發現，其實每個人的生活意義當中也都存在或多或少的錯誤，沒有誰的生活意義是絕對正確的。但同時我們也會發現，對於任何一種生活意義，只要有人持相同的意見，它就不是一無是處。世界上一切的生活意義都是在這兩個極端之間變化的。這些所謂的變化，也就是不同的人賦予其生活不同的意義，卻是有高低之分的。它們有的錯誤較多，有的錯誤較少；有的很糟糕，有的卻很美妙。我們還可以得出這樣的結論：較好的生活意義具有某些共有的特徵，而這些正是那些較差的生活意義所缺乏的。因此，透過不斷的總結，我們得出了一種相對來說更科學的且足以讓我們應對所有現實情況的生活意義，它便是真正意義的共同尺度。在此，我們必須記住一點：這裏的「真實」，是指除了對人類而言的真實以及對人類目標和計畫的真實以外，再沒有別的所謂「真實」。倘若還存在其他的「真實」，也是與我們毫無關係的，我們無法認識它們，它們對於我們來說也沒有任何意義。

每個人都必須面對下面這三個重要的事實。這三個事實構成了我們生活的現實，並且制約著我們。因為這些事實無時無刻不在困擾著我們，所以，我們註定要不停地解答由此而引發的一連串問題，而從一個人的回答中，我們將瞭解到他是怎樣理解生活意義的。

其中的一個事實是：由於我們是在這個被稱為「地球」的貧瘠星球上生活，因此，我們是無法脫離它的。這樣的一個事實限制了我們的行為，我們除了依靠它所提供的各種物質資源來不斷地繁衍之外，是無處可逃的。為了確保人類的生生不息，我們必須不斷發展個人的靈魂和軀體。這個問題向生活在這個地球上的每一個個體索取著答案，至今還沒有誰能夠逃得過它的挑戰。我們做的任何事情，其實都是對人類生活情景的解讀：正是它們，反映出我們心中所認為的哪些事實是有價值的、合適的、有可能性的、非常必要的。而這些解答，又不得不被一些事實所限制，比如「我們居住在這個地球之上」以及「我們是人類」。

為了保證我們的生命安全及全人類的幸福生活，我們必須以堅韌不拔的毅力為我們的答案做出最合理的詮釋，從而使它們前後保持一致。之所以這樣做，是考慮到我們人類的肉體是極其脆弱的，而我們所居住的環境卻存在很多安全隱患。這就像當我們遇到某個數學難題時，必須要努力地尋求答案一樣。我們必須竭盡所能地去尋找正確答案，而不能靠主觀臆想或者心存僥倖。雖然無法尋找到絕對正確、永遠完美的答案，然而，要找出相似的答案，我們就必須不斷地努力和進取。因此，我們需要嚴格要求自己，堅持不懈，以便不斷找尋更加精確和完美的解答，而這一答案必然要遵循「人類是被地球這一並不富饒的星球所制約的」這個事實，以及人類所處的環境將對人類本身帶來各種各樣的災難和利益糾葛。

在討論過第一個事實之後，我們來看第二個。在地球上，我們並不是人類種族的唯一成員，與我們同在的還有其他人，我們在有生之年，或多或少都會與他們發生關聯。由於單獨的個體會受到多種多樣的限制，因此，他們是脆弱的，獨自完成一個既定目標的可能性微乎其微。如果一個人想要獨自存活，並單槍匹馬地對付所有的困難，等待他的只有失敗與滅亡。如若單獨的個體不能存活，人類便無法繼續繁衍生息。這導致一個問題：如果單獨的個體想要獲得幸福，同時也能夠為人類的幸福做貢獻，就必須和其他人發生必要的關聯。與此同時，我們必須在這種聯繫的基礎上來解決生活中出現的各種問題。我們要清醒地認識到：人類的活動是建立在與他們聯繫的基礎之上的，假如我們採取孤立的姿態來為人處世，必定會走向滅亡。這些事實都是不容懷疑的，因此，人類所面臨的最主要的問題以及目標就是：在這個貧瘠的星球上，與同類建立聯繫並進行合作，保證我們生命的不斷延續及人類命脈的傳承。倘若我們想繼續繁衍生息，我們就必須調整好自己情緒及行為與這個問題及目標間的關係。

與此同時，我們的行為還會被另外一個事實所制約，那就是：人類有性別之分。無論是個體還是人類集體，在生存發展上都必須正視這一客觀事實。每一個男人或每一個女人都無法迴避愛情和婚姻這樣的關係，而這種關係無疑也是建立在這一事實基礎之上的。我們基於這一事實基礎上的行為便體現了我們對生活的態度。這一事實會引發多種問題，對於這些問題，我們可以選用各種各樣的方式來解決，而我們所選擇的解決方式則反映出我們所認為解決問題的最佳途徑。

在論述了以上三個事實之後，隨之而來的是三個不容迴避的問題：在受到制約的前提下，我們究竟應該怎樣謀取一份可以讓我們生存下去的職業？為了使我們在互惠互利的基礎上進行合作並分享其快樂，我們應該如何在同類中得到不可動搖的地位？為了適應「兩種性別的客觀存在」以及「人類的繁衍生息依賴於愛情」這樣的事實，我們應該如何調節自身行為？其實，以上三個問題涉及社會、性別、職業這三個領域，同樣也是人類無法迴避的。

經過個體心理學專家論證：對於每個個體來講，生活中的多數問題都可以包含於社會、性別及職業這三個領域之內。每個個體對生活意義的深刻體會都是透過個人針對這些問題所做出的各種反應而體現出來。比如，某個人對工作不夠認真負責、愛情也不盡如人意、交往圈子小、朋友不多，之所以這樣，是因為他感覺與其他人的交往是一件令人痛苦的事。那麼，我們透過他所經歷的限制和約束可以得到這樣的結論：生活是一件多麼艱難而具有風險的事情，挫折遠遠大於機會，他的社交圈一定小得可憐。上述結論都是和他對生活意義所做出的判斷息息相關的：他認為，生活的意義就是要保護自己避免受到傷害，所以，他會在潛意識裏封閉自我，不和其他人接觸。反過來說，如果一個人非常喜歡他的工作，且能從中獲得令人稱讚的成績，他的愛情非常完滿，他的社交圈廣泛且朋友眾多。那麼，我們可以斷定他一定認為生活是充滿希望和創新的，時時都有機會，困難都是暫時的，總能有辦法克服。生活對於他來講，意義在於和夥伴並肩同行，同時，作為群體的一部分，要為整個人類的幸福奉獻一定的力量。

綜上所述，我們可以總結出這兩種「生活意義」的共同特徵：一種是正確的，另一種是錯誤的。一切的失敗者，如犯罪分子、酒鬼、精神病人、自殺者等，他們之所以被稱為失敗，是因為他們對社會缺乏興趣，且沒有安全感和歸屬感。他們在處理友情、性及自己的職業時，並不認同以合作的形式來解決問題的觀點。他們眼中所謂的「生活意義」只是屬於自己的：通常情況下，他們的目光只聚焦在自己的身上，認為沒有誰能夠透過達到目標而獲取某種利益。對於他們，成功是針對個人而言的，這樣的目標實際上只是一種不切實際的個人成就感。比如謀殺者，當他們手持一瓶足以致別人於死地的毒藥時，並不能以此來抬高他的身價，但是，他們卻天真地認為，那是個人權力的象徵，實際上，只有他自己覺得自己是重要的，別人並不那麼認為。真正的意義，只有在與他人產生聯繫的時候才切實地存在，個人所認為的「意義」，實際上是虛幻縹緲的。因此，我們所有的行為及想要達到的某些目的也是同樣的道理，我們對他人的意義才是我們唯一的意義。我們身邊的許多人，都踏上了一條錯誤的路，那是因為，他們只是固執地想讓自己變得舉足輕重，卻沒有發現，他們倘若想要讓自己變得至關重要，就要對他人的生活做出一定的貢獻。

前不久，朋友講了這樣一則小故事，是關於團體領袖的：從前，有一個領袖，一天，他把所有的教友召集到一起，說道：「大家注意了，這個星期三就是世界末日了！」這句話引起了所有教友的恐慌，於是，他們摒棄了一切雜念，紛紛變賣私人財產，惶恐不安地等待末日的到來。然而，星期三並沒有發生任何不尋常的狀況。於是，憤怒的教友們一起來到領袖的面前，質問他：「看！我們現在的境遇是多麼糟糕啊，我們變賣了所有的財產，轉告所有我們遇到的人，告訴他們世界末日就要來了。當有人譏笑我們的時候，我們還信誓旦旦地說：這個消息是絕對正確的，因為宣佈消息的人是有絕對權威的。如今，星期三早已過去，根本就不是什麼世界末日！」聽到這些，領袖不慌不忙地說道：「可是，我所謂的星期三是我自己的，並不是你們的啊！」顯然，這位領袖是在用他自己所理解的意義作為藉口來躲避他人的攻擊。我們由此可以斷定，單獨個體的意義實際上是經受不起任何考驗的。

我們所說的真正的「生活意義」是有標準的：它們一定是所有人都能夠共同享有的，是共同的意義，是可以被很多人確定為有效的意義。如果一個好方法能夠解決某個個體所遇到的困難，那麼，它一定也可以為其他人解決相似的問題，這樣的科學方法對於整個人類都是有相同意義的。天才的定義是他人公認具有重要意義的人，是建立在其至高無上的效用上的，也只有這樣，才能夠稱為天才。綜上所述，我們可以得出這樣的結論：生活的意義在於個人為團體所貢獻的力量。在這裏，我們指的並不是一個人的職業動機，無論從事什麼職業，我們只關注他所做出的成就。那些面對生活中的困難。能夠應付自如的人，是在以他們的行為告訴我們：生活的真正意義就在於引發別人的關注和興趣，並與他人進行互惠合作。這些人有一個共同點：他們的行為會被同伴的興趣所影響，每當他遇到挫折時，都會找到最合適的方法，那就是避免和他人發生利益上的正面衝突。

這樣的觀點對於很多人來說，可能比較新鮮。他們或許會感到疑惑，我們賦予生活的意義是否真的是：貢獻力量以及對他人產生興趣並進行合作。他們會不解地問：我們到底應該如何是好呢？假如一個人總是為他人考慮，犧牲自己的利益，難道不會不自在嗎？我們不該維護切身利益或強化自己的個人品格嗎？一個人倘若想要尋求自身發展，他總該替自己考慮考慮吧？這些觀點看似正確，實際上是非常荒謬的。因為，這些問題其實都是虛幻的。倘若一個人面對「生活意義」這個問題，想要為他人貢獻自己的力量，並以此為個人目標，他會知道該如何塑造一種令自己滿意的人格，並時刻處於為他人利益、社會利益著想的情境中。他會以社會化覺來調整自我，並訓練自己，從中獲得應有的技能。假如一個人已經確定了目標，那麼，訓練這種技巧便是順理成章的事。他將不停地提高自己，以便於處理生活中遇到的這三種問題，而他個人的技能也將隨之提升。比如，當我們在面對愛情和婚姻時，假如我們和伴侶是真心相愛的，同時，我們也將豐富另一半的生活作為自己的目標，那麼，我們一定會竭盡全力展示出自己的才華和能力。相反地，如果我們並沒有這樣的目標作為支撐，只是虛幻地想像著提升自己，那麼，我們就像是在演戲一樣，會越發感覺不自在。

此外，還有一點可以證明生活的意義在於不斷奉獻。讓我們來留意一下前輩為我們留下的東西，這些東西可都是他們對後代的貢獻。比如，我們腳下的土地，是祖輩開發過的；我們身邊的建築物，也是祖輩的傑作，除此之外，還有科學、藝術、知識文化等。從這些方面，我們看到了祖先對我們的幸福生活所做的貢獻。而那些並不懂得如何貢獻力量並互助合作的人，又給了我們什麼呢？他們只會逃避生活，回首往事的時候，也看不到絲毫自己留下的痕跡。因此，我們可以說他們的死亡是徹底的，他們的生命歷程是蒼白的。你是否聽到了地球的囈語：「人類不需要這樣的人，你們根本不配獲得生命。滾開吧，毫無用處的人們，你們的未來是一片空白，快點消失吧！」因此，對於這些不懂得奉獻和合作的人，我們的心聲是：你們是沒有價值的，是廢物，趕緊走開吧！當然，我們現代的文化並不是毫無瑕疵的，也會有很多不完美的地方，然而，一旦我們發現缺憾，就應該努力去完善，而這種完善也註定要建立在為人類謀求更多幸福的基礎之上。

懂得奉獻和合作的人是隨處可見的。他們懂得怎樣讓自己的生活充滿意義，不斷努力培養自己的愛情，並努力對社會產生興趣。這樣的情感在宗教思想中體現得淋漓盡致。正如世界上任何具有偉大意義的運動一樣，宗教也是人類想要貢獻力量、為社會增加利益的產物。不幸的是，除非他們的做法對於這樣的目標來說非常直接，否則宗教的真正內涵就很容易被人曲解，人們也將無法看到宗教究竟為社會利益的增加獻出了多少力量。相比之下，科學則比政治和宗教更能讓人理解，因為，它使人類對他人的興趣在短時間內有所增加，也更便於人類理解生活的意義所在。無論我們是從哪個角度來討論這個問題，增加個人對他人以及所處社會的興趣，促進人與人的合作，為人類的幸福奉獻力量這一目標卻是永恆不變的。

我們賦予生活的意義正確與否，帶來的結果將會有天壤之別。正確的意義像是我們事業的護衛者，錯誤的意義則如撒旦般可怕。所以，對於我們來說，最重要的是瞭解這些意義的形成過程，充分瞭解它們之間的區別並在它們產生重大偏差時能夠及時糾正。以上問題實際上都屬於心理學的研究領域。心理學與生物學、生理學的區別，就在於它能夠透過對「意義」本身及對我們人類產生何種影響的瞭解，不斷提高人類的幸福指數。

對「生活意義」的研究和探索從我們降臨到這個世界時就開始了。就連嬰兒這樣的弱小群體，也會透過其掌握的方式估量一下自己的實力，以及這種實力在他生活中的作用到底有多少。

在一個生命發展的第五年，幼兒就已經形成了一套特有的、穩定的對待困難和事業的行為模式。在這個時候，幼兒「對自己以及世界該抱有怎樣期待」已經具有持久的、深層次的概念。此後，他將用這張統覺表（Scheme of apperception）來觀察世界：在被人們接受之前，經驗就已經被提前做了解釋，這樣的解釋是建立在「生活意義」基礎之上的。就算這裏所指的「生活意義」是完全錯誤的，就算這樣的方式會導致一個人極端不幸，人們也不會放棄它。因此，只有透過重新檢查產生錯誤的原因，找出癥結所在，並將統覺表進行修正完善，才能改正這種錯誤。有時候，一個人會因為自己的錯誤已經引發了可怕的結果，進而修改他的「生活意義」，並且透過努力真正改變了它。但是，假如社會沒有對他施壓，他也沒有覺察，依舊按照原有的方式，他還是會接連不斷地陷入困境，而他一定不會想要去改變的。在正常情況下，我們要藉助瞭解情況的專家的力量來改正錯誤的想法。同時，他們也會給予我們更為合理的「生活意義」。

一個人的童年對其「生活意義」會產生不同的影響。一個童年時期充滿不愉快的人，可能會賦予生活完全相反的意義。如果是一個過於看重愉快經驗的人，這樣的事實並不會影響到這個人對生活的態度，而只是會讓他對外界充滿戒備。他會認為：「為了讓我的後代不再經歷不愉快，我一定要努力改變這種令人不滿的環境。」還有一種人會認為：「身邊的人總是占我便宜，這是多麼不公平啊！既然這個世界如此不公，我有什麼理由善待它呢？」有些人會這樣告誡他的孩子：「我小的時候經受了那麼多痛苦，我都挺過來了，你們為什麼做不到？」第三種人也許會這樣認為：「我小時候經歷了那麼多坎坷，因此，現在的所作所為都是可以被理解的。」

一般來說，這樣的人會把小時候的經驗都付諸行動，倘若這種對於經驗的解釋沒有改變，他們便不會改變自己的行為。可見，個體心理學摒棄了決定論。成功或失敗並不是由經驗所決定的，一個人只是從經驗中提取部分來確定自己的目標，而不會被舊有的經驗所困擾或擊敗。我們的意念是被經驗賦予我們的「生活意義」所決定的：當我們將某一舊有經驗作為將來生活的基礎時，或許就已經走上了錯誤的道路。「生活意義」取決於我們所處的環境，我們則以個人賦予環境的意義決定自己。

然而，一個人童年所處的環境卻非常容易孕育出具有嚴重錯誤的「生活意義」。在不愉快的環境下成長起來的孩子，很多都變成了所謂的失敗者。我們首先要考慮的是那些在童年時期遭遇疾病或在先天因素影響下致使身體的某些器官出現缺憾的孩子。這類兒童通常不容易感受到生命的真諦在於奉獻，因為他們心裏所承受的壓力很重。在通常情況下，他們只關注自身的感覺，除非身邊的親人願意用其他的方式轉移他們的注意力。並且，他們很容易在和他人的比較中變得灰心喪氣。處於當今這個文化背景中，他們更容易因為周圍人的同情、嘲諷而逃避現實、深感自卑。這樣的境遇可能會讓他們感覺被侮辱並喪失為社會做貢獻的信心。研究那些存在生理缺陷或內分泌紊亂的兒童所遭遇的困惑，我想我應該是第一個人。我不斷地在尋找解決這一問題的方法，而不想試圖證明導致一個人失敗的原因在於先天遺傳或者生理缺陷。生理缺陷並不一定是造成人類養成錯誤生活模式的元凶，我們也並不能證明內分泌同樣出現問題的兩個兒童會有相同的不良反應。

我們不難見到克服困難並成為棟樑之才的「問題」兒童，在這方面，個體心理學並不誇大優生學的好處。縱觀歷史，有很多為社會獻出力量的優秀人才都有生理上的不足，有些身體情況極差，甚至早早就離開了人世。然而，正是這些在困難面前絕不服輸而走出困境的人，極大地推動了社會的發展。他們越挫越勇，不斷地拚搏向上。如果我們只把目光鎖定在他們的肉體上，就不能看清他們的內心到底是朝好的方向發展還是朝壞的方向發展。事實告訴我們，多數情況下，這些兒童都沒有得到正確的指引，我們並不真正瞭解他們的困難，這就導致他們只關注自身，最終也就走向了失敗。

導致兒童形成錯誤「人生意義」的做法是因為他們過於驕縱。受到溺愛的兒童總會將自己對他人的期待理解成一種命令，他無須努力就能夠受到上帝的嬌寵。並且，他們還會認為：他們天生是與眾不同的。於是，當周圍的人沒有把所有的目光都集中在他身上，相反地，每個人都希望被光環籠罩的時候，他就會覺得世界對他不公平。他已經形成了不懂付出只想索取的心理，並且從來沒有用除此以外的任何方式與其他人交往過。身邊的人總是嬌慣著他，他已經不知道自己還能做什麼，可以說喪失了獨立性。於是，當他遭遇不幸時，只能透過乞求別人來獲得解脫。他也許認為：如果他的地位再高一些，如果他可以勉強其他人承認他是與眾不同的，他的境遇就會有所改善了。

這些被寵壞的孩子，很可能成長為社會的「危險群體」。其中不乏破壞善良意志的人：有的利用媚俗的外表獲得擅權的機會，並在日常工作中破壞團隊的合作。有的竟然會公開地進行反叛：一旦沒有人對他們表現出諂媚和順從時，他們就會認為別人在背叛他；他們會覺得社會對他們是很不友好的，所以，產生了報復所有同類的惡毒想法。而社會經常反駁他們的生活方式，他們會以此為證據得出社會對他們有所虧待的結論。這也就是懲罰並不能奏效的原因，他們除了不斷章固「其他人都反對我」的想法之外，就別無他用了。其實，從本質上說，被寵壞的兒童所犯的錯誤都是相同的，雖然形式有所不同，有的是用溫柔的手法凌駕於別人之上，有的則是暴力相加。事實上，我們能夠發現：在他們中，很多人都先後運用以上兩種相異的方法，卻始終沒有變換過目標。他們認為：「獨占鰲頭就是生活的意義所在，一定要讓別人覺得自己重要，並千方百計得到想要的一切。」如果他們一直持有這樣的觀念，他們的所作所為將是完全錯誤的。

第二種導致兒童形成錯誤「人生意義」的做法是對他們的忽視。這些兒童從來不瞭解愛與合作的真正內涵，他們忽視了友愛的力量，賦予生活不合理的解釋。我們不難瞭解，在他們面對困難的時候總把困難看得太大，選擇低估自己，低估周圍的人對他的幫助。因為他之前遭遇到了社會的冷漠，從此便認為這個社會是永遠冷漠的。他覺得他可以透過對別人有利的行為來換取他人的情感以及對自己的尊重，所以，他既不相信自己，也不相信別人。其實，情感的地位是其他任何經驗都沒法替代的。作為一個母親，最重要的就是贏得孩子的信任，然後將這種信任無限地擴大到孩子生活環境的每一處細節。如果這一步失敗了，並沒有獲得孩子的興趣、情感以及合作，那麼這個孩子就很難對社會產生興趣，同時也不容易對其他夥伴產生友好的感覺。其實，每個人自身都具有對他人產生興趣的能力，只是，這些能力需要他人的引導、發掘，是需要磨鍊的；反之，其發展過程就會產生阻礙。

如果我們的身邊有這樣一個被冷落、被排斥、被厭惡的兒童，我們很容易發現：他是孤獨的，不喜歡和別人交往，也不懂得合作，對於能幫助他和其他人一起生存的事物也是完全不關注的。然而，我們知道，這樣的個體在他所在的環境中必定會走向毀滅。一個嬰兒，只要成長為兒童，就足以證明外界對他一定施予了一定的關懷和照料。因此，我們這裏說的不是完全被忽視的兒童，而是那些受到的照顧相對於其他兒童來說較少，或者多數方面是正常的，只是在某一方面被忽視的兒童。總而言之，我們可以認為：被冷落的兒童一定從未發現值得他信任的人。現實是充滿諷刺意味的：很多我們所說的失敗者，都是孤兒或私生子出身。一般情況下，我們會把這樣的兒童納入被冷落兒童的行列。

生理缺陷、被溺愛、被冷落，都容易讓人產生錯誤的「生活意義」。陷入這些情境中的兒童看待問題的方法都是錯誤的，需要被糾正，必須有人站出來幫助他們徹底改變那些錯誤的想法。假如我們真心關心這些兒童，真的有興趣提供幫助，並且也曾經付出過努力，我們將在這些兒童的行為中看出他們的生活意義。

做夢和想像已經被證明非常有好處：雖然一個人的人格在做夢時和清醒時都是一樣的，但做夢的時候，社會壓力較小，可以避免防衛或隱瞞的行為。然而，要想清楚地瞭解一個人賦予自己的生活什麼樣的意義，最好的途徑就是記憶。每一段記憶都可以代表某一件令人回味的往事，無論這一段記憶是多麼短暫。一個人之所以會回想一件事，是因為這件事在他生命中所占的位置至關重要。這種記憶會暗示他：「這件事物是你應該避免的。」「這件事是你所期待的。」「創造你的生活吧！」我們必須承認，每一段記憶都是具有紀念意義的。

兒童早期的回憶對於我們瞭解最早構成一個人生活態度的主要環境以及這種態度已經存在多久這兩個問題具有重大的作用。為什麼早期的記憶如此重要呢？這是因為：首先，這些記憶反映了一個人對早期生存環境的印象和評價，這是一個綜合結果，包含著一個人對自身外貌的認知、對自身最初概念的確定、他人對他的要求等。其次，這些記憶是一個人主觀的起點，也是一個人為自己所做的最早的記錄。所以，透過這些記憶，我們會發現，在他的印象中，他自己存在於一個不安全的、脆弱的地位，這與他被外界當作一個強壯且非常安全的目標差別非常明顯。從心理學來看，這些記憶是否被人們當成最初的、真實的回憶，則是無關緊要的。記憶之所以重要，就在於人們對他的解釋、對他的定義，以及這些記憶對現在及將來生活的影響。

在這裏，我們來看幾個關於最早記憶的例子，並看看由它們而引發的「生活意義」。

「太糟糕了，我被掉下來的咖啡壺燙傷了。」其實，這就是生活。如果你發現周圍有些無法擺脫孤獨感的女孩總是用這樣的方式來描述其生活狀況時，沒必要感到驚訝。如果她內心深處總是在責怪其他人沒有照顧好她的話，我們也無須感到奇怪。因為，這個世界上，總是有很多人特別粗心，極容易讓身邊幼小脆弱的嬰兒陷入極度的危險之中。在另外一個關於最初記憶的例子中，也出現了類似的事：「依稀記得，我在三歲時從嬰兒車上直接掉了下來。正是在這個記憶的影響下，我經常會做這樣的夢：世界末日來臨了，午夜時分，我甦醒過來，竟然看到天空被照得火紅火紅的。星星都一顆一顆落下來，地球將和另一個星球撞在一起。然而，在地球毀滅之前，我被驚醒了。」當當事人被問到有什麼事物是她所懼怕的時，她說道：「我怕我在生活中遭受失敗。」這便是最初記憶對她的影響，這些記憶及噩夢讓她對失敗和災難產生了恐懼。

一個十二歲男孩由於夜尿以及和母親常常產生衝突而被送到醫院。他說隱藏在他心中的最初記憶是：「媽媽還以為我走丟了，於是非常驚慌地在大街上大聲喊著我的名字，其實，我只是藏在了家裏的大衣櫃中。」透過這個例子，我們產生了這樣一種猜測：生活的意義在於透過找麻煩的方式來引發別人的注意，安全感可以透過欺騙的手段來獲取。雖然我們受到了冷落，但是我們卻可以愚弄身邊的人。他的夜尿同樣也是他獲取他人關注的手段，他的母親面對這件事時所表現出的緊張和擔心，反而讓他更加堅信他的觀點。正如前面所講的例子，在很早的時候，在這個孩子的心中，就形成了這樣一種觀念：外面的生活是充滿危險的，

只有在其他人替他擔心的情況下，他才是安全的。也只有透過這樣的方式，他才能夠對自己承諾：總會有人在他需要的時候站出來保護他。

有個婦女，已經三十五歲了。她的最初記憶是這樣的：「就在我十三歲的時候，一次，我單獨一人走進了地窖。當時地窖裏暗極了，正在我下樓梯的時候，年齡稍比我大的堂兄也開門隨我走了進去，當時我被他嚇到了。」從以上的記憶看來，她可能是一個孤僻的孩子，不喜歡和同伴一起玩，尤其是排斥異性。因此，我們猜測她是獨生子女，而這種猜測被證明是正確的。她

三十五歲的時候，依然還是孤身一人。

下面有一個案例，透過這個例子，我們能夠看出社會化在進一步的發展：「我記得媽媽曾經囑咐我推扶著娃娃車，當時妹妹坐在裏面。」我們能從中得到這樣的暗示：她只有和與她一樣幼小的孩子待在一起才會覺得快樂，還有，她對她的母親非常依賴。當新生兒降臨人間時，如果想得到年紀稍大的孩子的合作，最好的辦法就是讓年長的孩子參與照顧他，這樣可以使他們對幼兒產生興趣，並且產生保護幼兒的興趣。如果透過這種方式得到他們的合作，就可以避免他們將父母對幼兒的專注視為對他們自身存在的威脅。想和一個人在一起，並不等於對他感興趣。有一個女孩，當被問到她最初的記憶是什麼樣的時候，她說道：「我、姐姐及其他兩個女孩一起出去玩。」透過這句話，我們明顯可以看到她在學習與人交往，然而，當被人問起「什麼是你最懼怕的事」的時候，她所給出的答案卻是：「我最怕的是周圍的人都不理我。」我們能夠體會到她內心的掙扎。而且，我們能由此判定：她缺乏獨立性。

當我們瞭解一個人賦予生活的意義之後，便可以自然而然地瞭解他（她）的整個人格。曾有人說過：人類的個性特點是沒有辦法改變的，其實，只有對於那些並未掌握這一技巧的人來說，這個觀點才是正確的。然而，我們也曾說過：如果沒法找到錯誤的癥結所在，再多的討論和治療也都是徒勞的，唯一有效的方式是找到方法讓他們勇敢地正視生活。合作可稱為我們防止一個人發展為精神病的唯一有效途徑。因此，我們應該多鼓勵並有意地鍛鍊兒童與他人進行合作。在日

許多兒童自身對於安全感和重視感極為看重，一旦發現自己遭遇冷落，就會經由各種方式來尋求他人的注意。他們沒有想過自己的父母會因此而擔心，他們所考慮的只是如何能夠將自己變成眾人的焦點。

常生活或者工作中，我們應該允許兒童用自己的方式與人交往。任何阻礙合作的因素都有可能造成嚴重的後果。比如，一個被寵壞的、非常自我的孩子，在學校很可能也會表現出對他人缺乏興趣。他對某一個學科感興趣，或許只是因為他覺得這樣的做法可以獲得老師的寵愛，他也只願意做對自己有利的事。這種行為是缺乏安全感的表現，是不利於個人發展的，這種局限會在他接近成年時表現得越來越突出。在這種情況發生時，他已經喪失了責任感和獨立性，他身上的任何特徵都無法經受得起生活的考驗了。

當他開始品嘗到自己所釀成的苦果時，我們不能加以責備，而是應該想辦法幫助他。我們不能期望一個沒有學習過地理知識的孩子能夠在這個領域獲得成果，我們同樣也不能期望一個並未被教會如何與他人合作的孩子，在團隊合作中會有令人滿意的行為。然而，人類所面臨的一切問題都需要人與人的合作，任何工作的完成都需要以一種互惠互利的合作的方式而完成。因此，只有理解正確的「生活意義」是在於貢獻自己的力量之後，才能成功地解決各種各樣的問題。

假若心理學家們、老師們及父母們都能認識到：當我們賦予生活某種意義的時候，很有可能會導致錯誤的結果，我們在面對困難的時候不應該採取推諉、埋怨或者博取他人同情、自認為丟人、自責等消極態度，而是應該不斷地努力。我們應該這樣認為：我們是自己的主人，我們一定要開拓新的生活，我們有能力這樣做，同時，這也是我們應盡的責任。具有開創性的工作非我莫屬！如果每一個獨立的個體，都能採取合作的形式來面對生活，那麼，人類社會必定會進步。

第二章

心靈與肉體

有一個問題，讓人類一直爭論不休。那就是：到底是肉體支配心靈，還是心靈控制肉體？參與爭論的哲學家們各執己見，大致可以分為唯物主義和唯心主義兩種觀點。對此，哲學家們各自提出了各種各樣的論據來證明自己的觀點，然而，這個問題卻一直沒有定論。

ALFRED ADLER

有一個問題，讓人類一直爭論不休。那就是：到底是肉體支配心靈，還是心靈控制肉體？參與爭論的哲學家們各執己見，大致可以分為唯物主義和唯心主義兩種觀點。對此，哲學家們各自提出了各種各樣的論據來證明自己的觀點，然而，這個問題卻一直沒有定論。或許，個體心理學在解決這個問題上能夠提供一定的幫助，因為在個體心理學領域是以心靈及肉體間的動態關係為研究對象的。

倘若我們的治療建立在錯誤理論的基礎之上，我們也就無法幫助那些有肉體和心靈方面的問題，並且迫切需要治療的病人。我們的理論必須經受得起現實的考驗，必須來源於經驗。我們生活在這樣的社會關係中，因此，必須接受來自現實的挑戰。

正是個體心理學的發展，讓這個問題所帶來的緊張局面有所緩和，使我們認知到心靈和肉體不是水火不容的兩個方面。心靈和肉體歸根究底都是我們生活的一個部分，都是生活的表現形式，我們應該在將生活視為一個整體的基礎上來瞭解它們的關係。

人類是可以四處活動的生物，人類的生活並不是靜止的。對於我們而言，不只要追求肉體的發展，還要追求心靈的發展。與此相反，植物是有根的，它們被固定在一個小範圍之內活動。因此，我們所瞭解一切形式的心靈，都一定是充滿驚奇和刺激的。就算植物能夠預言未來，它們的特質也會使之成為空談。我們假設植物有思維：「有人來了，我馬上會被他踩到，然後一命嗚呼了。」然而，這有什麼用呢？植物依然無法躲避災難。

然而，任何可以運動的動物，都可以提前預知並籌畫它接下來的行動，基於這樣的事實，我們不得不承認，它們是有靈魂或心靈的。

「知覺你當然是有的，不然就不會有行動。」

提前預知自己的行動是靈魂的最關鍵作用。瞭解到這一點，我們就能夠認知到：心靈是怎樣控制肉體的——心靈為肉體設定下一動作的方向。

假如我們沒有努力的方向，只是接收到一些散亂的動作信號，那是沒有用處的。由於心靈可以決定我們動作的方向，因此，它在生活中占據著舉足輕重的地位。與此同時，心靈也被肉體所影響，肉體是動作的執行者，心靈只能在肉體所具有的能力範圍內行使指揮的職權。比如，若是心靈希望肉體能夠奔向天上的月亮，那麼除非能夠克服人體自身的局限條件，否則便是無稽之談。

與其他的動物相比，人類更善於活動。由於人類的手可以進行複雜的操作，因此，人類的活動方式是多種多樣的，而且也更善於利用各種活動來改造周遭的環境。所以，我們可以預言：人類對未來的預見能力一定會有長遠的發展，人類也會為自己所定下的目標而努力，以便鞏固人類在所處環境中的重要地位。

在每個個體身上，我們都可以發現，除卻一切向部分目標邁進的行為之後，我們還有一個較為單一的動作，那便是：我們所做的一切其實都是想要獲得一種安全感、想要一種穩固的地位。這樣的安全感是指：我們已經克服了生活中的各種困難，在我們所處的環境中，我們已經擁有了最終的勝利。由於這樣的目標，我們的所有行為都需要協調成為一個整體。心靈和肉體似乎都是為了達到這個目標而不得不發展，最終成為整體的。這類似於一種原本就存在於最初細胞中的目標。比如，我們的皮膚出現破損，整個身體都在努力使它恢復。然而，肉體在發展的過程中並不是孤單的，心靈也會給予一定的支撐，運動、訓練和通常情況下的衛生學價值，都能夠充分說明這一點。

一個人從呱呱墜地到生命結束，肉體與心靈的合作都是持續不斷的。它們是不可分割、合作互助的兩個有機部分。心靈猶如一輛車，它透過激發肉體的潛能，幫助肉體戰勝一切困難，安全地達成既定的目標。心靈的目標是鐫刻在每一寸肉體之上的，我們可以透過肉體的活動、表情等感受這種目標。人們的各種活動都是有意義的，比如，一個人動他的眼、舌、面部肌肉，他的臉部就有了特定的表情，也就有了意義，而賦予其意義的，就是人的心靈。從以上的論述中，我們能夠體會到心理學（或心靈的科學）究竟是在研究什麼了。心理學所研究的範疇是：透過研究個體各種表情中所蘊涵的意義，找到瞭解該對象的合適方式，並把他的目標與其他人的目標進行對比。

為了達到安全的既定目標，在我們心靈深處，必須讓目標的形象更具體一些，因此，要計算好安全限度，並且要保證自己朝著正確的方向走，才可以靠近它。這個過程中，不可避免會發生某種錯誤，但假如連明確的目標都沒有，則壓根不能產生行動。比如說，在我們抬頭的時候，心中自然是以此為目標的。我們在內心所選擇的目標，不一定是有利的，但之所以我們會做出這樣的選擇，是因為心靈誤以為那是正確的。一切心靈上的偏頗，都是在選擇行動目標時產生的錯誤。獲得安全及地位是全人類公認的目標，但有些人在選擇安全所在的方向時產生了錯誤，如果他們固執己見，就會跌入墮落的深淵。

假如，當我們只看到某一種表情或者行為，卻無法看清其本質的意義時，瞭解它的最有效途徑就是先將其分解成多個簡單的動作。比如，經常發生在我們周圍的偷竊行為。偷竊，就是非法占有他人的物品。首先，讓我們來看偷竊的目標：它的目標是滿足自己的欲望，擁有更多的財富，從而讓自己體會到安全感。因此，偷竊的出發點是對貧窮及自身匱乏的恐慌。其次，我們要瞭解一下偷竊者所處的情景，以及導致他感到匱乏的原因。最後，我們要瞭解的是：他是否在透過恰當的途徑來改善環境，並排解掉了匱乏的感覺？他的行為是否是沿著正確的方向？他的方法是不是欠妥？我們不能去否定他的最終目的，然而，我們能夠指出：為了達到目標，他用錯了方法。

人類把對其環境的改造稱為文化，也就是人類的肉體受到心靈的激發而做出來各種動作的總和。我們的工作是受到心靈啟發的，而我們的身體則要在心靈的支配和幫助下才能夠得到發展。

總之，在我們的生活中，處處都展現了心靈的強大效用。然而，我們的初衷並不是盡力強調心靈的力量。身體的舒適也是我們戰勝困難的必要條件。由此可見，我們的肉體在心靈的庇佑下可以獲得安全，免於疾病或死亡，並避免各種意外或傷害。我們能感受到痛苦、快樂、幻想及分辨出環境的優劣等能力，也都可以為達到目標而服務。除此之外，它們還可以引發各種感覺，並支配身體採取行動。在很大程度上，肉體是被個人情感所控制的，然而，肉體卻無法對其進行限制，個人情感主要取決於個體的生活方式及既定目標。

顯然，支配個人的因素是多種多樣的，生活方式只是其中一種。在沒有其他力量的情況下，個人的態度並不能獨自造成一種病症，生活方式只有被感情強化後，才能引起行為。個體心理學中所界定的新觀點同樣也是我們透過觀察而總結出來的：當一個人定下自己的目標後，感情就絕對不會與其生活方式背道而馳，這個時候，感情會為了現實需要而主動去配合個體發展。這個時候，我們所談到的問題已經不在生物學或生理學範疇之內了；感情的發生是不能用化學理論或實驗來解釋和預測的。在個體心理學領域中，首先，我們假設生理過程是客觀存在的，然而，相比之下，心理的目標更能引起我們的興趣。比如，在焦慮的目的和結果及焦慮對交感神經或副交感神經的影響這兩個問題當中，顯然，我們更關注前者。

在這種研究方向的指引下，我們不能把引發焦慮的原因歸結於性的壓抑，也不能歸結為難產所留下的後遺症，這樣的解釋太過荒謬了。我們發現：對於那些習慣有母親幫助、陪伴及呵護的兒童，無論如何，焦慮都可以作為控制母親的有效途徑。同理，憤怒只是控制一個人或某種情境的一種方式，任何人都不會因為產生憤怒時的生理狀況而得到滿足感。我們必須承認，心理學研究唯一的、真正意義上的對象是：每個人的身體或心靈的表現都需要以天生條件作為基礎，然而，我們的目光卻集中在如何運用這些條件來達到自己的目標。

從每一個個體身上，我們都可以看到：感情的成長和發展是依據達到其既定目標所必須選擇的方向和程度來實現的。無論一個人表現出的是焦慮還是勇敢，快樂還是悲傷，都需要和他的生活方式保持一致。他們合乎情理的強度和表現，都恰好符合人們的期望。

透過悲哀的方式來達到產生優越感目標的人，不會因為成功達到目標而感覺快樂，他只會在遭遇不幸的時候才能獲得對快樂的感知。只要稍微留意，我們就會發現，感情是一種呼之即來揮之即去的東西。如果一個人罹患了人群恐懼症，那麼，只有當他獨自在家，或支配著另一個人時，他才不會感到焦慮。任何患有精神病的人，都會本能地躲避生活中無法讓他們感覺到征服快感的事物。

情緒的格調也是固定的，就如生活方式一樣。比如，一個懦夫，在與相對更柔弱的人相處時，可能會略顯自大，在他人的庇護下也看似勇猛，然而，這卻改變不了他是懦夫的事實。他很可能會往門上安上三把鎖，同時利用防盜鈴及警犬來預防危險，在這樣的情況下，他仍會對外宣稱自己非常勇猛。其實，我們並沒有證據證明他非常焦慮，然而，他不擇手段地保護自己的生活方式，卻將他們性格中所隱藏的懦弱暴露無遺。

在性和愛情上，我們也能看到這一點。當一個人想要靠近他所心儀的對象時，在他腦海中，必然會出現屬於性的情感。為了做到集中精力，引發適當的感情和相應的功能，他必定要將所有有干擾性的興趣和工作放到一邊。如果他拒絕放棄這些，就可能會導致感情和功能的缺失，比如，性冷淡、陽痿、早洩、性欲錯亂等。在通常情況下，不恰當的生活方式或優越感都會引發這樣的狀況。透過觀察，我們會發現：這些人不會關心他人，卻只等著其他人來關心；他們對社會缺乏興趣，在做那些需要勇敢進取的事情時，他們通常會遭受失敗。

我有這樣一個病人：他在家中排行老二，由於做錯過事情，一直無法擺脫犯罪感而深深內疚。在他七歲的時候，哥哥替他做了一次作業，他告訴老師是他自己做的。由於他的家庭成員都非常重視誠實這一品德，於是，這個孩子為了這件事而內疚了三年。最後，他到老師面前認錯，而老師卻只是微微一笑。然後，他又哭著去找父親認錯，並成功地獲得了父親的原諒。父親誇獎他誠實可愛，還安慰了他。然而，他依然覺得非常沮喪。透過這件事，我們得出這樣的結論：我的這個病人為了這樣一件小事而內疚許久，是想要證明自己的誠實和自制。他的家庭環境讓他比別人更加注重「為人誠實」這一品德。在學習成績和個人魅力方面，他覺得自己比不上哥哥，因此，會透過這樣的方法來獲取自我滿足感。

在之後的日子裏，他更是由於各種因素而感到自卑。他時常手淫，而且，面對學習，他依舊常常採取欺騙的手段。他的犯罪感會在臨近考試時越發強烈。他的性格敏感，註定了他心裏所承受的比他哥哥重得多。因此，他常常以此為藉口躲避一些不喜歡的狀況。畢業後，他本來想找一份技術性工作，然而，他的犯罪感卻一直折磨著他，他每天都在乞求上天的原諒，因此，根本無心工作。

之後的情況更加糟糕，他被送到了精神病醫院。很多人都認為他是無藥可醫的，然而，不久之後，他的情況卻漸漸好轉。在他出院前，醫生告訴他：如果舊病復發，一定要馬上回醫院接受治療。後來，他改讀了藝術史專業。一次，在臨近考試前的週末，他到當地的教堂去，跪倒在教堂裏，對著眾人大聲哭訴：「我是人類中十惡不赦的罪人！」於是，他又以此讓眾人關注到他的良心。

接著，他又在醫院度過了一段時間。回到家後，他竟然在一天下午，赤身裸體地走到飯堂去吃飯，當然他的身材勻稱而強健，在這一點上，他還是有自信的。

可見，他是透過犯罪感來證明他比其他人要誠實，而他也朝這個方向不斷努力著。然而，這樣的方式卻是一種歪門邪道。由於他不願意面對考試和工作上的問題，這使他變得懦弱而手足無措。他的各種行為都是在躲避可以使他遭受失敗的事情，很明顯，在教堂和餐廳，他同樣是在用荒誕的手法來獲取優越感和自我滿足感。他所認為合理的生活方式引發了這樣的行為，而隨之而來的感情也似乎顯得合情合理了。

我們知道，在一個人人生最初的四~五年裏，我們關注的是構建靈魂的整體性，並將靈魂和肉體結合起來。我們會利用遺傳和後天環境中獲得的各種資訊，對它們進行修正，以便以此為目標來獲取個人優越感。在第五年圓滿畫上句號的時候，一個人的人格就已經成了定局，比如，他賦予生活怎樣的意義，他所追求的目標是什麼樣的，他達到目標的方法有哪些，他的情緒是怎樣的，等等。雖然，在之後的歲月中這些都可能改變，但是，改變的前提是他必須從先前形成的錯誤模式中擺脫出來。就像是他之前的所有行為都和他對生活的態度相一致，同樣地，現在的行為也需要和他對生活的新態度保持一致。

個人是透過他的感官來瞭解外界環境，並從中捕獲資訊的。因此，從一個人如何訓練自身可以看出：他希望從環境中捕獲哪些資訊，以及他將怎樣利用這些經驗。倘若我們注意他們觀察和聆聽的方法，以及哪些東西能夠吸引他們的注意，我們就可以充分瞭解他們，也就是說，他們的舉動是非常重要的。透過一個人的舉手投足，我們可以判斷出他的身體受過什麼樣的訓練，以及他怎樣利用這些器官來選取他要捕獲的資訊。一個人的行為永遠是被其認定的生活意義所限制的。

此外，我們可以在心理學原有的定義上再添加一些元素。眾所周知，心理學是以個人對其身體印象的態度為研究對象的，現在，我們就來探討一下不同個體間心靈存在巨大差異的原因。在通常情況下，心靈會把不能適合環境以及無法滿足客觀需求的肉體看成一種負擔。所以，那些身體有殘缺的孩子在心靈發展的過程中受到的阻礙會比正常兒童多得多。要讓心靈行使影響並指揮肉體獲取優越感的作用，就會更加困難。他們要想和他人一樣達成目標，必須付出更多，更加地專心致志，因此，他們的心靈負荷會比較大，且會變得更加自我。倘若一個孩子總是陷在生理缺陷等方面的陰影裏，便無心去注意外面的世界。他們就無法對別人產生興趣，社會化和合作能力也會比周圍的人差。

生理缺陷固然會導致很多艱難險阻，然而，這樣的困境卻不是無法擺脫的。假若心靈能積極地克服各種困難，他們也是可以和其他人一樣成功的。事實證明，有生理缺陷的孩子，儘管會受到更多的挫折，但獲得的成就在很多情況下比身體健康的兒童要大。因此，生理缺陷對於人類來說，是一種可以激勵人前進的刺激因素。比如，一個視力不好的孩子，可能會由於這個問題感覺到壓力，所以會花更多的精力去看清周圍的事物，他必定會更加注意周圍的環境，也就會更努力地認清各種形狀和色彩。這樣的結果是，相對於視力良好的兒童，他們擁有更豐富的視覺經驗。因此，只要掌握了克服困難的好方法，生理缺陷也可以使我們獲得更大的利益。歷史上有很多視力不佳的詩人或畫家，在他們的心靈成功地駕馭了這些缺陷之後，這些人卻比正常人更懂得如何運用眼睛來獲得有效的資訊。在另一個事例中，我們可以得出同樣的結論：有些兒童是天生習慣用左手的，卻不曾被認為是左撇子。在家庭和學校生活中，家長和老師總是會鍛鍊他們運用右手。然而，他們的右手是不靈活的，不適合書寫或繪畫。但是，假若心靈能夠找到解決問題的方法，他們的右手也可以變得非常靈巧。事實也正是如此，我們常常看到那些習慣用左手的人在興趣的驅使下，找到了好的方法，不斷進行訓練，在書法或繪畫上比正常人獲得了更大的成就，成功地將原本的劣勢轉化成了優勢。

只有那些想要對集體做出貢獻、對自身有興趣的兒童，才能找到彌補遺憾的正確方法。而那些逃避困難的兒童，是無法超越其他人的。只有當他們面前有一個值得努力追逐的目標，雖然有障礙，但是目標遠比障礙要重要，這樣的情況下，他們才有繼續前行的勇氣。問題的關鍵在於，他們的興趣和注意力到底是集中在哪裏。倘若他們想努力獲取某一身外之物，他們自然而然會有意識地訓練自己，以獲得某種必要的能力，對他們而言，困難只是暫時的。然而，假若他們沒有目標，只是擔心不如他人，那他們就無法獲得真正的進步。笨拙的右手只有透過刻苦訓練才能變得靈活，而不是靠憑空想像。而一個人克服這些困難的願望，也一定得比右手對他帶來的沮喪更加強烈。假如一個兒童想要全力以赴地克服困難，那麼，他必須有一個具體的目標，這個目標必須要建立在對他人、對現實、對與人合作感興趣的基礎之上。

我有一個證明先天性的缺陷可以被轉變的絕好例子，那就是我對患有腎管缺陷家族的研究。出生於這樣家族的孩子，通常都有夜尿症這樣的缺陷，它表現在膀胱、腎臟、脊椎分裂或腰椎周圍皮膚上的胎記。然而，先天的缺陷並不是夜尿症的唯一原因。這樣的兒童並不僅僅是因為器官缺陷而患有此病，而是還有其他原因。比如，當父母的行為或環境發生變化時，兒童的這種表現會消失；有些晚上尿床的兒童白天不會出現這樣的情況。因此，假若兒童的心智沒有殘缺，而他也沒有利用這一缺陷達到某一目的，夜尿症是可以避免的。

然而，罹患夜尿症的孩子大多不想克服它，而是想繼續下去。引發這種狀況的原因就在於他們所受到的待遇。如果一個母親經驗豐富，能讓孩子受到有益的訓練，孩子就可以克服；反之，夜尿症則會伴隨孩子的一生。比如，在一個具有膀胱疾病或腎臟病病史的家庭中，大人們會強調各種和排尿相關的事，或許，大人們認為這樣可以避免夜尿症對孩子的困擾，然而，當孩子意識到這件事受人關注時，他便不願意再去克服了。以下的事例能夠有力地證明這樣的做法是錯誤的：假如一個孩子抵制家長的教育，那麼，他會找到各種方式來進行反抗。德國一位傑出的社會學家發現，出生於法官、員警家庭的孩子，犯罪的可能性要高於普通家庭的孩子；父母是醫生的兒童，患有精神病的機率也很大；傳教士的孩子中很多都是問題少年；教師的子女很多都冥頑不靈……事實證明，以上的論述都是正確的。同樣的道理，當家長過分強調排尿的重要性時，孩子會用他們自己的方式來證明他們自己的意志。

夜尿症的事例也讓我們明白了怎樣利用夢來引發某種情緒以便達到我們想要的目的。在通常情況下，尿床的孩子夢到他們走下床上了廁所。於是，他們可以為自己開脫，尿床也變得情有可原。這樣的兒童通常是希望即使在夜間，自己也能受到他人的注意，別人也會聽從他們。有時候，這也是他們反抗他人的一種方式，是存有敵意的。無論站在哪個角度，我們都可以得出這樣的結論：這真是一種極具創造性的做法，他們是在用膀胱而不是嘴巴說話。他們用自己的缺陷來表達他們的態度。

用這樣方式表達想法的孩子狀態通常都比較緊張。一般來說，他們已經喪失了至高無上的地位，雖然他們曾被寵溺過。或許，兄弟姐妹的降臨讓他們覺得父母的愛被他人分割。這種情況下，他們便會透過夜尿症來維持與母親的緊密關係。雖然這樣的方法令人不悅，然而，它卻有力地證明：「我還是一個需要被照顧的、沒有長大的孩子。」每個孩子的具體情況不一樣，他們也會採取不同的方法，比如他們會在晚上不停哭鬧，用這種方法來吸引他人注意。

其他的一些孩子也許會跌下床、夢遊、吵著喝水等。然而，在進行這些活動時，孩子的心理活動都是相似的，他們會根據不同的身體狀況和環境來決定使用哪種方法。

以上的事例都可以有效反映心靈對肉體的支配作用。其實，除了各種活動的選擇要受到心靈的影響，個人身體結構也受到心靈的支配。雖然我們無法直接證明這個結論的正確性，而且論證過程會非常困難，然而，我們卻掌握了有效的證據。如果一個孩子膽子很小，那麼，這個特徵將伴隨他整個成長過程。他不關心，甚至不敢想像自己在各方面會達到各種成就，因而他不會有意地去鍛鍊自己的體格，也不會接受各種外界的刺激。他必定會落後於其他體格健碩的孩子。

因此，我們可以得出這樣的結論：身體的發展是受到心靈影響的，他可以反映心靈所存在的缺點和錯誤。我們時常可以看到這樣的情況：如果心靈無法找到克服困難的有效方式，肉體的表現將會很糟糕。比如，前面我們已經說過，在人生最初的幾年中，心靈對內分泌本身也會有相應的影響。若是腺體有缺陷，則不會對行為產生強迫性的作用，相反地，一些外在因素卻在影響著腺體，比如，客觀環境，兒童感興趣的方向，兒童在感興趣的領域所進行有創造性的行為等。

此外，還有另外一個證據可能更容易被我們理解和接受。因為我們比較熟悉它，它不會形成身體固定的特徵而只是一種短暫的表現。在某種程度上，我們的各種情緒都會展現在身體上，也許是透過面部表情，也許是身體姿勢或行為，也許會是大腿的不規則抖動。比如，當一個人的臉色變白或轉紅時，他的血液循環一定會隨之變化。肉體在焦急、憂慮或憤怒等各種情緒的作用下都會使用自己的語言說話。當一個人害怕時，可能會有毛髮豎立、渾身顫抖、心跳加快、直冒冷汗、呼吸困難、渾身搖晃不能行走等各種表現。在這種情況下，身體健康也會受到相應的影響，比如，噁心嘔吐或沒有胃口。對一些人來講，膀胱也會受到這些情緒的影響，而對於另外一些人，性器官也會受到影響。比如，有些孩子在考場上時性器官會不舒服，某些犯罪分子行凶之後則會跑去找女朋友親熱甚至去嫖娼。在科學範疇中，有一些心理學家聲稱焦慮和性是分不開的，而另外的一些人則宣稱它們之間並無直接關係。他們的結論都是根據個人經歷而得出的，帶有強烈的主觀色彩。

這些差異性的反應是來自不同的個體，導致這一情況的原因可能是遺傳因素。他們的表現總能給我們某些暗示，讓我們總結出各種家族的不同特徵，因為屬於同一家庭的成員，面對同一情況會做出類似的反應。然而，其中最有意思的就是研究心靈是怎樣透過情緒來支配身體的。透過情緒及相應的身體反應，我們可以判斷心靈在一個有利或有害的客觀環境中會有什麼樣的行為。比如，一個發脾氣的人所希望的一定是立刻制止不良的情緒，而他所認為的最有效途徑就是謾罵或打擊對手。此外，憤怒的情緒可以影響到身體，令身體僵硬或者感到有壓力。有些人在憤怒的時候，胃部會感覺不適，臉也會變得很紅，甚至會感覺到頭疼。那些經常頭疼或者偏頭疼的患者，大多數是容易發怒的人。對於一些人來講，生氣時還會感覺三叉神經痛或者伴隨著癲癇性的痙攣。

心靈對肉體產生作用力的途徑，還沒有被完全研究明白，因此，我們無法做出全面的解釋。緊張的情緒對於自主或非自主神經系統都可以產生作用。緊張的情緒會立刻作用於自主神經系統，有的人會拍案而起，有的人會咬嘴唇或撕扯紙條，只要他們感到緊張就會有所行動。吸菸和咬筆頭等細小動作也可以用來發洩情緒。這些動作代表他們已經受不了現在所發生的一切，他們在不熟悉的人面前會表現得手足無措、肌肉抽搐、面紅耳赤，這些都是因為情緒緊張。

然而，這些由於緊張而引發的行為並不適用於身體的每個細節。我們所討論的只是那些容易被發現的行為，如果我們觀察得再仔細一些，就會發現，情緒會影響到我們身體的每一個部分，這些表現反映了心靈和肉體之間的各種活動。由於肉體和心靈都是我們所關注整體的一個部分，因此，我們必須重視兩者之間的作用力。

綜上所述，我們得出這樣的結論：一個人的身體發展會一直受到生活方式及其情緒的影響。如果在很早的時候，一個兒童的生活方式就已經固定了，而我們對此有豐富的經驗，那麼，我們就可以提前預見這個兒童在生活中的種種表現。將個人態度表現在身體上是勇敢者的做法。他們會長得比較特別，肌肉發達，身體姿勢強健堅定。

身體的發展很可能會受到生活方式及其情緒的影響，而這也可能是導致他們肌肉結實的因素之一。勇敢者的面部表情也會和常人有所不同，最終，他們整個人都有別於普通人，這種差異甚至擴大到他們骨骼的構造。

因此，我們必須承認心靈對大腦是有影響的。透過病理學的一些案例，我們瞭解到：那些由於大腦右半球出現問題而導致閱讀及寫作能力喪失的病人，可以透過訓練大腦的其他部分來進行彌補。比如，一些中風的病人，大腦的部分功能已經完全喪失，卻可以透過其他部分使大腦能正常地運轉。這一事實對於我們證明個體心理學所主張的教育應用存在合理性有重要的作用。若大腦只是心靈的一個工具，雖然比較重要，但改變不了心靈對大腦存在巨大影響作用的事實，那麼，我們就可以設法發展或增進對這一工具的使用。生來大腦便不符合某種標準的人，並不一定終其一生都要受這樣的拘束，他們可以摸索出讓大腦更符合生活的方式。

有些心靈將目標確定在了錯誤的方向上，比如，沒有培養出合作能力的人，就無法在大腦的成長過程中施加積極的影響。因此，我們可以發現，那些不懂得合作的孩子，在智力和理解力上似乎都顯得遜色一些。由於我們能夠從一個成年人的行為舉止中觀察出他最初的四～五年間建立了什麼樣的生活方式，並對他產生了怎樣的影響，此外，他賦予生活的意義以及統覺表都會清晰地展現在我們面前，所以，我們可以找出他所遇到的合作障礙並提供有效的幫助。這是我們朝個體心理學邁出的第一步。

一些學者宣稱：有一種相對固定的關係存在於心靈與肉體之間。然而，這些學者中卻沒有人嘗試找到二者間存在的關係的本質內容。比如，克雷奇默（Kretschmer）曾經告訴我們怎樣透過身體的結構來判斷一個人的心靈特徵，如果這樣可行的話，我們就可以把人類分成不同的類型，比如，圓臉型、小鼻子而身材偏胖的人，就像凱撒大帝說的一樣：

「我願意周圍有許多肥胖者，他們的肩膀輪廓圓滑，能熟睡整夜。」

克雷奇默認為，人的體格是和心理特徵相關聯的，然而，卻沒有具體說明產生關聯的原因。按照我們的生活經驗，一般來說，這樣的人都不存在生理上的缺陷，他們適合生存在我們的生活環境中。他們對自己強壯的身體信心十足，認為自己的體格是可以和周圍的人一較高低的。在和別人競爭的時候，他們往往會全力以赴，而不是緊張焦慮。在他們看來，沒有必要將別人看作敵人，我們也不應該對生活充滿敵意。心理學中無緣由地將他們稱作「外向者」，大概是由於這些人從未因為身體而發愁。

克雷奇默所說的，與此相反的是神經質的人。他們的身材往往是瘦瘦高高，鼻子比較長，橢圓形臉龐。他認為這樣的人比較保守，而且懂得自我反省，他們患有精神分裂症的可能性比較大。他們是凱撒大帝所說另一種類型的人：「卡修士有飢餓者一般的枯瘦外表，他工於心計，是個危險人物。」

這類人可能受到肉體的影響，性格中充滿自私、內向和悲觀的成分。他們所需要的幫助比一般人多，如果周圍的人對他們的關心無法達到他們的需求，他們就會變得多疑而心生怨恨。

然而，克雷奇默也曾說過：在我們之中，很多人是屬於混合類型的，就算是肥胖型的人也可能擁有瘦高型人的各種心理特點。我們會發現，如果周圍的環境透過其他的途徑對他們施加了壓力，他們也會由此變得內向或是膽小，我們可以透過有計劃的打擊一個人而讓他變成神經質。如果我們的生活閱歷比較豐富，便可以透過個人的行為瞭解到他與人合作的願望和程度。我們一直試圖找到這樣的暗號。

由於現實的需要，我們不可避免地要與人合作，進而一直靠直覺尋找可以在我們生活中達到指導作用的暗號。我們瞭解到，每當歷史要產生變革的時候，人類似乎能夠預知到變革的需要，從而竭盡全力地加快變革的速度。然而，倘若我們只依靠直覺來進行選擇，則很容易出錯。同理，人類不太喜歡那些具有特殊品質的個體，比如，駝背或者畸形兒。似乎人類在不瞭解他們的情況下，就已經武斷地認定他們並不適合合作，這種判斷是錯誤的。然而，人類的判斷大多數也是基於生活閱歷的基礎之上。目前，我們並沒有找到什麼合適的方法來增加與這一特殊群體之間的合作。由於我們過分迷信，經常誇大他們的缺點，他們便不幸地成為了犧牲品。

透過以上的論述，我們可以得出這樣的結論：個體會在生命最初的四～五年間統一其心靈的奮鬥方向，從而使心靈和肉體緊密地結合在一起。他也會形成一種相對穩定的生活模式及與之配套的情緒和習慣。在這個過程中會時不時地產生各種形式的合作。我們可以從一個人的合作能力和習慣上來瞭解一個人。很顯然，合作能力低是失敗者的共同點。因此，我們可以更科學地界定個體心理學這門學科：它注重的是瞭解合作能力的缺憾。由於個人的心靈是統一的整體，生活方式貫穿於整個心靈活動的始終，因此，個人的思想和情緒必須和他的生活模式相統一。假若一種情緒很明顯地違反了個人對於利益的追求，對個人發展造成了阻礙，那麼僅僅改變情緒是無效的，由於情緒體現的是生活方式的核心，因此，只有改變其生活方式，問題才能得到根本解決。

在這裏，針對教育和治療的未來，個體心理學提供了一種特別而有效的指導。我們不能簡單地去治療一種特殊或單獨的病症，而是需要從整體出發，根據生活模式，在心靈賦予生活的意義中，在心靈面對外界環境而支配肉體做出的活動中，在心靈對生活閱歷的合理解釋中，找出問題的癥結所在。我們不能簡單地把一些行為看作心理學研究，比如，用手搔小孩，看他笑到什麼程度；用針扎他們，看他們的反應激不激烈。然而，這樣的做法在現在的心理學界卻是司空見慣的。雖然透過這些方式，我們可以得到一些和個人心理相關聯的事實，但這些事實卻只能證明一些特殊的個人生活模式。心理學的主要研究對象應該是生活模式，如果採用其他對象來做研究，則可能跨越到生理學或生物學的範疇之內。這一說法對於那些企圖找出特殊生活經驗所造成強烈影響的人、研究刺激和反應之間關係的人，以及研究由於先天稟賦是如何發展的人來說，都是正確合理的。

然而，在個體心理學領域內，我們所關注的是統一的心靈、是靈魂本身。我們的研究對象是個體賦予自身及所處世界的意義，以及他們的奮鬥方向、目標、生活方式。到目前為止，透過觀察個體的合作能力來判斷他們的心理差異，是一種最有效的途徑。

提前預知自己的行動是靈魂的最關鍵作用。瞭解到這一點，我們就能夠認知到：心靈是怎樣控制肉體的——心靈為肉體設定下一動作的方向。

第三章

自卑感與優越感

「自卑情結」作為個體心理學的一個重要發現，已經聞名於世了。很多心理學家對於這個名詞都表示認可，並將他們自認為合適的方法運用到了實際當中。至於他們是否真正瞭解了這一名詞或者運用的時候是否做到了準確無誤，我們就不得而知了。

ALFRED ADLER

「自卑情結」作為個體心理學的一個重要發現，已經聞名於世了。

很多心理學家對於這個名詞都表示認可，並將他們自認為合適的方法運用到了實際當中。至於他們是否真正瞭解了這一名詞或者運用的時候是否做到了準確無誤，我們就不得而知了。比如說：倘若告訴一個人，他在受到自卑情結的侵害，這樣只會讓他更加自卑，而不是設法去克服這種情緒。因此，我們必須對症下藥，找到在他生活模式中令他沮喪的環節，然後在那一點上不斷給他勇氣。在通常情況下，精神病患者都受到自卑情結的困擾。如果想透過有無自卑情結來對他們進行區分，那是不可能的。假如，我們只是單純地告訴他們「你有自卑情結」，這樣並不能幫助他們找到勇氣，因為這就相當於告訴一個頭痛症患者：「我知道你現在哪裏難受：你的頭痛。」

很多精神病患者並不承認自己有自卑情結，有些甚至會極力否認這一事實，認為自己比周圍的人都要有資本驕傲。所以，我們不需要問他們，而是要關注他們的行為舉止。透過觀察，我們可以看出他們是透過怎樣的方法來彰顯自己的重要性的。比如說，我們遇到一個舉止傲慢的人，我們可以感受到他的心理：「周圍的人都小看我，我一定要展現一下自己，讓他們看得起我。」再比如，我們見到一個說話時手舞足蹈、表情豐富的人，我們也可以感受到他的心理：「如果不用一些辦法來吸引注意力，我講的話就顯得無關緊要了。」

此外，還有一些表現得盛氣凌人、異常強勢的人，不得不讓人懷疑，在他內心深處是否隱藏著需要刻意掩蓋的自卑感。比如，一個人怕別人覺得自己個子矮，於是總是踮著腳走路。我們也常常遇到這樣的情況：兩個孩子比身高，有自卑情結的一方總會把身子挺得直直的，並且一直保持著這個姿勢，以便讓自己看起來高一些。假如有人問他：「是不是覺得自己不夠高？」他卻不會勇敢地承認這一事實。

然而，有嚴重「自卑情結」的人，不一定都表現得安靜、順從、內斂，與世無爭。自卑情結的表現形式是多種多樣的，對於這個事實，我可以用三個兒童第一次被帶到動物園玩的事例來說明。當他們面對關在籠子裏的獅子時，一個孩子迅速地跑到母親身後，臉色蒼白地說：「媽媽，帶我回家吧。」另一個孩子愣愣地站在那裏，聲音顫抖著：「我不怕牠。」第三個孩子滿臉好奇地問道：「媽媽，如果我向牠吐口水，那會怎麼樣？」其實，他們都發覺自己面對獅子時居於劣勢，但是他們的表現形式卻是不同的。

其實，每個人或多或少都有自卑情結，因為，我們常常會發現自己所處的位置是有待改進的。假如我們每一次都能勇敢地尋找到適當的辦法來克服困難，就可以擺脫自卑感。沒有誰能夠長久地忍受自卑的困擾，他必定會設法消除不好的情緒。就算是一個人已經喪失信心，不再相信踏實的努力可以改變現狀，他也不能容忍自卑的感覺，他還是會想辦法自救，只不過他的做法都是徒勞的罷了。他的目光總是鎖定在如何克服困難上面，卻沒有設法排除萬難，反而以一種優越的姿態進行自我催眠。這樣一來，他的自卑情結反而越來越嚴重，因為引發自卑的因素依然存在。他所做的每一個動作都可能是自欺欺人的可笑行為，他的壓力反而會越來越大。假如我們不去瞭解問題的實質，而是簡單關注他的行為，會誤以為他是盲目的。我們並沒有看到他的計劃性，他雖然也在努力讓一切變得合情合理，卻並沒有堅持改善所處環境的信念，他的行為將這一點暴露無遺。

假如，他覺得自己不夠堅強，他就會躲避到一個會讓他感覺良好的環境中去，他並不著眼於鍛鍊自己的能力，而是想讓自己在自己的心中顯得堅強一些。他這樣自欺欺人的努力只能換取一丁點的成功。假如這樣的問題揮之不去，或許他會變成專制的暴君，刻意維護自身的權威性；他可以自我催眠，然而，自卑情結卻從未改變。那些舊有的情境會潛伏在生活中，依然會引發他的自卑感，這便是所謂的「自卑情結」。

透過以上的論述，我們可以這樣來為自卑情結下定義：如果在面對一個棘手的問題時，一個人感覺自己無能為力，由此產生的情緒就叫作自卑情結。

我們從中可以看出：自卑情緒會有很多表現形式，比如眼淚、憤怒、歉意等。因為自卑感會讓一個人感到焦慮，因此，他就會尋找優越感來補償自己的情緒，但是，這樣做的目的並不是解決問題，而是將真正的問題掩藏起來。於是，他的活動受到了限制，他會致力於如何避免失敗，而不是努力解決問題。困難所帶給他的只剩下彷徨、猶豫和退卻了。

圖中三個孩子面對獅子的表現形式大不相同，其實在他們心中都對獅子心存恐懼，在其面前處於劣勢。但為何表現形式不一樣呢？其根本原因在於他們的「自卑情結」，每個人都或多或少有「自卑情結」，因為，我們經常能夠發現自己所處的位置是有待改進的。

我們可以透過對公共場所具有恐懼症的案例來深入瞭解上面的理論。患有這種病症的人一般都存在這樣的心理：「我不應該離開熟悉的環境而走得太遠，我一定要避免生活中出現的各種危險。」當一個人存在這樣的心理時，他會待在屋子裏或者躲在床上不下來。遇到困難的時候，他還有可能採取自殺這種極端的方式。這個時候，個人已經完全放棄了解決問題的想法，對於自己的處境，他已經無能為力了。如果我們明白自殺的行為意味著一種報復或苛責，便可以明白自殺者不過是試圖從自殺中獲取一定程度的優越感。從各種自殺案件中，我們可以總結出：死者一般會把導致自殺的責任推到某個人身上。他們彷彿在對外宣稱：「看，我是多麼的柔弱和仁慈，而你，卻是這樣的殘忍。」

通常，精神病患者會透過縮小自身活動範圍的方式來避免與情緒的全方位接觸。他想要把自己限制在自己能夠主宰的環境中，從而遠離各種現實問題。這樣的做法，類似於為自己建起一座狹小的城堡，緊閉門窗，遠離陽光、清風和戶外新鮮的空氣。他會依據自己的經驗，在所掌握的各種方法裏，挑選出一種能夠達到目標的有效方式，或許是低聲下氣，或許是怒吼呵斥。如果對第一種方法不是很滿意，他則會嘗試另一種。然而，無論方式是怎樣的，將獲取優越感作為終極目標卻是不會改變的。當孩子發現用淚水可以良好地駕馭他人時，他會變得愛哭，而愛哭的孩子患憂鬱症的機率非常大。

眼淚和抱怨等被我們稱作「水性的力量」的方式不僅會破壞合作，還會導致將他人貶為奴僕的結果。從這些人的言談舉止間，我們可以看出自卑情結，他們和忸怩作態、過度害羞及有犯罪感的人一樣，總是承認自己的軟弱和無能。他們的目標超越一切，會不擇手段地試圖凌駕於別人之上，對此，他們絕口不提。

一個喜歡誇耀的孩子，在見面伊始就會讓人感覺到一種優越感，然而，倘若我們注意他的行為，那麼，他的自卑情結將暴露無遺。對於精神病患者的「狹小城堡」，所謂的「伊底帕斯情結（Oedipus）便是一個鮮活的例子。

如果一個人不能勇敢地面對愛情，便無法真正收穫愛情。倘若他的生活圈子僅限於家庭，那麼，他的性欲問題也必須在這個範圍內進行解決，這不足為奇。因為他缺乏安全感，他的興趣總是局限在熟悉的幾個人身上。他怕無法繼續按照習慣來控制局面，因而害怕與人相處。受到這一情結困擾的通常是受到父母溺愛的兒童，他們不知道可以憑著自己的努力在家庭以外獲取關心和愛情，而是錯誤地認為自己的願望天生就可以被無條件滿足。成年之後，他們對母親的依賴有增無減。他們想找到一個僕人而不是一個伴侶，最讓他們覺得理所當然的僕人就是他們的母親。這一情節可能發生在任何一個兒童身上，只要他的母親溺愛他，不允許他對其他人產生興趣，而他的父親則對他不聞不問。

大多數精神病患者都會限制自己的行為，避免跟整個環境接觸。比如，口吃者常常持有懷疑的態度。在僅存的一點社會化的支配下，他與人交往，但是他害怕這種嘗試，鄙視自己，結果在語言方面表現得猶豫不決。除此之外，具有自卑情結的人群還包括：上學期間明顯不如別人的孩童、強迫症精神病患者、而立之年卻一事無成或者婚姻問題一直沒有解決的男人女人、由於厭惡工作而失眠的人等，這些人在解決問題時都會感到無助。有些人面對異性時，會對自己的生活方式產生懷疑，於是出現了早洩、陽痿、性冷淡、手淫等問題。為什麼會有這樣的擔心呢？那是因為這些人過高地估計了自己的目標。

我們知道，自卑可以促進人類地位的提升，它本身並不是變態的。比如：由於人類覺得自己無知，而對未來的預測卻是異常美好的，人類必須努力改進自身所處的情境，於是他們努力地控制自然，努力探求宇宙的領域，這些做法便促成了科學的興起和發展。其實，在我看來，自卑情結是人類文化發展的基礎。倘若我們邀請一位外來的客人觀光，他一定會發出一些感慨：「人類一定是地球上最弱勢的群體了，看！他們建立了各種團體，為了獲得安全感；他們做出了各種努力，為了防風避雨，他們建造房屋；為了抵禦嚴寒而穿上衣服。」我們必須承認，人類在某些領域是比較弱勢的。我們不像猩猩或獅子一樣健壯，地球上很多動物都比人類適合單獨應對生活中的困難。雖然群居與團結也是解決困難的一種方式，然而，人類卻比其他動物更加需要合作。

嬰兒是脆弱的，需要長期的呵護和照顧。而任何人都是從嬰兒發展而來的。若是缺乏了合作，就只能被環境所限制，因此，我們認知到：假若一個孩子沒有學會與人合作，他就會越來越悲觀，漸漸發展成牢固的自卑情結。同時，我們也認知到：就算是一個非常喜歡與人合作的人，也需要面對生活中不斷出現的棘手問題。沒有哪個人能夠完完全全地控制自己所處的環境。人生苦短，人類是脆弱的，而生活中的三個現實問題卻始終擺在我們面前。我們不斷地尋找解決問題的方式，卻不會滿足現狀，止步不前。不管怎樣，我們始終要奮鬥，但是，只有與人合作，我們的奮鬥才是充滿希望並且有意義的。

我想，沒有人會懷疑這樣一個事實：我們是永遠無法達到生命的終極目標的。如果一個人或者整個人類的生活，已經達到完全沒有任何困難的程度，那麼，我們可以想像，生活在這樣完美的環境中，一定是非常枯燥無味的。我們可以推算出將要發生的每一件事，明天是不存在任何風險和意外的，一切都在我們的預料之中，那麼，對於未來，我們也就沒有什麼期望了。其實，生活的樂趣主要是來自對未來的不確定。如果我們可以確定每件事的發展，那麼，也就沒有了討論和發現的必要性，這個時候，科學也就走上了末路，宇宙對於我們來說，也就只意味著一次輪迴；曾經讓我們感到愉悅的藝術或宗教，也將失去意義。幸好，我們現在的生活並不是那麼容易走向末路，我們奮鬥的腳步不會停下來，我們也能夠不斷發現新問題，並尋找新的合作機會。在這個過程中，精神病患者往往不能找到非常有效的解決辦法，他們的前進是相當困難的。而正常人對待問題時，總會用較為合適的方法一步步解決，他們能夠接受並解決新問題。因此，他們不需要他人特殊的照顧，不會讓同伴感覺到巨大的壓力，他們可以貢獻自己的力量，也就能夠獨立地面對生活中的困難。

每個人都想要獲得優越感，都會樹立各自的目標。目標的建立是以個人生活意義為基礎的，而這種生活意義往往不只停留在口頭上。它像個人獨創的新奇曲目一樣存在於個人生活方式之中，目標就隱藏在其中，而並非清晰地呈現在外面。它們的表現通常比較模糊，我們也只能根據個人的行為來進行推測。對生活模式的探索，就像品讀一首小詩。詩中隱藏的意義遠遠比它表面上所呈現的文字要豐富。我們需要細細品讀，推敲它蘊涵的意義。其實，每個人的生活模式都是複雜而豐富的藝術作品，心理學家必須要用欣賞的眼光去推敲其中的含義。生活的意義是在個體生命開始的前四～五年間確定的。我們就像黑暗中的瞎子，憑藉感覺逐漸找出確定的答案，而非透過精確的計算得出最終的結果。優越感的目標同樣也不是一個靜態的點，而是在不斷的摸索和推測中確定下來的，它是一種動態的去向，是生活奮鬥的目標。

沒有誰能夠清晰而準確無誤地描述出整個目標。比如，一個人瞭解自己的職業目標，但是，那只是他所追求的一小部分而已。就算是目標已經清晰具體，獲得最終成功的方法也是多種多樣的。比如，一個人的目標是成為一個醫生，這個目標其實包含著很多方面。他不僅想要在病理和科學領域有一定的建樹，而且還要在各種活動中表現出對自身及他人的濃厚興趣。我們能夠觀察到，他希望自己怎樣去幫助他人，以及在幫助他人的過程中會給自己哪些限制等。這些實質上都是他補償自卑感的方式，當然，我們能夠從他所從事的職業或行為舉止中推斷出哪些方面讓他感覺到自卑。

比如說，我們常常發現，有一些醫生在童年時期就親眼見過死亡，而死亡又給予他們極度的不安全感。或許是他們身邊的人失去了生命，這使他們將保護他人的生命作為自己今後發展的方向。再比如，一些人將教師作為自己的職業目標，然而，我們也清楚，教師之間也是存在差異的。如果一個教師缺乏社會責任感，他之所以將教師作為職業目標，很可能就是想透過統治比他弱小的人而獲得安全感和優越感，這正好符合他的心理習慣。而擁有強烈社會責任感的教師會真心地貢獻自己的力量，平等地對待學生。

此外，值得關注的是，教師之間，不僅在能力和興趣這兩個方面存在較大的差異，他們的心態對其外在的行為舉止也會產生重大的影響。一個人總會不斷調整他的行為來適應被具體化了的目標。在這些條件的限制下，一個人會不斷靠近他的目標，無論遇到什麼樣的情況，他都會千方百計實現他的「生活意義」和他爭取優越感的「終極目標」。

因此，我們要透過表像去瞭解一個人的本質。每個人都可能根據其指定的具體目標而改變達成目標的方法，比如他的職業。因此，我們需要找到隱藏在整體人格中的一致性特徵，無論表現為什麼樣的方式，這個特徵總是固定不變的。就像我們將一個不規則的三角形隨意放置在不同位置時，它會給我們不同的印象一樣。然而，如果我們細心觀察，就可以發現這個三角形其實並沒有變化。同樣的道理：一個人整體目標的內涵不會只有一種表現形式，我們可以透過它的各種表現來全面認識它。我們不可能對一個人這樣說：「如果你想滿足自己的優越感，那麼，只需要做這些或那些事就可以了。」在追求優越感的過程中，我們會不斷改變方式。一個人的身體越是強壯，當他面對阻礙時就越能另闢蹊徑，只有那些精神病才認為：「我一定要這樣，這是唯一的方法。」

我們不想輕易對優越感的特殊追求進行具體的描述，然而，在所有的目標中，我們總結出一個共同因素——努力想要成為神。有時候，我們可以看到人們會竭盡全力地按照這種想法來表現自己，他們希望自己成為上帝。很多哲學家也懷有同樣的夢想，而一些家長在教育孩子時也希望孩子變得和上帝一樣。此外，這個目標還存在於古代宗教訓練中：教徒一般都把將自己修煉成神作為最終目標，這樣的理想，曾經體現在所謂的「超人」觀念中。據說，尼采在發瘋以後，曾在寫給斯特林堡（Strindberg）的信中，將「被釘在十字架上的人」（the Crucified）作為自己的署名。

一般來說，發瘋的人常常赤裸裸地將優越感目標表露在外面，他們會聲稱自己是中國的皇帝或者是拿破崙。他們希望得到全世界的關注和敬佩，成為具有超自然能力的超人，可以住在全世界任何地方，能預知未來，用無線電獲取各種資訊，聆聽他人的所有對話。成為神的目標，也可以有較為合理的表現方式。比如，可以展現在希望得到全世界最高的智慧，或擁有使其他生命變得弱小的力量。不管我們是想保存俗世的生命，還是希望經歷很多次輪迴，然後返回人間，抑或是我們想在另一個想像的空間裏永不腐朽，這些想法的實現必須建立在變成神的基礎上。在宗教範疇內，只有神才能永垂不朽。我們不必在這裏討論這一言論的對與錯，它們是一種意義，是對生活的詮釋，而我們是站在不同的角度來採用這種意義——成為聖者或是神。就連無神論者也會希望自己能夠掌控神，因此，我們可以斷定，這種優越感目標是極其強烈的。

假如我們將優越感的目標詳細化，便不會在固有的生活模式中出現偏差。這種情況下，個人的習慣和特徵都是完美無瑕、完全正確的。無論是問題少年，精神病患者，還是罪犯和酗酒者，他們的行為都是恰當的，是獲取優越地位的正確途徑。他們的病症都是對應目標而出現的，他們不可能否定自己的病症。學校裏有這樣一個男孩子，他的懶在班級裏是數一數二的。有一次，老師問他為什麼功課會這麼糟糕，他理直氣壯地說：「假如我一直很懶，您就會一直關注我，那些好學生是得不到您的關心的，他們不調皮，成績又好，您怎麼會去關注他們？」可見，只要他將吸引老師注意作為目標，他便不會改變自己的行為。想讓他改掉懶惰的惡習幾乎是不可能的，因為為了他的目的，他必須採取這樣的行動。而且，在他眼裏，這樣的行為是完全正確的，若要改變，他會因此變得愚蠢。另外，還有這樣一個男孩：他在家裏很乖巧，但是看起來比較笨，在學校，他總是比不過別人，在家裏他也顯得太過平凡。而大他兩歲的哥哥卻完全相反，他的哥哥天資聰穎、生性活潑，但是，辦事魯莽，麻煩不斷。一天，有人聽到弟弟和哥哥的對話，弟弟說：「我寧願愚笨也不想像你一樣魯莽！」假若他之所以顯得愚笨是因為想要避免麻煩，那麼，他真的非常明智。由於顯得愚笨，別人對他不會有太多的要求，假如他不小心出了錯，也會輕易得到他人的原諒。從這一點來看，他並不是真的愚笨，而是在故意裝傻。

一直以來，通常意義上的治療都是指向病症。然而，個體心理學無論是在醫療領域還是在教育領域都是反對這種態度的。如果我們看到孩子數學成績較差，趕不上別人時，只是關注表面的現象，想透過某種方法來提高他的數學成績，那幾乎是在做白工。也許真正的原因是他想要吸引老師的注意力，甚至厭惡學習，試圖透過這樣的辦法迫使學校開除自己。如果我們只是改變了這個現象，他依舊會尋求其他的方式來達到同樣的目的。這有點類似於成人的精神病。如果一個人患了頭痛症，而這一症狀對於他而言是非常有利用價值的，它們會在恰當的時候發作。他能以頭痛為藉口，推掉許多的應酬，每次，當他必須面對陌生人或者做出重要選擇的時候，他就會感覺頭疼。

與此同時，他還可以藉此來向家人或下屬發脾氣。那麼，他怎麼會放棄這樣一種有效的方法呢？從這一點來看，他的痛苦是可以為他所用，並且能夠達到他所期望的效果的。因此，我們可以用一種可以令他恐懼的說法來迫使他放棄這種工具，並且透過物理治療使他痊癒，使他不能再繼續使用這種方法。然而，假若他的目標並沒有改變，就算放棄了這種方式，也還會找到另一種途徑作為補償。頭疼被治癒了，那他可以罹患失眠或者其他的病症。只要他的目標一直保留，那麼，他總能夠找出新的病症。

某些精神病人能夠在短時間內摒棄他的病症，並以驚人的速度選擇另一種新的病症。他們就好像是精神病病症收藏家，可以隨意擴充自己的收藏範圍。因此，我們必須瞭解他們病症背後的目標，而不是單純地為他們提供治療疾病的書籍，我們不僅要為他們解除困擾，更要找到他們所定的目標和優越感之間有什麼樣的關連。

如果說我找來一架梯子，爬上黑板的頂端，並且一屁股坐上去。那麼，看到這一情景的人一定會覺得我瘋了。他們困惑的是我為什麼要找來梯子，為什麼要爬上去，並且以不雅觀的姿勢坐在上面。然而，假如他們瞭解到，我之所以坐在黑板的頂端，是因為如果我不坐在高於其他人的位置上，我就會感覺自卑，我只有待在俯視學生的位置上，才會有安全感，他們至少就不會認為我瘋得那麼厲害了。

我選用了一種非常合理的工具，並且依照計畫行事，可以說，我的方法是非常明智的。他們之所以覺得我瘋了，是因為我對優越感目標的解釋。如果有人能夠讓我相信我的想法是錯誤的，那麼，我也會改變我的行為。然而，假如他們無法令我改變目標，只是拿走了我的梯子，那麼，我可能會用椅子，再次爬上去。如果他們再拿走椅子，我可能會跳著爬上去。這是精神病患者的共同特徵，他們自認為選用了最正確的方法。我們需要改變的是他們的目標。這個目標一旦發生變化，他們的心態和行為也會進行相應的調整。他們會用新的態度和方式來對待新的目標。

下面這個例子可以充分證明上述觀點的正確性。有一位三十多歲的婦女，她近期在與人交往中總是感到焦慮，於是向我求助。由於她在工作上毫無建樹，她不得不接受家庭的經濟救濟。她也曾試圖從事祕書、打字員等工作，可是，她遇到的上司卻紛紛向她求愛。為此，她感到困擾，被迫辭職。之後，她獲得了一份工作，這一次，老闆並沒有對她表示出任何興趣，然而，她卻覺得老闆不重視她，再一次辭職。她大概已經接受了八年左右的心理治療，但是治療效果並不顯著，她依然無法與人交往，也無法找到喜歡的工作。

如果想要瞭解一個成人，就一定要瞭解她的童年。因此，當我在對她進行治療的時候，我調查了她童年的生活模式。她是家裏的小女兒，是受人溺愛的掌上明珠。她的家境優越，她的父母幾乎是無條件滿足她的任何願望。聽完這些，我發出了感歎：「你真是被照顧得無微不至啊，簡直就像個公主。」她回答道：「對啊，很多人都叫我小公主呢。」當我說我想瞭解她最早的記憶時，她回憶道：「那時候我四歲，一天，我看到屋子外面有很多小朋友在玩耍，他們蹦蹦跳跳地叫喊著：『巫婆來了！』我害怕極了，回去以後，我問女僕：『世界上是不是真的有巫婆？』她點了點頭，說世界上真的有小偷、巫婆和強盜，他們無處不在。」從那天開始，她就非常害怕一個人待在屋子裏，而且，這樣的恐懼感貫穿於她整個生活模式中。她認為自己是弱小的，需要家人隨時隨地的照顧和支持。此外，她還有一段早期的記憶：「我曾經有一個男鋼琴教師，一次，他突然要吻我，我害怕了，跑回家告訴母親，從此以後，我就不想再碰鋼琴了。」從這件事上，我們可以看出，她當時已經有了和男人保持一定距離的意識，而且在性方面，她也以躲避愛情為最終目標。在她看來，陷入愛情是弱者的表現。其實，各位讀者可以想像一下，在現實生活中，陷入愛情的人往往會變得脆弱。在一定程度上看來，這樣的想法是正確的。

愛情會讓我們變得溫柔，由於我們時刻關注著對方，就會增添許多煩惱。而只有那些制定了明確目標，時時提醒自己「我不能讓他瞭解我的內心想法，我要堅強一些」的人，才能夠避免愛情的發生，他們往往會遠離愛情或者拒絕愛情。透過觀察，我們可以發現：當這些人面臨墜入愛河的可能時，會採取行動來逃避脆弱的感覺，比如諷刺、嘲笑，並排斥使他們墜入愛河的人。

同樣地，這個女孩在面臨愛情以及婚姻時，也會覺得自己很脆弱。於是便造成了這樣的後果：在謀求職業的過程中，當有男人向她示愛時，她會不知所措，會採用逃避的方式。她一直沒能學會如何處理這些問題，而她父母的離去，更讓她失去了安全感。她希望親戚能夠幫助她，然而，親戚們並不喜歡她，也不能滿足她的需求。她指責他們冷酷無情，居然讓她一個人面對所有困難，才勉強換來了一些安慰。我敢保證，如果她的親戚們完全不再關照她，她會瘋掉的。獲得親戚們的關懷，使自己可以堂而皇之地逃避生活中的困難，是她唯一能實現優越感目標的途徑。在她內心深處，隱藏著這樣的想法：「我是屬於另一個世界的，我是那個世界裏的公主，我不屬於這裏，我在地球上並不重要。」她到了近乎於發瘋的地步，然而，她還算幸運，還有親戚願意幫助她，否則她會走投無路。

此外，還有一個例子可以將自卑情結和憂鬱情結詮釋得淋漓盡致。我有一個病人，是個十六歲的女孩。這個女孩七歲開始偷東西，十二歲便開始夜不歸宿。她的父母在她兩歲的時候就離婚了。她跟隨母親來到外祖母家，在那裏，她受到無微不至的關懷。在她出生的時候，父母的關係非常糟糕，常常吵鬧，因此，她的降臨並沒有讓母親感到開心。母親從來沒有愛過她，她們的關係一直都非常冷淡。當我看到這個女孩時，我語氣和善地與她攀談。她說：「其實我並不喜歡偷東西，也不願意和男生到處玩耍，我做這些事，只是為了讓我媽媽知道她根本管不了我。」

「你是想以此報復你的母親嗎？」我反問她。

她的回答是肯定的。她其實很脆弱，卻試圖證明自己比母親強。她覺得母親並不愛她，所以感到非常自卑。她只是想透過到處惹麻煩來獲取一些優越感。可見，少年偷竊及其他的錯誤行為，通常都是為了報復父母。

一個十五歲的女孩失蹤了，八天後被人找到，接著她被帶進了少年法庭。她當眾杜撰了一個故事：一個男人綁架了她，將她捆好後關進屋子裏，整整鎖了八天。然而，沒有一個人相信她說的是真的。

一位和藹的醫生與她交談，希望她說真話。她卻非常憤怒，還動手打了醫生。後來，我見到了她，問她有什麼理想，讓她誤認為我是對理想本身感興趣，並且可以幫她實現。然後我讓她講一講她做過的夢，她笑著說：「我曾經夢到我在酒吧裏，一出門就見到了母親，我爸爸也在，我慌忙央求母親將我藏起來，我怕被父親看見。」這個女孩對自己的父親有一種恐慌感，並且排斥他。由於經常受到父親的懲罰，她只好撒謊。因此，當我們審視撒謊的案例時，應該去瞭解當事人的父母是否作風嚴厲。其實，說謊是沒有意義的，除非事情本身確實極具危險。此外，從這件事我們可以看出這個女孩是樂於和母親合作的。

後來，女孩說：她曾經被引誘到地下酒吧並度過了八天。其實，她希望父親知道，但是礙於他的嚴厲，卻又不敢提及。她覺得，她的父親一直在壓制她，只有在傷害父親的時候，她才能獲得征服的快感。

我們應該怎樣去幫助這些無法正確地獲得優越感的人呢？當我們懂得人類會習慣性地追求優越感，那這件事就變得容易了。瞭解了這一點，我們就可以換位思考，去體會他們的掙扎和痛苦。他們的行為之所以錯誤，是因為他們努力的方向對達成目標是毫無用處的。對優越感的追求會隱藏在人類的每一個行為之下，事實上，它是提升我們文化的泉源。我們的行為都是遵循著一條線索的——從上到下、從負到正、從失敗走向成功的層層遞進。然而，只有那些在為自身奮鬥的同時可以有利於他人的人，才足以對付並解決所有的生活問題，他們前進的方式也是對他人有益的。如果我們採取這樣的方式為人處世，就會發現，我們可以輕易地讓他們悔悟。

合作是人類最大的共同點，也是人類衡量價值和成功的基礎。很多合作都是對人類有益的，比如對理想、目標、行為和個性特點的要求。要找到一個沒有任何社會化的人是非常困難的。罪犯和精神病病人其實也明白這一點，對此，我們可以從他們的行為中找到證據，比如，拚命替自己的生活找到好的解釋，或者推卸責任等。然而，他們已經沒有勇氣去追尋生活中有用的一面。

他們的自卑情結會發出這樣的聲音：「你不可能從合作中獲取成功的。」他們總是在和虛無作戰，旨在肯定自己，實際上，這已經偏離了真正意義上的生活。

在社會分工中，我們能夠找到很多空間來安置不同的目標。我們知道，目標中總會有些許錯誤，而我們也總在雞蛋裏挑骨頭。對於孩童來說，優越感可能來源於數學知識；而對於另一個人而言，可能是藝術；對於第三個人來講，或許是強健的身體。對於一個營養不良的孩童，他會將營養問題作為最主要的問題，他可能會對食物感興趣，因為他認為這是可以改善自己身體的有效方式。最後，他可能在營養學上有所成就，甚至成為專業的廚師或營養師。透過研究一些特殊的目標，我們發現：某種自我限制的關連及排斥某些可能性是和真正的補償作用相契合的。比如，一個哲學家想要思考和創作，就必須遠離社會。然而，如果社會責任感是其優越感中的一部分，那麼，他的行為就不會有太大的偏差。

第四章

早期的記憶

經研究，人類的記憶是最能顯露個人心靈祕密的。記憶能夠讓人回憶起自身的限度和環境，是可以隨身攜帶的一種載體。一個人的記憶不是偶然的，因為，個體的記憶通常記載著他自認為重要的事件，這是從數以萬計的印象中篩選出來的。

ALFRED ADLER

在人類人格中，最關鍵的是個人在爭取優越感時所做的努力，這一點存在於我們心靈生活的各方面。認清這一點，對於我們瞭解個人生活方式至少有兩個方面的助益。首先，我們能夠挑選一種行為作為研究的素材，可是，無論選的是什麼，結果都是一樣的，它們都是一個人人格的核心體現；其次，它使得我們能夠研究的材料變得非常豐富，我們可以透過語言、思想、感覺或行為來進行研究。在研究某一行為時，我們可以找到各種方式來糾正由於輕率而犯下的錯誤。除非我們認為所研究的行為只是整體的一個部分，否則，我們就無法判斷其意義。然而，所有的表現都能讓我們找到同一種答案，因為這些表現所陳述的是同樣的事情。我們像一群考古學家，探尋著各種古代工具，尋找陶瓷碎片、斷壁殘垣、破損的石碑及古代書籍，試圖從中瞭解已經毀滅了的城市生活。只不過，我們所研究的是人類內部結構，而非已經毀滅的事物。也就是說，能夠將原本的意義不斷地以新的形式表現出來的一種活動人格。

瞭解一個人是一件困難的事情，個體心理學或許是所有心理學中最難掌握和運用的。我們必須集中精力找到人格整體，在整個事情一目了然之前，我們必須保持好奇心。我們所需要的靈感，要從細節中尋找，比如，一個人怎樣進入他的房間、一個人微笑的樣子、走路時的神態等。在某一點上，我們或許會感到困惑，然而，我們總會及時得到糾正和肯定。心理治療其實是一種需要合作的練習和實驗。要想獲得成功，必須保持對他人的興趣。我們需要換位思考，要竭盡全力去瞭解真相。我們要解決病人的態度和所遇到的問題，就算我們自認為很瞭解他，也不能說明我們是正確的，除非，他自己瞭解自己。一個真理，倘若不是放之四海而皆準，就不是真正的真理，它只表示我們還缺乏瞭解。有些學派提出「負轉移和正轉移」（negative and positive transference）這個不屬於個體心理治療範疇內的概念，其原因就是不知道這一點。或許，用縱容的方式和一個放縱的病人相處，可以博得他的歡心，但是，也會使他更想凌駕於別人之上；如果我們忽視他，便會引起他的敵意，他會拒絕治療，渴望我們向他道歉，以表示他的做法是正確的，這樣才會繼續接受治療。其實，我們應該表現出個體對同類的興趣而不是輕視或縱容他，這種興趣是最真實而客觀的。我們需要和他合作，找到他的困難，從而成全他的幸福及別人的利益。在這個目標的指導下，我們不會期望那種「轉移」的現象，不會擺出強勢的姿態或者讓他感覺到不負責任。

經研究，人類的記憶是最能顯露個人心靈祕密的。記憶能夠讓人回憶起自身的限度和環境，是可以隨身攜帶的一種載體。一個人的記憶不是偶然的，因為，個體的記憶通常記載著他自認為重要的事件，這是從數以萬計的印象中篩選出來的。所以，記憶可以稱作他的「生活故事」；在記憶的驅使下，他可以安慰或警告自己，從而致力於實現個人目標，並按照舊有經驗，以已經試驗過的形式作為參照來對付即將發生的事。

我們不難觀察到個體是怎樣依靠記憶來調節情緒的。當一個人遇到困難，悲觀失望時，他會回憶起以前類似的經歷。比如說，一個憂鬱的人，他的記憶幾乎都是帶有悲觀色彩的。如果他樂觀向上，同樣也會選擇與之相對等的記憶，他的記憶通常是愉快的，會讓他感覺更加愉悅。同理，當他面對困難的時候，他也會藉助記憶來讓自己的心境變得更加平和。所以說，記憶和夢都可以達到同樣的目的。一些人在面臨重要抉擇時，都會夢見他順利地擺脫了困境。他們會把抉擇當作一種歷練，從而想儘快找到成功的感覺。每個人心境的結構和平衡，都影響到個人心境的變化，因為他們所遵循的原則都是一樣的。

如果一個人感到憂鬱，那麼，當他回想起自己的成功往事時就會擺脫憂鬱的感覺；如果他認為自己的生命本身就是一種不幸，那麼，他的記憶中一定只充斥著那些所謂的倒楣事。記憶和生活的樣式是同步的。如果一個人在優越感目標的驅使下認為他人都看不起自己，那麼，他的記憶中一定都是被侮辱的事件。他的記憶是隨著生活方式的改變而變化的。他的記憶中將會出現不同的事，否則，他就會從不同的角度解釋他記憶中的同一事件。

早期的回憶是非常重要的。第一，一個人生活方式的根源以及最簡單的表現形式都會如實反映在記憶中。我們可以透過記憶來斷定一個兒童是被忽略還是被寵溺，他是否能夠與人合作，他喜歡和哪些人相處，他遇到過什麼樣的問題，是怎樣解決的。如果一個兒童視力不佳，並且努力想要看得更清楚，那麼，他的記憶中，會有很多事物都和視覺相關聯。他在回憶過去時可能會講：「我仔細查看周圍……」他或許會描繪各種形狀和色彩；如果一個兒童行動不便，渴望運動，則會把這樣的想法表現在記憶中。如果一些記憶從一個人童年起就留下了不可磨滅的印象，那麼，它們必定是他所感興趣的。因此，如果我們想要瞭解他的目標和生活方式，則要研究他的個人興趣。這個結論說明早期記憶在心理輔導中占有舉足輕重的位置。另外，早期記憶還能反映兒童與父母或家庭成員之間存在什麼樣的關係。記憶是否正確是無關緊要的，它們之所以重要，是因為它們體現了一個人的內心想法：「很早以前，我就變成這樣的了。」或「早在童年時代，我便知道世界是這樣的了。」

在記憶中，最關鍵的是他能夠回憶起來最早的事情及他所採取的描述方法。最初的記憶是一個人人生觀的雛形。透過最早的記憶，我們能夠看出他發展的起始點究竟是什麼。

最初的記憶是我們在研究人格時必須考慮的因素。有的人會說他們無法確定所發生事件的先後順序，或者乾脆回憶不起來，然而，這樣的狀況對於我們而言也算是一種啟發。我們可以由此判斷他們是否對這個話題感興趣或者願意合作。通常人們都是非常樂意提及最初記憶的，對他們而言，那些都是單純的事實，並沒有什麼隱含的特殊意思。大多數人並不瞭解他們的最初記憶，一般情況下，人們會從記憶中表露出與其他人的關係，生活中的目標以及他們是怎樣看待周邊環境的。由於最初的記憶中包含著很多有效資訊，我們要對其進行深入的研究。我們可以以班級為對象，讓學生各自寫下最初的記憶，倘若我們可以理解這些記憶，那麼，我們便掌握了有價值的資訊。

下面，我們用幾個例子來證明這個論斷的正確性。假設我們並不瞭解研究對象的各方面情況，僅僅掌握了他們的最初記憶。我們可以用他們人格中的其他表現形式來檢驗我們從中發現的有效資訊，這對於我們來講，相當於一個訓練，用以增強我們的判斷力。我們需要具備辨別真假的能力，也必須學會對比。尤其是透過一個人所受的訓練來判定他是否喜歡合作；他是膽小怯懦還是信心十足；他獨立自主還是對他人充滿依賴；他只想收穫還是懂得付出。

例一：

「由於我的妹妹……」我們必須注意是什麼人出現在他最初的記憶中。當他這樣描述時，我們可以判斷妹妹曾經一度成為他的陰影，並影響著他。他們之間的狀態應該是對立的，這種關係類似於競爭對手。我們也能夠瞭解，這樣的關係對他來說是種困擾。當一個兒童和某一個人對立時，就不會與他合作。但是，我們的猜測也未必準確，或許他們是好朋友。

「由於妹妹年幼，所以我必須等著她長大，否則我也不能出去。」由此可見，他們的關係確實是敵對的。我們可以推測研究對象的心理：「因為她還小，所以我必須等到她長大了才可以出去，妹妹妨礙了我的自由！」倘若這樣的解釋是正確的，那麼，我們可以理解當事人的感受：「對於我來說，沒有什麼比受到他人的限制更糟糕的了，那等於失去自由。」可見，當事人多半是女孩。

「後來，我們的起點是同步的。」其實，我們不認為這樣的教育對於女孩來說是科學的。她可能會出現這樣的心理：因為妹妹小，她就必須等著妹妹。這是女孩一直以來所堅信的解釋。她感覺一直在遷就著妹妹，自己卻備受冷落。她很可能會遷怒於母親，或許她還會因此和父親顯得更加親密。

「我記得，媽媽說過就在我們去上學的當天，她感覺格外孤單。她還說她在那天下午時不時地跑到門口張望，希望我們趕緊回來。」透過這樣的表述，我們能夠看出這樣的行為缺乏理性——女孩看到了母親的不安。顯然，這是一位慈愛的母親，女兒也能夠體會到這一點。但是，她是多麼缺乏安全感。倘若我們找女孩談話，或許她會說母親是更偏袒妹妹的。這樣的事情並不稀奇，最小的孩子通常都會受到更多的關注。從整個回憶描述中，我們可以看出：姐姐對妹妹是有敵意的，她認為妹妹妨礙了她，她可能會因此而產生忌妒的心理。她若是討厭年輕的女士，也就不足為奇了。很多人都對年長產生恐懼感，一些婦女會忌妒比自己年輕的女性。

例二：

一個女孩子回憶道：「我最早的記憶來自三歲時祖父的葬禮。」可見，死亡這件事對她而言，印象深刻。這說明她將死亡看作最危險的事。從各種事實中，她得出了「祖父會死」這一結論。

我們還能猜到，祖父一定很寵愛她。祖父祖母和父母不同，他們只是希望孩子依賴他們，從而獲得心靈的滿足感。老人們很難從現有文化中感受到自身價值，因此，他們會用某些方法來說明自己很重要，比如容易生氣等。我們可以理解，祖父一定非常寵愛這個女孩，因此，祖父的去世讓女孩無法接受。

「我記得，他臉色蒼白，四肢僵硬地躺在棺材裏。」其實，本不應該讓一個三歲的孩子看到屍體，而且還是在毫無心理準備的情況下。很多孩子都表明無法忘記看到屍體時的感覺，就像這個女孩一樣。他們會想盡辦法消除這樣的陰影，於是，有很大一部分孩子夢想成為醫生。在他們看來，醫生是可以和死亡抗衡的。因此，醫生的最初記憶通常都含有死亡。女孩的視覺是敏感的，透過女孩的描述，我們看到了她對屍體的印象。

「接著，有人把棺材放進墳墓，當時，有一些繩子被拉了出來。」這是女孩所看到的畫面。我們更能確定她的視覺是敏感的。「當時我嚇壞了，從那以後，再聽到我熟識的人到另一個世界去的消息，我會害怕得渾身顫抖。」

這依舊是她對死亡的印象。假如我找她聊天，當問到她的夢想時，或許她會回答：「醫生。」如果她滿臉茫然，我會引導她：「你覺得醫生或護士怎麼樣？」她之所以會說「到另一個世界去」，就是用這種說法來補償自己對死亡的恐懼。從她的描述中，我們可以發現，她和祖父關係很親密，她的視覺比較敏感，對於死亡她印象深刻。在她的印象裏，「我們都會死去」是客觀事實，然而，我們的注意力本應該被其他事情吸引，而不是僅僅對死亡產生興趣。

例三：

「我的父親在我三歲的時候……」她的父親出現在記憶的起點。我們可以猜測，比起母親，她對父親的興趣更濃。對父親感興趣應該是發展的第二階段。兒童最開始總是先對母親感興趣，因為在一開始，母親與兒童的合作比較多。兒童依賴著母親，她的心理活動都是圍繞著母親而展開的。假如她對父親更加感興趣，那說明這個母親很失敗。這意味著孩子不滿意自己的處境，通常這是因為誕生了更小的嬰兒。如果在回憶中發現有新生嬰兒，那我們的論斷就是正確的。

「爸爸買了一對矮種馬給我們。」我們必須注意到其他的孩子，因為她不是獨生子女。「爸爸將牠們牽到我面前，比我年長三歲的姐姐……」看來，我們的解釋是需要修正的。事實上，這個孩子年紀是最小的，而我們以為她是姐姐。或許，母親更加寵愛她的姐姐，因此，女孩才會回憶起父親買了矮種馬的事件。

「姐姐牽著馬喜氣洋洋地走在街上。」這個姿勢是多麼得意。「我的馬跑得太慢了，牠總是跟在另一匹後面。」這是因為她的姐姐走在前面！「我絆倒了，馬拉著我在地上跑。這次經歷以興高采烈開始，卻落得沮喪的結局。」姐姐處處占據上風，她是勝利者。我們可以猜測，女孩是說：「假如我稍不留神，姐姐就會處於優勢地位。我像個失敗者一樣被她擊敗。占領先機是唯一獲取安全的方法。」因此，我們也可以判斷：她的母親寵愛姐姐，她不得不轉向父親。

「之後，雖然姐姐的騎術不如我，但我始終抹不去那次留下的陰影。」現在，我的所有猜測都得到了驗證。我們看到有一種競爭存在於兩姐妹之間。妹妹認為：「我不能總在後面，我要趕上去超過她。」我曾經論證過，年紀偏小的孩子往往會存在競爭對手，而他們又求勝心切。這個女孩就是這樣，她所經歷的事情不斷地提醒她：「我要永遠保持第一，走在別人後面是件非常危險的事。」

例四：

「我最初的記憶是姐姐帶著我出席各種宴會或社交場合。我出生那年，她正好十八歲。」由此可見，這女孩能感覺到她處於社會當中。我們可以發現她比其他人更樂於合作。姐姐比她大十八歲，姐姐所處的位置類似於母親。在家裏，姐姐最寵她，姐姐也成功地將她的興趣擴展到周圍人的身上。

「我出生前，家中有五個孩子，只有姐姐是女孩，我出生後，她自然會以此為炫耀的資本。」情況似乎並不是我們想像的那樣。當一個孩子被別人當作炫耀資本時，她的興趣就會從奉獻自己轉移到「受人欣賞」。「所以，她帶著年幼的我到處轉，我唯一記得的事是：姐姐喜歡勉強我發言，比如『告訴面前的小姐姐，你叫什麼名字？』等。」這種教育方法是不正確的，可能會導致孩子變得結巴或者語言困難。

一般來說，如果過分注意孩子說話，他會覺得有壓力，變得過於關注自己的行為，希望他人瞭解自己，最後導致無法和他人正常交談，變得結巴。

「我記得，當我表達不出自己想法的時候，家人總會責怪我，因此，我討厭出門或與人交流。」我們最開始的猜測是完全不正確的。現在，我們可以準確地判斷她記憶背後的意義是：「由於被姐姐帶出去與人交流，在這過程中發生了很多不開心的事情，因此，我討厭這樣的交往。」所以，我們可以理解，現在她依然不喜歡與人交流。我們也可以看出：她討厭這樣的事情，她非常注重自己的行為，她不喜歡被拿去炫耀，那樣她會很有壓力。因此，她變得特立獨行，內向孤僻。

例五：

「童年時期的一件事令我難以忘懷。那是我四歲的時候，曾祖母來看我們。」我們討論過，一般來說，祖父母是非常疼愛孫兒的，然而，我們卻未曾討論過曾祖母將怎樣對待他們。「她到了以後，我們將拍一張四世同堂的全家福。」這個女孩對曾祖母來訪並拍照的印象如此深刻，可見，她是個戀家的人，對家庭很感興趣。假如我們的猜測是正確的，那麼，在家庭範圍之外，她的合作能力應該是很差的。

「我的記憶很清晰，當時我們開車到了另一個鎮上的照相館，然後，我換上了一件白色繡花的外套。」或許，這個女孩視覺也非常敏感。「在拍全家福之前，我和弟弟合了影。」我們再次看到她對家庭的興趣。她和弟弟之間一定發生了很多事，因為弟弟是家庭中的一員。「弟弟手拿紅球坐在一把椅子的扶手上，椅子就在我身邊。」她又回憶起當時看到的事物。「我兩手空空地站在一邊。」現在，我們看到女孩的心理了。她在暗示自己：「大家更喜歡弟弟。」我們可以推測，她並不歡迎弟弟的降臨，因為他會取代她受寵的地位。「他們讓我微笑。」她是想說：「其實我覺得沒什麼好笑的，他們卻讓我笑，他們讓弟弟手拿紅球坐在椅子上，而我卻一無所有。」

「拍照的時候只有我是沒有笑的，其他人都擺出了很好的姿勢。」她覺得家人對她不好，她表示抗議。在回憶的過程中，她從沒忘記告訴我們家庭是如何對待她的。「當被要求微笑時，聰明的弟弟就會笑得好開心，之後，我一直不喜歡那張照片。」她的例子讓我們感受到我們的生活方式，當我們認定一件事的時候，就會試圖用它解釋其他的事。由於拍照時發生了不開心的事，因此她一直討厭拍照。我們也可以發現：如果一個人討厭某件事，假如要說明理由，他總會用自己的經驗來證明。這樣的記憶，讓我們得出了兩個結論：首先，她視覺敏銳；其次，重要的一點是她很依賴家庭。她最初的記憶幾乎都來自家庭，或許，接觸社會後，她會感覺不適應。

例六：

「我最早的記憶是我在三歲半時所遇到的一次意外。那時候我們都喜歡喝蘋果酒，父母雇用的一名女工為了滿足我而把我帶到地窖裏。」那像是一次冒險，因為，發現蘋果酒放在地窖裏，本身就很有趣。假如我們現在就進行推斷，我們可能有兩種猜測：或許女孩是個勇敢的人，喜歡新環境的刺激。再或許，一些人會引誘我們走向墮落。透過回憶的其餘部分，我們將繼續做出猜測。「由於想要喝到更多，所以我們開始自己動手。」這確實是個勇敢的女孩，比較獨立。「不一會兒，我們雙腿發軟無法前行了，而且，蘋果酒被我們弄倒了，地窖也被弄濕了。」在此，我們分明看到的是一個禁酒主義者。

「或許是這樣的經歷讓我開始討厭蘋果酒以及含有酒精的飲品。」一個意外竟然改變了她的生活態度。我們無法憑空想像這件事竟然會造成這樣的結果。可是，女孩卻把不喜歡飲料酒的原因歸結為這次經歷。我們發現，她比較獨立，知錯能改，學習能力比較強。她在生活中也是如此，她似乎說過：「我曾犯過錯，但我及時改正了。」如果是這樣，她的生活方式是值得借鑒的：獨立，勇敢，不斷改進，不斷完善自我。

在上述例子中，我們僅僅是在鍛鍊推測的能力。我們必須結合更多的表現來得出最終的結論。現在，讓我們透過幾個例子來學習如何從人格的其他表現中獲取有效的資訊。

有一個男人患有精神焦慮症，他已經三十五歲了。當他離開家的時候就會感覺到焦慮不安。他曾經努力尋求一份職業，然而，當他進入辦公室後就會感覺焦慮，於是終日呻吟，只有回到家，陪他的母親坐在一起時焦慮才會停止。當我們問起他最初記憶的時候，他說：「我四歲的時候，常坐在窗子旁邊望著街上努力工作的人，覺得非常有意思。」這說明，他對正在工作的人非常感興趣，他想坐在旁邊望著他們。如果想要改變他的生活狀態，我們需要讓他認為自己能夠和別人一起工作。他曾一度覺得獲得他人的幫助是他生活的唯一方式。我們需要讓他的人生觀產生轉變，並批評他不該有那樣的想法。藥物或者手術無法讓他的觀念產生轉變，然而，他的描述可以作為我們研究的素材，以便建議他從事自己感興趣的工作。根據觀察，我們發現他近視得很厲害，必須集中精力才能看清楚周圍的事物。每當在工作中遇到了問題，他的注意力總是在「看」這方面，而不是集中在工作上。然而，這沒有關係，他痊癒後，開了一間自己的畫廊。他以這樣的形式來展現自己的價值。

一個三十二歲的男人不幸患了一種叫歇斯底里的失語症，來進行治療。他的嗓子除了發出窸窸窣窣的聲音外，就說不出話來。這一症狀已經持續了兩年的時間。最開始的時候，他在路上不小心踩到了香蕉皮，摔倒後被計程車撞到，嘔吐的狀況持續了兩天，之後，他就再也無法擺脫偏頭痛的困擾。可見，他很有可能是腦震盪，然而，這個原因並不能導致他無法說話。之後的八天裏，他都無法說話。他將對方告上了法庭，直到如今依舊沒有結果。他將責任都歸咎於計程車司機，並且要求由汽車公司來賠償他的損失。我們很容易理解：如果他的某種機能在這場意外中喪失，他勝訴的可能性就大大增加了。我們不能說他是在欺詐，因為他確實也不能大聲講話。或許，他在那場意外之後是真的發現自己的語言能力有所下降，之後，也沒有考慮過是否有需要去改變。

他曾經拜訪過一位喉科的專家，然而，專家卻查不出是什麼問題。當被問起最初的記憶時，他說：「我在搖籃裏來回地搖晃，當時掛鉤脫了，我連同搖籃一起摔了下來，受傷了。」沒有誰會喜歡摔倒，然而，他卻總是強調這一點。可見，他認為摔跤是很危險的，並且將注意力都集中在這一點上。「我摔下來以後，看到媽媽神色慌張地跑進屋子。」摔跤是他吸引母親注意力的一種方式，而且，這個記憶中還隱含著一種譴責的意味：「她沒有照顧好我。」同樣的道理，出租司機和汽車公司的責任也在於並沒有照顧好他。從這樣的生活方式來看，他在小時候明顯是被寵壞了，並且一直渴望被別人照顧。「五歲那年，我從二十英尺高的樓梯上摔下來，五分鐘之內一直無法說話。」看來，喪失語言能力，對他來說是非常拿手的，他理所當然地把摔跤作為喪失語言能力的原因。然而，我們卻無法將其失語的原因歸結為摔跤。由於有這樣的經歷，現在，只要是摔了跤，他就習慣性地失語了。如果想讓他痊癒，就得改變他這種錯誤的思想，讓他相信：失語和摔跤之間是沒有必然關聯的。並且，在意外之後他也不至於失語兩年之久。然而，這個記憶同樣反映出他為什麼無法瞭解這件事情。「媽媽慌忙跑過去。」他繼續說，「她是那麼慌張。」所發生的這兩次事故已經徹底嚇壞了他母親，並且，引起了母親對他的極大關注。而他想要吸引別人的注意，並得到他人的關心。我們可以體會到他的心情，他是想讓別人對他的不幸負責。任何一個被嬌慣的孩子倘若發生了意外，都會有這樣的反應，只是，他們的手段有所不同，不一定是失語症罷了。這個症狀是這個病人所特有的，並且已經成為他生活中的一部分。

有一個二十六歲的男子總是向我尋求幫助，他聲稱自己找不到滿意的工作。他的父親在八年前將他安排到經紀行業中，然而，他對這個行業卻始終沒有興趣，近期終於辭職了。他想透過努力再找一份工作，卻一直都沒能如願以償。他說他失眠，非常想自殺。他辭職後，也曾到另一個城鎮尋求發展，然而，不久之後卻得知母親病重，只得重回故鄉。

從他的經歷來看，我們猜測他母親非常寵愛他，而父親對他非常嚴格。或許，他的行為是對父親的一種抗拒。後來，我們瞭解到，他是家中最小的孩子，而且其他孩子都是女孩。他有兩個姐姐，她們總是想對他施加管制。他父親對他非常挑剔，因此，他感覺到家庭帶來的壓力，在家中，唯獨母親對他和善。

他十四歲才步入學堂。之後，由於父親計畫購買農場，並希望他可以幫忙，於是他被父親送進農業學校。這個孩子在學校的表現很突出，然而，他的理想並不是做農民。

後來，父親又將他帶到經紀行業中。他竟然在這個並不感興趣的行業裏做了八年，然而，他堅持的理由卻是為了母親。

小時候的他是懶散而怯懦的，害怕孤單和黑暗。我們可以想像，在一個懶散的孩子身邊，一定存在一個能夠打理他生活的人；在一個內心孤單、害怕黑暗的孩子身邊，也會有一個能夠替他帶來慰藉的人。對他而言，這個人就是母親。雖然他認為與人交往是件複雜的事，然而，他卻能夠做到左右逢源。受到父母的影響，他不認為婚姻是一件幸福的事，因此也不想談戀愛，更不打算結婚。

父親依舊逼迫他在經紀行業中繼續發展。他的夢想是涉足廣告界，然而，他認為家裏是不會提供物質和精神支持的。從他的行為來看，處處顯示出對父親的反抗。他在經紀行業的積蓄已經足夠獨立，他卻不曾想到用自己的錢來學習做廣告。直到現在，他才想要把這一點作為與父親抗衡的利劍。

從他的記憶裏，我們可以看出他是被寵壞的孩子，並且一直在反抗父親。他回憶起在父親所開的餐廳中工作的事。他喜歡將碟子從一張桌子搬到另一張桌子上面，並一一擦洗。然而，這樣的做法讓父親非常憤怒，父親當眾打了他一記耳光。這件事，是他反抗父親的導火線，他也將這樣的反抗延伸成了一場戰爭。他的重點不在於工作，而在於傷害父親的滿足感。

關於他自殺的念頭，也容易理解。自殺者往往對自己存在一種譴責心理。每次想自殺時，他都在想：「我父親的行為是罪惡的。」他將自己在工作上的不順都怪在父親頭上。他會反抗父親的一切安排，但依賴性很強的他卻無法獨自創業。他對工作的態度不真誠，只是在遊戲，由於母親給他的感覺是友好的，因此，他又像是想要謀求一份職業。然而，他對父親的反抗又如何解釋他的失眠呢？

假如他失眠，第二天就無法專心工作。父親希望他開始工作，他卻筋疲力盡。他完全可以講明自己不想工作，也不想受管制，然而，母親的存在以及家庭經濟狀況讓他產生了顧慮。如果他完全不工作，家人會認為他是廢物，並不再提供任何支持，因此，他要找到一個合理的理由——失眠。

剛開始，他聲稱自己從不做夢。然而，後來他卻講起他經常夢到有個人不斷地將球拋向牆面，卻總是被彈回來。這個夢並無奇特之處。我們怎樣將這個夢和他的生活結合起來呢？我們繼續發問：「然後呢？你怎麼看待球彈回來這一情況呢？」他說：「我總是在球彈回來的時候甦醒過來。」現在，我們可以做合理的解釋了。這個夢相當於一個鬧鐘，將他從夢中驚醒。他覺得任何人都想要逼迫他去做自己不願意做的事情。他夢到一個人把球拋向牆面，然後他就醒了，於是，第二天會感覺疲憊，這樣的情況下他便無法工作。他用這樣的方式婉轉地反抗了父親的安排。如果我們的目光只停留在表面，似乎會覺得他的做法是非常明智的，然而，這樣的生活方式，不僅對別人沒有好處，對自己也很不利，所以，我們要幫他糾正。

當他講述完畢後，他就再也沒有做過這樣的夢。然而，他說他依舊經常在深夜驚醒。因為，他瞭解到別人會揭穿他的把戲，因此不想再做這樣的夢，但他還是想讓自己第二天無精打采。如果想要幫助他，唯一的辦法是緩解他和父親之間的衝突。他的問題得到解決的前提是他不再把注意力放在反抗父親上。剛開始，我採取的是贊同病人的方式，我說道：「是你的父親犯了錯誤。他不該對你干涉太多，我不贊同這樣的方式。或許他也應該接受治療和開導。可是，你是無法改變他的。比如說，外面下雨了，你除了打傘或坐計程車，還能怎麼辦呢？難道你要和雨水對抗嗎？現在你的行為就像在和雨水作爭鬥。我知道你是有力量的，但你的努力對自己也是種傷害。」我分析了他的行為：對事業的不堅定，厭世輕生，離家出走，夜不能寐。之後，我告訴他，他在報復父親的同時也在懲罰自己。

我給他一個忠告：「今晚你入睡時，就想像你隨時會甦醒，這樣你明天一定無精打采。你可以想像父親因為你無法工作而暴怒的情形。」我想讓他看到事實：他每天的注意力都在如何傷害父親上。治療是建立在停止這些爭鬥的基礎之上的。我們能夠看出他被寵壞了，他自己也知道。

這個案例和「伊底帕斯情結」特別相似。這個青年不斷地傷害父親，卻對母親非常依賴，這並不是因為性別的關係。這是因為母親寵他，而父親有太多挑剔。他錯誤地估計了自己所處的境地，血緣關係並不能阻止他的行為。由殺死部落酋長的野蠻人本能中並不能推導出他的煩惱，他的煩惱來自自己的經驗。任何兒童都可能變成這樣。只要他有一個嚴格的父親和一個慈祥的母親。促使他形成這種生活方式的原因很簡單，那就是他既想傷害父親，又無法自立。

如果一個人感到憂鬱，那麼，當他回想起自己的成功往事時就會擺脱憂鬱的感覺；如果他認為自己的生命本身就是一種不幸，那麼，他的記憶中一定只充斥著那些所謂的倒楣事。

第五章

夢

我們都會做夢，但對夢的瞭解卻不多。這真是奇怪，夢是人類心靈的一種常見活動，它會讓我們感到好奇，然而，我們卻無法瞭解它的真實意義。有些人很看重夢的內容，他們覺得夢一定是隱含著重大的祕密，是具有一定意義的。

ALFRED ADLER

我們都會做夢，但對夢的瞭解卻不多。這真是奇怪，夢是人類心靈的一種常見活動，它會讓我們感到好奇，然而，我們卻無法瞭解它的真實意義。有些人很看重夢的內容，他們覺得夢一定是隱含著重大的祕密，是具有一定意義的。早在遠古時代，我們就對夢產生了濃厚的興趣。但是，通常我們對做夢的原因及做夢時我們的行為並沒有清晰的概念。據我瞭解，只有兩種理論在解釋夢的意義方面合乎科學並淺顯易懂。它們是佛洛伊德學派和個體心理學派。其中，只有個性心理學派敢宣稱自己的解釋是完全科學的。

在這之前對於夢的解釋當然是不合理的，然而，它也是有意義的。至少，它反映出古人對夢的理解和態度。因為夢是我們心靈的一種創造性行為，我們可以透過瞭解人類對夢抱有的幻想來瞭解夢的目的。在我們開始研究的時候，我們發現人類似乎都覺得夢是對於未來的預測；祖先、精靈和鬼神會透過夢來影響人類，並為人類指點迷津；古代的解夢書會根據夢境來分析一個人的運道，對原始民族來說，夢中隱藏著預言和徵兆。

希臘人和埃及人到他們的廟裏去參拜，希望能得到一些神聖的夢來指引他們未來的生活，他們把這種夢當作治療的方法，能消除身體上或心靈上的痛苦；美洲的印第安人以齋戒、沐浴、行聖禮等非常繁冗的宗教儀式來引發夢，然後把他們對夢的解釋作為行為的依據。

在《舊約》中，夢一直都被解釋為未來事情的預兆。即使在今日，也有許多人說他們做過的

兒童的注意力相對成人而言比較渙散，做事的效率也較低。圖中的孩童因為只想著玩樂，而遭到大人的處罰。其實，圖中父親的舉動明顯不恰當，這很有可能導致孩童心生怒意，繼而對父親產生敵意，在往後的日子裡會不斷地反抗父親。面對兒童做錯事時，身為父母應當耐心教導，而不是使用暴力處罰兒童。

很多夢後來都變成事實了。他們相信，他們在夢裏會成為預言家，而夢則會運用某種方法讓他們進入未來的世界中，並預見以後會發生的事情。

從科學的角度來講，這些想法都是非常荒唐的。從我開始研究夢的那一刻起，我就知道：一個在清醒時候可以完全控制自身機能的人，遠比透過夢來預見未來的人要強得多。我們很容易發現，夢非但不能預知未來，還會讓人思維混亂。然而，我們必須重視這樣的現象：很多人依然將夢和未來所發生的事情聯繫在一起。或許，從另一個角度來看，它也是有一定道理的。如果，我們保持客觀和理智，或許，能夠發現夢可以提醒我們去注意一些平常被忽略的東西。有些人認為透過對夢的分析，可以獲取解決問題的方法。可見，這樣的人做夢的目的就是為了得到指引，這並不能說明夢有預知未來的功能。我們要清楚，他希望解決什麼樣的問題？他渴望從夢裏得到什麼？可以肯定的一點是，人在清醒狀態下所得出的解決方法一定比夢中所得到的解決方法要好。其實，人只是希望在夢中能解決現實問題，這樣的想法也是可以理解的。

在佛洛伊德學派看來，在我們的努力下，夢也是有意義的，只要我們進行科學的理解。然而，這樣的解釋已經將夢劃入了科學之外的範疇。比如，佛洛伊德認為有一個間隙存在於人類白天的心理活動和夜晚的心理活動之間；潛意識和意識是相反的，夢所遵循的規則也是和人類白天的心理活動相悖的。如果我們看到了這些對立，就可以看到心靈所遵循的規則是不科學的。這樣的例子並不少見，比如說，在原始民族及部分古代哲學家看來，一些概念就是截然相反的。這樣的對立在精神病患者中表現得愈加明顯。在人類的意識中，有很多都是對立的，比如左右、冷熱、男女等。然而，科學卻認為它們只是同一種東西的不同形態，而不是相悖的。就像是在理想狀態下，依次排列的量表上的不同刻度。同理，好壞也不是相悖的，而是一種變異形態。因此，熟睡和清醒，白天的思維和夜間的心理活動，同樣不是相對的。

在佛洛伊德學派觀點中，有另一個難題，那就是將性作為夢的背景。這樣，便將夢從我們的主觀努力中分化出來了。假如這是正確的，那麼夢就僅僅是人類人格表現中的一部分，而不是全部。由於佛洛伊德學派也發現他們最開始的解釋是不科學的，所以，他們提出：我們可以透過夢來發現人類求死的潛意識欲望。或許，這樣的觀點是正確的。我們知道，人類常常企圖透過夢來解決問題，夢體現了一個人勇氣的匱乏。然而，佛洛伊德學派的觀點卻不能讓人接受，我們真的無法看出夢是怎樣表露一個人的人格的。況且，夢裏夢外的事物似乎是兩種完全不同的概念。不過，透過佛洛伊德學派提出的觀點，我們獲得了很多很有價值的提示，這真有趣。比如：重要的是潛藏在夢中的思想，而不是夢本身。類似的觀點也出現在個體心理學中。有一個科學的要求是他們忽視了的——我們要瞭解一個人人格的慣性及他在各種活動中所表現出來的一致性。

我們可以從佛洛伊德學派如何解釋幾個重要問題中看出這些缺點：「人類為什麼要做夢？」「我們有什麼目的？」心理分析學派的回答是：為了實現未完成的願望。然而，這答案解釋不了一切。如果在做完一個撲朔迷離的夢之後，我們忘記了它，不能解釋它，那它就沒有意義。我們都會做夢，但是很少有人瞭解夢。那麼，我們能得到什麼呢？如果一個人夢的內容是發生在他生活的圈子裏，是和白天的事情完全不同的，並能帶來快樂，或許我們可以瞭解夢的作用。如果這樣，我們的人格就不統一了，醒著的時候夢也就失去了指導作用。由於一個人無論是在做夢還是清醒時都是同一個個體，所以，夢在他的身上一定要有適用性。但是，有一些人，我們無法把他們的一貫人格和夢中所表達的希望相聯在一起。他們通常是被寵壞的。他們喜歡追問：「我可以從生活中獲得什麼？怎樣才能得到它們？」他們可能會透過夢來尋求滿足。其實，我們可以發現，心理分析學派的理論是適用於那些被寵壞的孩子的。他們會認為其他人的存在是多餘的，別人永遠不能否定他們，他們會好奇：「憑什麼我要對鄰居好？他們愛我嗎？」

佛洛伊德學派過分地強調了這一群體的特徵，並以此作為研究的基礎。然而，追求優越感的形式有很多，希望被滿足只是其中一種，並不是所有人都有這樣的動機。並且，瞭解夢的目的有利於我們看到，從忘記的夢和無法解釋的夢中可以獲得什麼。

我是從二十五年前開始研究夢的意義的。在那時，這確實讓人很困惑。我們不能說清醒時的活動和夢是完全相反的，它需要和我們的其他活動一致。如果白天我們為了某一優越感目標而奮鬥，夜晚也會如此。我們做夢時，常常覺得是在完成一項任務，就像追求優越感目標一樣。夢會有利於鞏固加強生活方式，因為它是生活方式的產物。

有一件事可以讓我們看清做夢的目的。清晨，我們一般會忘記自己做了什麼夢，那似乎完全沒有發生。真的全忘了嗎？其實沒有。我們會體會到夢所帶來的感覺。由於夢的情節都記不清了，我們無法分析夢，留下來的僅是一種感覺。感覺的殘留就是夢所帶給我們的收穫，這也是夢的一種目的。

一個人所產生的感覺是和其生活方式相契合的。白天與夜晚的心理活動並不是完全相同的，但它們沒有明顯的不同。簡單來說，差別僅在於做夢時是暫時脫離了現實的場景，然而，這並不是說我們已經和現實脫離。夜間，我們依舊處於現實社會中。比如，我們受到干擾時，睡眠品質也會受影響；睡著後，我們會控制身體，以免從床上掉下來，這些都是有利的證據；一個母親，會因為孩子的動作而甦醒，卻不會因為街道上的吵鬧而無法入睡；因此可以說，在睡覺時我們依然會和外界進行接觸。可是，在睡覺時，我們的知覺雖然不會喪失，但也會變弱，我們與現實的接觸就不是那麼緊密了。當我們進入夢境，我們不會再考慮自己所處的環境，因為，我們已經遠離了社會的要求而單獨相處。

如果想讓睡眠不被影響，只能消除緊張並確定我們所思索的問題都可以得到解決。對於睡眠來說，做夢是一種干擾。其實，只有在現實壓迫睡夢中的我們去尋求所面臨問題的答案，並讓我們感到為難時，我們才會做夢。

做夢的目的是解決我們所面臨的問題。現在，我們可以把焦點轉向我們的心靈在夢中是怎樣解決問題的。由於沒有情景的限制，問題看起來並不複雜，而我們所尋求的答案對我們本身也沒有什麼限制。夢的目的是對生活方式的一種支持，並能夠引起身體的相似感覺。然而，為什麼要支持生活方式呢？是否有東西在攻擊它？對它產生威脅的只有現實和常識。所以，夢的目的在於讓生活方式免受現實的限制。我們很容易發現，如果一個人面臨一個在現實中無法解決的問題時，就會透過夢來鞏固他的想法。

剛開始，這彷佛是和我們的現實生活相悖的，然而，事實卻並非如此。夢境給我們的感覺和我們清醒時候是完全一樣的。如果一個人面臨一個不能用現實來解決的問題，他想用一種看似虛無的生活方式來處理，那麼，他一定會找到各種理由來證明它的合理性，並讓人覺得他是可以解決困難的。比如說，如果一個人不願意工作，不願意努力，不想為別人貢獻力量，他只想不勞而獲地賺到錢，那麼，他可能會選擇賭博這種方式。雖然他知道賭博是危險的，很可能會讓他一無所有，但是，他卻心存僥倖。在他腦子裏，充滿了對金錢的喜愛，每天都在幻想自己過著富足的生活，這樣的景象會讓他更加心潮澎湃：他幻想自己買了名車，豐衣足食，被人羨慕，因此，他開始賭博。此外，類似的事情也會發生在我們的日常生活中。如果一個人在我們工作的時候告訴我們，有一場電影很好看，我們會忍不住想把工作拋開去看電影。很多戀愛中的人都會經常想像未來的美好畫面，如果他愛著對方，那麼，他的想像會很美好；相反地，如果他的態度消極，想像的畫面一定滿是陰霾。然而，無論是哪一種，他都會去想像，我們也能從他所想像的畫面來判斷他屬於前者還是後者。

如果我們在做夢之後只留下感覺，它會對現實有怎樣的影響呢？夢和常識是對立的。我們身邊會有一些不希望自己被感覺蒙蔽的人，他們總會按照科學的方式解決問題，他們幾乎是不做夢的。相反，另一種背離常識的人是不願意用科學的方法處理問題的。一般來說，合作能力差的人一般都不喜歡常識，可見，常識是合作的一種構成因素。這種人常常會做夢，他們想躲避現實的問題，怕自己的生活方式被否定。我們可以得出這樣的結論：夢是一種新企圖，夢的起因是一個人想要將個人生活方式和現實問題相聯起來，卻又不喜歡對生活方式提出新的需求。主宰夢的是生活方式，它註定會引發一個人所希望的感覺。我們可以從一個人的行為特徵中發現他夢中出現的東西。不管我們是否做夢，我們處理問題的方式都是一樣的，而夢對於個人生活方式來說，是一種支撐。

假如這是正確的，對於夢的研究，我們已經有了新的突破。其實夢想都是在自我催眠和自我麻痺，雖說夢可以引發我們準備處理某種困難的心情，但是，其實我們是在自欺欺人。我們在夢裏的表現是和生活中完全相反的。另外，我們可以發現我們清醒時的各種感覺都是透過夢來準備的，如果這是正確的，那麼，從夢的結構和運用來看，我們可以斷定這是欺騙自我的行為。

那麼，我們可以得出什麼結論呢？首先是一種選擇，它是針對夢中所發生的事件、景象而言的。我們在前文中也提過：人在回憶的時候，是把經歷過的事情重新整理一遍。他往往依據意願去進行選擇，這些選擇都可以支持他達到優越感目標。同樣地，我們所選出的事件都是和生活方式一致、能夠展現出生活方式的。這樣的選擇僅僅是生活方式與我們遇到問題產生關連後得到的結論而已。在夢中，生活方式是專橫獨斷的，而要解決現實問題，就需要用到常識，生活方式卻一直不肯退縮。

夢的構成有哪些？佛洛伊德曾特別指出：構成夢的元素主要是隱喻和符號。這一點，其實從古至今很多人都已經發現了。就像一位心理學家說的：「我們在夢裏都是詩人。」可是，為什麼組成夢的不是簡單的語句而是隱喻和符號呢？這是因為，為了避開常識，我們就不能用直白的話來表達自己的願望。隱喻和符號可以是虛無縹緲的，它們所表達的可以是兩種不同的事物，它們可以把相悖的理論聯結在一起，而這其中很可能存在虛假的內容。夢裏所得出的結論可以是荒唐的，它們可以引發我們的感受，而我們在清醒的時候就可以發覺。我們常常用這樣的話來提醒別人：「你別孩子氣了。」「你為什麼哭呢，像個女人一樣。」我們常常在比喻的時候將不相干的東西混雜在思想中。比如，一個身材高大的人被一個弱小的人激怒時，他可能會這樣表達他的憤怒：「他只是一隻小蟲子，只配趴在地上。」

隱喻是一種非常美妙的語言工具，但是它難免會造成自欺欺人的局面。當荷馬將希臘的軍隊描述得像雄獅一樣時，他就是在使用誇張的比喻手法。我們知道，事實其實是這樣的：一些疲憊和髒髒的士兵在戰場上匍匐前行。雖然我們知道他們不是雄獅，可是荷馬希望我們能有那樣的感覺。當詩人們將他們揮汗如雨、氣勢如虹、金戈鐵馬的樣子寫得淋漓盡致時，我們一定會產生那樣的感覺。

比喻可以給人唯美的想像，就像幻覺一樣。但是，讀者們必須注意，如果一個人的生活意義是錯誤的，那麼運用隱喻和符號就是一種危險的行為。

一個學生面臨著一場即將到來的考試。這是個簡單的問題，他需要鼓足勇氣、竭盡全力做好準備。然而，如果他的想法是逃避，他就可能會夢到自己處於爭戰的戰場上，他變得更加擔心了，因為他將一個簡單的問題透過複雜的符號表現在夢裏。或許，他也會夢到自己處於懸崖上，只要向前一步就會摔下去，只有後退才能保全自己。他的生活方式指引他用某種情景來躲避考試，而他欺騙自己考試就像懸崖一樣的危險。透過這個例子可以發現，我們常常在夢中使用另一種手法，即將一個問題進行提煉，提取其中的一部分，然後用符號將剩下的部分展現在夢裏，並將它作為問題的原型。比如，有一個學生很有自信，他希望順利通過考試，然而，他的生活方式仍然要求他得到支持，並肯定自己。考試前，他夢見自己在山頂上瞭望。這是一個非常簡單的情境，只是他生活的一部分。他認為這是很重要的，並將注意力都放在對成功的期望上，因此，這樣的感覺對他是有利的。第二天，他覺得身心愉快，精力充沛。在克服困難的層面上，他成功了，然而，這樣的行為卻依然是自欺欺人。他並不是實實在在地面對現實，而是達到了一種自信的狀態。這樣的現象是很常見的。一個人在跨過一條小河前，會提前數三個數。難道數數對他來說很重要嗎？數數和跳過小河之間有必然關係嗎？答案是否定的。他只是透過數數來讓自己集中精力，達到一種自信的狀態。我們總是在遵循著生活方式，並掌握了各種方法來鞏固它。激發一個人的良好感覺，就是其中一種。其實我們總是在重複這樣的事，只是在夜間它表現得越加明顯罷了。

以下的例子能夠充分說明我們是怎樣用夢來欺騙自己的。戰爭期間，我是一家醫院的院長，我們的工作是收容精神病戰士。當一個無法參戰的士兵被送到我面前時，我總是先做一些心理建設，幫他們擺脫緊張的情緒，這樣的方法是很有效的。一天，一個看起來體格健壯卻非常沮喪的士兵來找我，我不知道怎樣對他進行檢查。由於我所開的診斷書要經過高級軍官的審核，所以，雖然我很想儘量地將士兵送回家，但是，我卻無能為力。治療這個士兵並不容易，最後，我說道：「你身強體健，但是患有精神病，你不用上前線，我會交給你一些輕鬆的工作。」士兵滿目愁容：「我只是個靠教書來養活父母的窮學生。假如我不去工作，父母就無法生存了。」我真的很想幫他找到輕鬆的工作，比如，推薦他到軍事機關中工作。然而，如果我照實填寫診斷書的話，高級軍官看了一定會很憤怒，然後再把他遣送到前線去。最後，我竭盡所能地將診斷書填得完美，我試圖證明他僅僅適合做一些防衛性質的事情。結果那天晚上，我做了噩夢。在夢中，我是一個凶手，跑到小巷子裏，卻想不起自己殺了誰。但是，我心中不停出現這樣的想法：「我完了，全完了，我殺了人。」因此，在夢中，我嚇呆了，一直冒汗。

夢醒後，我立刻開始思考：「我把誰殺了？」隨後，我就想起來了：「如果我沒有把士兵推薦到軍事機關中工作，他可能會在戰場上犧牲，那麼，我就變成了凶手。」這就是我欺騙自己的過程。我不想做凶手，假如真的發生了災難，我是無辜的，然而，在生活方式的驅使下，我是不會冒險的。作為醫生，挽救生命是我的職責。我又想起：「如果我讓他的工作非常輕鬆，軍官可能也會將他派去打仗，那豈不是更糟？」因此，我最終做了決定：我會在遵循常識和生活方式的情況下，為他提供幫助。於是，我依舊填寫了診斷書，證明他只適合防衛工作。之後發生的事情告訴我，我的想法是正確的。軍官在看完診斷書後隨手一丟，我猜他是要送士兵上戰場了，早知如此，我還不如推薦他到機關裏。然而，軍官卻派他到機關工作半年。後來，我才知道真相：原來，軍官是收到了賄賂，故意讓他去做輕鬆的事。士兵並不是教書的，他的話都是謊話。他那樣做只是想讓我幫他證明自己不能做繁重的工作，以便軍官順利地批准我的診斷。從那以後，我就不再受夢的影響了。

夢的目的在於自我催眠和自我欺騙。倘若我們認知到這一點，我們就不會受到夢的干擾，夢也就不能再影響我們的心情和狀態。我們在做事的時候遵循常識，而不是透過夢來尋找啟示。如果我們瞭解了夢，它的目的就會消失。夢的作用是將現實問題和生活方式連接起來，生活方式理應與現實進行對接而不是被加強。然而，雖然夢是千變萬化的，卻可以顯示出一點：我們每個人都會依據不同的情況將自己的生活方式加以強化。所以說，對夢的解釋都是出自個人觀點。沒有一個公式可以全面地解釋符號和隱喻，因為夢是在生活方式的前提下產生的，是由個人根據具體情況而解釋出來的。我下面描述的幾種典型的夢境，並不是想要告訴大家如何去解釋夢，而是希望大家可以透過這些案例來瞭解夢的意義。

很多人都夢到過自己飛翔在藍天上。與其他的夢一樣，這類夢的關鍵就在於它能夠引起某些感覺。這樣的夢可以帶來一種輕鬆愉快的感覺，能夠讓人振奮起來。透過這樣的夢，我們會認為解決問題和追求優越感目標都是一種非常容易的事。所以，根據這個夢，我們還可以發現做夢人非常勇敢，他一腔熱血，有遠大的理想，就算是在睡夢中也滿懷抱負。這樣的夢中隱含著一個問題：「我是不是該勇往直前呢？」以及一個答案：「前面必定是一片坦途。」

幾乎所有人都夢到過自己從高處摔下來，這也是值得我們關注的。這意味著做夢人是個內心保守且害怕失敗的人，他想要竭盡全力地解決問題。我們教育孩子，讓他們懂得保護自己，因此，這樣的夢並不難被理解。我們常常這樣提醒孩子：「不要去碰剪刀，不要爬到椅子上，玩火很危險。」他們從小生長在這樣虛擬的危險環境中。其中的一些危險自然是真實存在，然而，孩子在我們的教育下會變得非常怯懦，其實這並不是幫助他們面對危險的有效方式。

如果我們夢到自己動彈不得或者眼睜睜地看著錯過了火車時，夢的意思往往是：「假如我非常輕易地躲過了這個問題，那麼，我會非常開心。我一定要走捷徑，我要用遲到來避免這樣的問題，我在等火車開走。」一些人會夢到考試的場景。他們會感到驚奇：他們年歲都這麼大了，居然在考試，也許，這些考試在很久之前就已經合格了，如今又在重考。對另外一些人，夢的意義是：他們並沒有對未來的問題做出應有的準備。或許，這個夢還有其他的意義：就算你之前已經透過了考試，現在依然得重新來過。每個人的符號都是不同的，我們必須先來瞭解一個夢為我們留下了怎樣的感覺，以及它與生活方式存在怎樣的關聯。

有一位精神病患者來找我治療，她三十二歲了。在家中，她是老二，就像其他孩子一樣有遠大的夢想。她凡事力求完美，希望自己保持第一名，在做任何事的時候都可以盡善盡美。她愛上一個已為人夫的中年男子，這個男人在他的事業上做得一塌糊塗。她希望他能夠給她一個名分，而他卻無法拋棄原來的妻子。後來，她做了一個夢，在夢中，她住在鄉下，當時，一個男房客租了她的屋子，不久，房客結婚了，他沒有賺錢的能力，為人也懶散，所以，她在他付不起房租的情況下把他趕出去了。經過分析，我們可以在夢境和她所處的現實問題之間找到一些關聯。她整日糾結於是否要嫁給一個在事業方面毫無建樹的人。他窮困、無能，而且讓她無法釋懷的是，他曾經請她吃飯，卻無法付賬。從這個夢中，我們看出她是不想結婚的。她是一個有夢想的女人，不希望自己的另一半是貧窮的。她提出這樣的假設：「如果他也租了我的房子，卻無法付房租，那麼，我該怎麼對他？」回答是：「我一定請他馬上走。」

然而，這兩個男人是無法相提並論的，因為她的情人並沒有租她的房子。然而，她為了要解決問題，更為了形成穩定的生活方式，就不斷地提醒自己：「我是不可能和他結婚的。」透過這樣的手法，她並沒有用常識來對付這個問題，而只是解決了其中的一部分問題。同時，她將愛情和婚姻的範圍進行了縮減，彷彿只小到這樣的範疇：「如果一個男人租了我的房子，一旦他付不了房租，我就要趕走他。」

由於加強個體面對困難的勇氣，是個體心理學治療技術的最終目的，我們可以看到在整個過程中，隨著夢的變化，個體也會變得更加有自信。在恢復健康之前，憂鬱症病人做了這樣一個夢：「當暴風雨來臨的時候，我一個人坐在板凳上。為了躲避風雨，我趕緊跑到我丈夫的屋子裏去，然後，我幫助他透過查看報紙上的廣告來尋找合適他的工作。」其實，她能夠獨自給予這個夢合理的解釋。很明顯，她希望和自己的丈夫冰釋前嫌。剛開始的時候，她恨自己的丈夫，對他也很苛刻，她認為丈夫懦弱無能，缺乏上進心。而這個夢體現了這樣的意義：「比起孤單一個人面對風雨，還是和丈夫在一起比較幸福。」雖然對於這樣的看法，我們表示贊同，然而，我們也能夠看出，她透過這樣的方式來寬容丈夫，還是隱含著幽怨的氣息的。她刻意強調了獨自生活的艱辛，彷彿和丈夫合作只是權宜之計。

一位老師將一個十歲的男孩帶到我的診所來醫治，並且指責他用不光彩的手段來陷害他的同伴。在學校，男孩將偷來的東西放在同伴的抽屜裏，使同伴受到責罰。這樣的情況，只有當一個孩子希望別人的表現不如他的時候才會發生。他試圖透過陷害來讓外界認為同伴是無恥的，假如這就是他的真實想法，那我們可以推斷出，這樣的行為一定是在家庭中被鍛鍊出來的，他一定是想讓家中的某一個人出醜。在他十歲時，有一次他向孕婦扔石頭，這為他帶來了麻煩。或許，他

夢其實是一種自我催眠和自我麻痺，我們在夢境中的表現其實跟現實生活完全成對立面。夢境中大多是完美的，在夢境中我們可以實現在現實中所不可能發生的一切。從夢境中我們可以獲得足夠的優越感和滿足感。我們在夢境中所發生的一切，其實都是我們心理補償機制的一種自我欺騙。

當時已經知道懷孕意味著什麼。我們還可以推測，他或許不能接受懷孕這種事情。我們忍不住想像：「他是否不希望比他小的孩子降臨？」他的老師在工作日誌上將他描述成害群之馬：跟同學不和睦、為同學亂起綽號、告狀、追打比他小的孩子。

那麼，我們可以大致推斷出，他可能有一個比他小的妹妹。之後，我們瞭解到，他排行老大，還有一個四歲的妹妹。他的母親說：「他和妹妹的關係非常好，而且他很照顧妹妹。」這讓我們難以置信，因為按照他之前的行為，他是不可能對妹妹這麼好的。

看來，對於我們的結論，我們要好好研究。男孩的母親還說，她與丈夫是很恩愛的。這些對於男孩而言，並未含有有利因素，顯然，在他闖禍這件事上，父母是沒有任何責任的，這完全是出於他本性中邪惡的部分，是隱藏在他命運之中的。或許，這也是來自他祖先的思想。我們常常可以見到如此美滿的家庭，如此優秀的家長，以及如此邪惡的孩子。有很多職業常常見證類似的事情發生，比如心理學家、律師、教師、法官等。其實，完美的婚姻在孩子的眼中或許是無法接受的，比如，當他看到媽媽對爸爸好的時候，就會覺得憤怒。他希望自己占有母親所有的注意力，不喜歡有誰來分享。如果說完美的婚姻對孩子會產生反作用，那麼，不完滿的婚姻則會產生更差的結果。那我們該如何解決呢？我們需要讓孩子完全融入婚姻中來，並學會和家人合作。我們要避免使他只願意和一位家庭成員產生密切關係。這個孩子可能是被寵壞了，他想要用惹麻煩的行為來吸引母親的關注，尤其是當他覺得母親不夠關心他時。

我們馬上就可以找到以上觀點的證據。這位母親從來不懲罰男孩，她往往是等到父親在場的情況下才進行懲罰。或許，她認為父親比較威嚴，適合懲罰孩子。或許，因為孩子太依賴她，她不忍心。不管她的想法是什麼樣的，最終的結果是孩子不喜歡父親，對他採取敵對的態度。我們還瞭解到，雖然父親將心思都放在家庭上，然而，在下班後卻不想回家，原因就是這個孩子。父親對他的懲罰總是很嚴，甚至總是鞭打他。據說，這樣的行為並沒有引發孩子的憎恨，但我卻不相信這樣的說法，孩子的智力並沒有問題，他只是會隱藏自己的情緒罷了。

這個孩子並不討厭他的妹妹，卻不喜歡和她一起好好相處，他總是打她耳光或者用腳踢她。妹妹睡在父母臥房裏的小床上，而他卻在餐廳裏的沙發上休息。現在，讓我們換位思考，如果我們處於他的位置，會不會因為那張小床而悶悶不樂呢？他希望母親時刻關注到他，而母親卻在夜晚如此緊密地關注著妹妹。他必須採取措施贏得母親的關注。這個孩子自從出生到現在一直很健康，居然有七個月都在哺食乳汁。在第一次使用奶瓶時，他吐了。之後，直到三歲，他才停止嘔吐，或許是他的腸胃出了問題。現在，他的身體狀況很好，營養也充沛，可是，對於自己的腸胃他依然很感興趣，他認為，這是他的弱點。如今，我們更清楚他向孕婦扔石頭的原因了。他有挑食的習慣，他不習慣在家裏吃飯，通常是用母親給他的錢到外面去吃。類似的惡作劇已經發生很多次了，他是在透過詆毀別人來獲得優越感。

現在，對於他所說的一個夢，我們可以清楚地給出解釋了。「我是來自西部的牛仔。」他說，「他們送我到墨西哥，然後我自己克服困難，重回美國。我曾經在一個墨西哥人的肚子上踢了一腳，因為他阻止我前行。」從這個夢中我們可以得到這樣的資訊：「我四周都是敵人，我註定要浴血奮戰。」美國人眼中的牛仔都是英雄的化身，或許，男孩將踢別人的肚子以及追打小女孩作為一種英雄行為。我們發現，在他的意識裏，肚子是人類的脆弱部位。他曾經飽受胃病的困擾，而父親腸胃也不好。他的經驗告訴他，腸胃是非常重要的。而他已經將攻擊他人的弱點作為自己的目標。無論是行為還是夢境，都同樣反映了他的思想。如果我們不讓他甦醒，他會繼續這樣。他不僅會和家庭成員產生衝突，還會向試圖制止他的醫生發出猛烈的進攻。在夢想的刺激下，他依舊想成為征服別人的英雄。除非他可以自己醒悟，認識到自己是在自欺欺人，除此之外，別無他法。

我們為他解釋了他的夢。他認為他身邊的人對他都充滿敵意，都在試圖苛責他。那些想阻止他回美國的人，都是和他敵對的。後來，我們問他：「自從上次我們見面之後，是否有其他事情發生？」「我做了壞事。」他說道。「怎麼了？」「我追打了一個女生。」這並不是一種坦誠，而是一種誇耀和挑釁。他知道醫院的所有人都想改造他，因此，他固執地做壞事。他彷彿想說：「想改變我？別做夢了，小心我踢你的肚子。」我們有些無奈，他依舊保持原來的方式，我們必須要根除他的這種心理。「你真的覺得，」我問道，「追趕小女孩就是英雄作風嗎？這太荒唐了，你要是真的想當英雄，就去追大一些的孩子，否則，你就不要這麼做。」

這是一種治療途徑，我們要讓他意識到，一定要馬上停止堅持如此荒唐的生活方式，以免步入歧途。從另一種角度來說，我們要指導他與人合作，並瞭解生命中更重要的事。幾乎沒有人會拒絕有用的一面，除非他害怕挫折。

有一個女孩二十四歲了，職業是祕書。她無法忍受老闆那種欺軟怕硬的做法，她認為自己不能與人建立友情。根據經驗，我們會認為：通常情況下，希望駕馭他人的人是無法與人保持良好交往的。而事實上，她確實是一個將自我表現作為個人優越感目標的人，對於其他人並不感興趣。或許，她的老闆也是同類型的人。兩個人在一起，如果都想駕馭對方，勢必會產生阻礙。女孩家中有七個孩子，她是最小的，當然是大家的焦點。由於她一直想做男孩，所以大家都叫她「湯姆」。我們心中有了疑問：駕馭別人是她的優越感目標嗎？或許，她認為要想駕馭並控制他人，她就要展現男性化特徵。她面容姣好，她誤以為周圍人的寵愛是因為她的美貌，所以，她很注意對面部的保護。我們都知道，漂亮女孩容易讓人留下較深的印象，也容易駕馭他人，對此，她也是非常清楚的。然而，她卻從沒有因為自己美麗而感覺開心，那是因為她一直希望自己是男孩，並用男孩的方式來控制別人。

在她的最初記憶中，曾有一個男人嚇過她。她說她現在依舊害怕遇到瘋子或是盜賊。這似乎很奇怪：一個男性化的女生也會害怕盜賊或瘋子嗎？然而，認真思考後，我們發現這是合乎常理的。她希望自己可以控制周圍的環境，由於她無法控制盜賊和瘋子，所以不希望遇到他們。她渴望輕易地男性化，如果沒有成功，就裝作若無其事。由於她不喜歡女性化的事物，所以她的思想很偏激：「我是男人，要將女人的各種不利因素全部擊潰。」我們可以從她的夢裏尋找證據。在她的夢裏，她總是一個人。她已經被寵壞了，她的意思是：「別人一定要照顧我，如果讓我自己獨處，那麼我是非常不安全的，我會受到來自外界的襲擊。」

此外，她總是夢到自己的脈搏靜止了。她的意思是：「你要注意了，小心失去某些東西。」她不希望失去什麼，尤其是失去駕馭他人的能力。然而，她選了脈搏來代表這一切。從這個案例中，我們還可以看出夢是怎樣引發感覺，從而鞏固生活方式的。事實上她的脈搏依然在跳動，是她想要它靜止，她保留了這種感覺。另外，透過一個長夢，我們可以瞭解她的想法。「我曾經去游泳，泳池裏的人很多。」她說，「有些人發現，我站在他們頭頂處。不久，有人大聲喊叫，並凝視著我。我搖搖晃晃，快要掉下來了。」如果我懂得雕刻，我會將她刻畫成這樣：踩在別人頭上，將他們當跳板。她喜歡這樣，這就是她的生活方式。然而，她的位置是不穩定的，她認為別人也可以看得出來，並提供應有的照顧，以便於她繼續以他們為踏板，因為她在游泳時，其實是很不安全的。

這就是全部的故事。她已經形成了慣性心理：「我雖然是女孩，但我要像男人一樣。」正如其他孩子一樣，她對未來充滿野心，然而，她想要的僅僅是優越感，而不是讓自己獲得提升，並且，她心中充滿了對未來的恐懼。假如我們想提供幫助，那就應該讓她意識到自己應該扮演好女生的角色，並解除她對男性的盲目崇拜和對異性的恐懼感，使她可以和朋友正常相處。

有一個女孩，她的弟弟在她十三歲時遭遇意外死去了。她的最初記憶是：「弟弟剛剛學習走路時，他努力地站在椅子上，卻被倒下的椅子壓倒在地。」這是一次意外事故，我們可以體會到，在她心中處處存在危險。她說：「我經常做一個非常奇怪的夢，我獨自走在一條街上，走著走著就掉進了一個洞裏，裏面有很多水，我冷得發抖。當我甦醒的時候，心慌得厲害。」其實，這個夢並不特別，然而她卻感到非常恐懼，在她心中，這依舊是神祕而無法解釋的。這個夢彷彿在提醒她：「要小心，因為前面有不可預知的危險。」其實，從她的話中，我們還可以看到另一層含義：一個地位卑賤的人是不可能從高處摔下來的，假如她摔倒了，那她必定是比別人優秀。所以，透過這個夢，她似乎在表明自己的一種立場：「我的地位比別人優越，所以，我一定要注意，千萬別摔下來。」

此外，還有一個例子能夠讓我們確定，同樣的生活方式是否會作用於最初的記憶和夢境。一個女孩說：「我對別人建造房子非常感興趣。」我們可以推斷出她是喜歡合作的。建造房子當然不是女孩子應該做的事情，可是，從她的話中，我們能夠推斷出她喜歡與人合作。「有一件發生很久的事，卻像昨天一樣清晰：當我還是小女孩的時候，曾經站在一扇高高的玻璃窗前。」她既然可以描述出窗子很高，可見，她對於高矮還是有所認知的。她想要表達的意思是：「我是個小女孩，窗子卻很大。」正如我們猜測的一樣，她身材矮小，因此，她才會對大小的區別如此敏感。她對自己能夠清晰地記住那件事感到非常自豪。我們可以分析一下她的夢：「我們一群人坐在汽車裏。」就像我們判斷的一樣，她喜歡合作，喜歡與人交往。「車子開得飛快，在一片樹林前停下了，大家都衝下去跑進樹林。我是其中最矮小的孩子。」我們可以看到，她的關注點依舊是大小。「然而，我卻建議他們去坐電梯，我們經由電梯進入了一個十英尺深的礦坑裏。我覺得，假如我們當時出去，一定會中毒。」我們可以感受到一種樂觀的態度，如果一個人希望合作，她就會是勇敢而樂觀的。

第六章

家庭的影響

從降臨人世開始，嬰兒就希望與母親建立一種緊密的關聯，他的所有行為都是以此為目標的。在最開始的時候，對於他來說，母親是最重要的，他對她產生了嚴重的依賴。這樣的背景催生了他對合作的嚮往。

ALFRED ADLER

從降臨人世開始，嬰兒就希望與母親建立一種緊密的關聯，他的所有行為都是以此為目標的。在最開始的時候，對於他來說，母親是最重要的，他對她產生了嚴重的依賴。這樣的背景催生了他對合作的嚮往。嬰兒最先接觸到的就是母親，除了自己之外，他最感興趣的就是母親。母親像一座橋樑一樣，在嬰兒和社會生活之間產生連接作用。如果嬰兒與母親（或者與母親所類似的角色）之間無法建立關聯，那麼，他就會走向滅亡。

這是一種影響深遠且非常密切的關聯，所以，我們在之後的生活中很難分辨出哪些因素來自於遺傳。任何遺傳的因素經過母親的修正和教育，都已經面目全非了。母親的教養方式是否合適，會對孩子產生深遠影響。這裏所說母親的教養方式，是指她如何與孩子進行溝通，以及如何讓孩子學會更好地和其他人合作。這是種靈活的能力，我們需要在不斷變換的情景中對孩子進行指引。只有發自內心地對孩子感興趣，竭盡全力地獲得他的信賴，並維護他的利益，才是恰當的方式。

我們可以透過他的各種行為來判斷他的態度。讓自己與孩子產生關聯的機會是很多的，比如，抱著孩子到處走動，和他進行交流，餵他食物等。如果母親對孩子不感興趣，或者能力低下，她的動作就不會輕柔，孩子就會非常反感。假如她不知道怎樣為孩子洗澡，孩子就會感覺非常難受，孩子非但不會與她親密相處，反而會排斥她。她需要學會怎樣讓孩子安穩地睡著，她需要注意自己的舉手投足，她還需要找到可以和孩子親密獨處的最佳方式。以至於要注意孩子房間的溫度、營養、睡眠、整潔度等。其實，每一個細節都為她提供了讓孩子厭惡或喜歡她、拒絕與她合作或者親密合作的機會。

作為一個母親，並沒有什麼捷徑可走，所有的方法都是長期總結出來的。從生命的早期開始，母親就開始進行訓練了。從一個女孩子對比她年幼孩子的態度，以及她對孩童及工作的興趣，我們就可以看到母道的首要步驟。有一種教育方式是錯誤的：無論子女是男孩還是女孩，我們所施加的教育都是同樣的，並讓他們對將來工作的看法產生同樣的感覺。如果我們希望培養女兒成為一個很好的母親，我們必須讓她認識母道，讓她有興趣為人母，把做母親作為一種創意性的活動，並且，在之後的經歷中，不會對她所要扮演的角色感到沮喪。

然而，糟糕的是，在我們的文化氣氛中，常常忽視母道的作用。倘若我們是重男輕女的，而女性的角色一直處於劣勢的話，女孩就不會對未來的角色感興趣。任何人都不會滿足於附屬的地位。

如果是這樣的話，當女孩婚後該孕育子女的時候，她就會透過各種手段來進行排斥。她們不想生孩子，也不會憧憬孩子的美好未來，更不覺得教育孩子是有意思的、創意性的活動。或許，這是一個嚴重的社會問題，卻並沒有太多人關注它。其實，女性對於母道的理解和態度會影響整個人類社會的發展。可是，在很多地方，女性的地位都不是很高，並且被放在從屬的位置。孩童時代的男性總是把做家務看成是一種奴役性質的活動，在他們看來，做家務事有損尊嚴。人們很少認為女性做家務是對家庭的一大貢獻，而是將它看作一種苦役。假如一個女人，能夠將家務事看成是一種藝術並對其產生濃厚的興趣，以此來豐富周圍人的生活，她就可以讓家務成為自己的一項拿手工作。相反地，如果我們把家務看作一種卑微的勞動，那麼，我們就會對它產生排斥的感覺，更談不上如何證明以下觀點了：男女是平等的，女人應該得到發展自己潛力的機會。潛力是需要在社會中進行發掘的，社會化會指引一個人排除各種外界的限制因素。

假如我們歧視女性，家庭的和諧必定會受到不良影響，一個對孩子完全不感興趣的女人，一定找不到合適的方法去關懷、瞭解孩子。如果一個女人對自己的地位不滿意，她就不會和孩子建立親密的關聯，她與孩子的目標是背道而馳的，她總是想要證明她的能力，而孩子卻成了她證明自己的阻礙。如果我們找到生活中典型的失敗母親案例進行分析，就會發現，產生這些嚴重後果的原因是母親並沒有盡到該盡的責任，她給孩子的人生起點是不愉快的。如果我們都有一個失敗的母親，既不喜歡自己的工作也不喜歡自己的孩子，那麼，人類的處境是非常危險的。

但是，我們不能將失敗的原因完全歸結於母親，她們並不是元凶。或許，在她們童年的時候，沒有人教育她們如何為人母，如何與他人進行合作。或許她們在婚姻中非常不開心。對於良好的家庭而言，現實中存在著各種各樣的阻礙。比如說，母親身體不舒服，雖然她想要和孩子相處，卻感覺無能為力；如果她的工作非常操勞，在她回家時一定非常勞累；如果一個母親經濟不寬裕，那麼，她為孩童所提供的各種物品的品質就不會太高。此外，決定兒童行為特點的是他透過所發生的事件而總結出的經驗教訓，而不是經歷本身。我們可以從問題少年的自述中發現他與母親所存在的問題，然而，表現優良的孩子與母親之間同樣可能存在類似的問題。在這裏，讓我們來鞏固一下個體心理學的一些觀點。兒童為了達到自己的目的，通常會用經驗作為參考，雖然特徵的發展並不需要什麼理由。比如，對於一個營養不良的兒童，我們必須從他的行為舉止中判斷他的價值觀是什麼樣的，而不是武斷地說他一定會犯罪。

我們已經知道，如果一個女人對自身角色感到不滿，那麼生活中就會招致很多困難和慌張情緒。關於母道的力量，我們並不陌生。經研究證明：比起其他的各種心理，母親對孩子的保護欲是最強烈的。研究表明，在不同物種之間（如老鼠和猿），母道的力量比其他力量都強，甚至強於性和飢餓。假如牠只能選擇一種，牠一定會選擇母道。這種欲望的出發點是合作，而不是性。一般來說，母親都認為子女是自己身體的一部分。正是因為有了子女，她才覺得自己是一個完整的個體，自己可以主宰生死。在每位母親身上，我們都可以或多或少地發現一種相似的感覺：她們都認為子女是自己所完成的一件作品。我們可以這樣認為：母親認為自己就是創造生命的上帝。其實，追求母道就是追求一種優越感，就像對神的地位的追求。這個例子清晰地體現了這樣的道理：為了人類利益著想，我們會設法在社會化的指引下，將優越感目標運用到與人合作的過程中。

母親可以強迫子女來達成她自己的優越感目標，並把子女是她身體一部分的認知無限度地擴大。她或許想要完全控制並讓孩子依賴她，無法離開她。請看下面的例子：有這樣一個農婦，當兒子五十歲時，卻依舊和她共處一室，並一起患有急性肺炎。母親在醫治後並無大礙，而兒子卻因病去世了。當她得知這個噩耗後，說道：「我預感到他是長不大的。」她從沒有想過讓他離開自己，她想要對他的一生負責。然而，這樣的做法是錯誤的，因為作為母親，她並沒有成功地讓孩子與其他人產生關聯，並與他人進行合作。

母親不應該強調自己和子女的關係，因為她和外界的關係是複雜的。無論是從孩子還是父母的角度出發，這樣的行為都是不可取的。當我們過分放大一個問題時，就會忽略其他的問題。就算我們遇到的問題再簡單，採取重視的態度也遠遠好過毫不在意。不光是孩子和丈夫會和母親發生關係，與她發生關係的還有周圍的社會。她必須同時重視這三種關聯，並採取冷靜的態度。如果太過於關注子女的成長，勢必會寵壞子女。這樣做的結果是子女很難獨立或者學會與人合作。當孩子已經和她建立了親密的關聯之後，她的主要工作就應該是引導孩子對父親的關注和興趣。如果孩子對父親沒有興趣，這項工作就會失敗。之後，她還要讓孩子對社會生活產生興趣，並喜歡與其他孩子、朋友、親戚等交往。所以，母親的責任是多樣的，她必須在最開始贏得孩子的信賴，然後讓其他人也感受到這樣的信任。

假如母親的目的僅僅是讓孩子對自己產生依賴，她可能會因此而憎恨一切使孩子對外界產生興趣的人和事。孩子會從母親那裏尋找幫助，並用敵對的態度來對待與她爭奪母親注意力的競爭者。當母親對其他人顯示出關心的時候，孩子會覺得他的權益被削弱了。這個孩子會認為母親僅僅是屬於他自己的，而不是其他人。多數心理學家對這樣的情況都產生了錯誤的認知。比如說佛洛伊德學派在伊底帕斯理論中認為，孩子有一種傾向，那就是依戀母親，並且想要與她建立婚姻關係，同時對父親產生敵對情緒，甚至想要殺了他。假如我們仔細瞭解孩子的身心發展過程，就不會出現這樣的狀況。伊底帕斯情結的群體是那些希望母親只關心他一個人、對其他人漠不關心的孩子。這樣的心理與性是沒有關聯的。這實際上是一種想要完全控制和支配母親，並讓母親成為他的奴僕的欲望。只有那些被母親寵壞的，並且認為自己在社會上找不到合作夥伴的孩子才會有這樣病態的心理。在很少的一些例子中，男孩因為一直與母親相聯在一起，所以在面臨婚姻和愛情的時候才會錯誤地把母親當作對象，這樣做的意義是：他不願意和母親之外的任何人進行合作。他認為，沒有人能像母親一樣臣服於他。所以說，伊底帕斯情結之所以產生，是因為我們在教育方面出現了偏差。我們不必認為這是由於遺傳而導致的亂倫天性，也不用思索這樣的變態行徑與性有怎樣的關聯。

如果一個孩子長期被束縛在母親身邊，當他進入一個沒有母親的情境時，就會產生很多麻煩。比如，當他到公園或者學校與其他孩子玩耍時，與母親建立相聯依然是他的首要目標。無論是怎樣的情境下，他都想和母親在一起，他渴望母親永遠在他的身邊關心他。他希望利用一切方法博取母親的喜愛，他會永遠展現出弱勢的一面，向母親撒嬌、博取母親的同情。或許，他會很輕易地流淚或生病，用來證明他很脆弱，是需要照顧的。此外，他可能經常生氣，用頂撞母親的方式來吸引母親的注意。有很多問題少年都曾經被寵溺過，他們不希望被束縛，希望隨時獲得來自母親的關心。

一個孩子總是會在盡可能短的時間內找到一種吸引母親注意力的有效方式。被寵壞的孩子一般都不喜歡獨處，尤其是處於黑暗的環境。他們不是害怕黑暗，而是以此為方式來求得母親的關心。有一個孩子被寵壞了，他在黑暗的環境中不停地哭鬧。有一天，母親被他的哭聲吸引過來，問他為什麼哭，他說因為太黑了。然而，母親似乎明白了他的意圖，於是問道：「難道我來了這裏就亮起來了嗎？」其實並不僅僅是因為黑暗，而是他害怕在黑暗中與母親分開。如果母親不在身邊，他們會運用所有的方法製造事端來逼迫母親關心她，並和他在一起。他可能會大喊大叫，或者是用其他的方式來吸引母親來到他的身邊。害怕的心理經常引起教育家和心理學家的高度重視。在個體心理學中，我們的注意力應該集中在辨別他的目的上，而不是找出導致他害怕的原因。任何被寵壞的兒童都會害怕一些事物，而害怕也僅僅是他們吸引注意力的一種方式罷了。結果，這樣的心理變成他們生活方式的一種穩定模式，他們以此來實現與母親的親密聯繫。所以說，那些膽小的孩子通常都是被寵壞的，並且希望一直被寵愛。

有時，我們可以看到一些被寵壞的孩子因為害怕夢魘，在睡覺時大哭大叫。這種症狀是很常見的，然而，如果我們將睡眠和清醒兩種狀態放在對立面上，我們就會無法真正瞭解它。睡眠和清醒僅僅是同一事物的不同狀態，並不是對立的。一個孩子夢中和清醒時的行為特點是統一的。他的身心都受到他的優越感目標的影響，在不斷的總結經驗之後，他會知道怎樣去改變環境來配合自己的利益目標。就算是睡眠狀態下，在他心靈深處，也會存在統一的目標和記憶。一個被寵壞的孩子如果認定了只有害怕的反應才能使母親更多地關注他，那麼，就算他長大了，夢中依舊會感覺到慌張和焦慮。被夢嚇壞本來只是一種途徑，如今卻變成了一種穩定的習慣。

這樣的現象是很常見的，倘若一個孩子在被寵壞之後可以安安穩穩地睡覺，從不麻煩大人，那才是不正常。他們有很多途徑來吸引大人的注意力。比如說，發現睡衣不合身或口渴了，對盜賊和野獸會產生恐懼感，等等。有些孩子，只有父母坐在身邊才能安然入睡，有些孩子總是做噩夢，還會從床上摔下來，有些孩子會尿床。在我的病人中，似乎有一個被寵壞的孩子，她從來不惹麻煩。母親發現她睡得很沉，不做噩夢，不會出現任何狀況，只有在白天時她才會惹麻煩。這讓人非常費解。我上面指出了孩子的很多小毛病都是為了吸引母親的關心，可在這個女孩身上卻都不存在。最後，我突然恍然大悟，問道：「她在哪裏睡覺呢？」她的母親說道：「她就躺在我的旁邊。」

在被寵溺的孩子眼中，沒有什麼事比罹患疾病更加美好了。因為母親會在他生病時噓寒問暖，時刻關心。這樣的孩子通常是在一場大病後變成問題兒童的，這並不是生病所留下的後遺症，而是他在恢復後懷念得病時受寵的感覺。當發現父母不再付出同等的注意和關心時，於是他就會透過製造事端來報復家人。假如一個孩子發現其他人會因為得病而受到寵愛，他甚至會接觸病人，並希望自己也得病。

曾經有個女孩在醫院住了四年，醫生和護士都非常喜歡她。在她剛回家的時候，父母對她的照顧非常貼心，然而，沒過多久，這種關心的溫度就降下來了。每當她的願望得不到滿足時，她就會含著指頭說：「我還是病人呢。」她試圖透過提醒他人的方式讓他們回想起在醫院時的情景。我們同樣可以在成年人中看到類似的行為，他們總是把自己患過的病掛在嘴上。另一種情況是，那些一度讓父母感覺頭疼的孩子在疾病痊癒後就不再替他們找麻煩。我們都知道，對於孩子來說，身體上的缺陷就是一種心靈上的負擔，並且，它們也是導致孩子性格畸形的元凶。於是，我們忍不住懷疑：消除了身體上的障礙以後，是不是會影響這種性格上的改變？有一個喜歡說謊、喜歡偷竊、不服從團體的男孩，他在家中排行第二，常常惹麻煩，讓老師感覺束手無策，所以想要將他送到感化院去。就在這個時候，他的肺部出現了結核症，病倒了，在石膏床上躺了六個月。恢復後，他居然變得乖巧了，對於這樣的結果我們感覺非常詫異。很明顯，他之所以會產生這樣的改變，是因為認知到之前的想法是不正確的。在這之前，他一直覺得哥哥獲得了父母過多的愛，而自己卻受到了忽視。生病後，他發現全家人都非常關注他，每個人都在關心愛護他，於是，他便改變了自己的想法，不再錯誤地認為自己受到他人的忽略。

有一種常見的錯誤想法：如果想補救母親的失誤，就不要讓她繼續照顧孩子，而是將孩子送到幼稚園，由老師來引導。其實，這樣的想法很荒謬。假如我們想要找到一個代理母親，就要找到一個有能力扮演母親角色的人，這樣的人一定要非常喜歡和孩子相處。不管怎樣，母親一定是比幼稚園老師更加喜歡孩子的。我們可以經常看到，一些從孤兒院出來的孩子缺乏對別人的興趣，那是因為他們缺乏一個像母親一樣、在他們和外界之間進行聯結的人。曾經有一項調查是針對在孤兒院長大而沒有得到良好發展的孩子的。這些孩子身邊，有很多護士或者修女，他們也受到了特殊的照顧，比如，讓他們住在私人家裏，家庭中的母親會像對待親生孩子一樣照顧他們。事實證明，如果選對了保姆，他們就會顯著地進步。對孤兒來說，最好的事就是替他們找到一個人，這個人可以代替父母給他們一個溫暖的家。所以，如果說我們將一個孩子從他父母身邊帶走，一定要儘快找到一個可以代替父母的人。生活中，很多孤兒、私生子、棄嬰，或者父母離異的兒童，他們的人生都以失敗而告終，可見，來自父母的問候和關心是多麼重要。眾所周知，繼母的角色是非常難扮演的，因為前妻的孩子會對她們產生逆反心理。不過，要解決這個問題也不是很困難，我之前見過有很多人都能夠很好地解決這個問題。對於這樣的情況，很多人都不是很瞭解。通常母親去世後，孩子都會與父親建立密切的聯繫。繼母的出現，讓他感覺父親對自己的關愛被另一個人分享了，所以，他會對繼母產生很大的敵意。如果繼母不能夠寬容孩子，那孩子的處境就很危險。

繼母可能會和孩子計較，然後孩子就會更加抵觸她。他們之間的爭執將持續很久，無論誰暫時處於劣勢，都不會向對方低頭。其實，在這樣的情況下，示弱才是最有效的。如果她希望從孩子那裏獲得某些東西，他一定不會給。如果我們能夠認知到，暴力的手段是永遠無法獲得合作和愛情的，那麼，在生活中，就可以避免一些無謂的爭吵和煩擾。

在家庭中，父母雙方的作用一樣重要。在最開始，孩子與父親並沒有建立密切的相聯，他對孩子的影響會稍晚一些。我們知道，如果母親沒有將孩子的注意力漸漸轉移到父親身上的話，會對孩子產生負面影響，比如在社會化方面，孩子的發展可能會比較緩慢。如果父母的關係不和諧，也會對孩子的成長產生負面作用。或許，母親在將父親留在家庭中這方面顯得力不從心，所以，她希望占有孩子的關注。或許，父母都會從自身利益出發，將孩子作為爭執的中心點。他們希望孩子依賴他們，並且更偏向於自己。假如孩子發覺父母的衝突，他很可能使用一些手段讓他們爭著寵愛自己。最後的結果是，父母開始較量，看誰更寵愛孩子，誰更能贏得孩子的支持。在這樣的環境中成長，孩子與人合作的能力會非常差，在他的心目中，對於合作的看法就是父母之間糟糕的關係，不懂得合作的父母是不能夠為孩子做榜樣的。而且，孩子對於異性和愛侶的最初認知其實也是透過父母的關係來形成的。如果家庭氣氛不和諧，除非孩子的最初印象被調整到正常水準，否則，他們會用悲觀失望的心態來對待婚姻。就算是成年後，他們也不會覺得自己可以透過婚姻來獲取幸福。他們無法對異性產生興趣，會拒絕異性的追求。所以，婚姻不幸福的家庭對於孩子的影響是重大的，這不是社會的正常產物，也不能夠為他們將來進入社會做積極的準備。兩個人透過努力而謀取夫妻雙方、孩子及整個社會的幸福是婚姻的目標，所以，假如夫妻不能齊心協力，他們的步調就不可能一致。

婚姻的本質是合作，因此，不能抱著駕馭對方的態度去相處。這一點是非常值得我們注意的。權威並不是家庭生活中的重點。如果在家庭中，只有一個人成為大家關注的焦點，那一定不是什麼好事。假如家中有一個粗暴的父親，他一心要維護自己的權威，那麼，家中的男孩也會模仿父親的作風，而女孩就會感覺被傷害了。步入社會後，女孩會認為男人都很粗暴，會認為婚姻是一種駕馭和被駕馭的關係。有時，她們為了躲避異性，甚至會將性欲顛倒過來。如果母親在家裏享有統治地位，每天都指手畫腳，那麼形勢會發生逆轉。女孩會以此為榜樣，變得尖酸刻薄，男孩卻一直處於防禦的狀態，抵觸批評，並且顯得非常溫順。而且，不僅母親會這樣，姑姑或姐姐也會形成這樣的習慣。這樣的後果是，男孩會變得怯懦，不喜歡社交。他們害怕異性嘮叨和尖刻的行為習慣，所以他們會儘量遠離異性。沒有人喜歡被指責，但倘若一個人總是想著如何避免指責，那麼，他的生活會受到影響。他會將這樣的習慣運用到生活中的每件事上，還會考慮：「我到底是征服者還是被征服者呢？」他們會變得不懂友情，因為他們時時刻刻都以戰勝別人為目的。

對於父親的作用，可以這樣表述：一個好的父親，無論是對於妻子、子女還是社會，都是一個好的合作者。他必須平衡好三種關係：職業、友情和愛情。他一定是公正的，並且擔負起照顧家庭的責任。他一定不會去貶低婦女對家庭的重要意義，而是和她建立良好的合作關係。在經濟方面，必須指出的是，就算父親是家庭中唯一的經濟來源，也一定要承認財產歸家庭所共有。父親不能表現出施捨的姿態。對於美滿的家庭而言，家庭成員都有各自分工，而父親的職責就是擔負經濟的重任。有很多人由於經濟能力強而想要統治家庭成員。家庭中沒有王者，家庭中的每個人都是平等的。每位男性都應該清楚，如果他過分地強調男性的權威，就會讓妻子產生抵觸心理，並害怕自己受到壓制。也不能因為妻子賺錢的能力弱，就認為自己處於上風。不管妻子在經濟方面是否對家庭做出很大的貢獻，假如家庭生活是美滿和睦的，那麼誰來養家，其實並不重要。

父親對孩子的作用很強大。一些孩子一直都將父親視為榜樣，另外一部分則將其視為最大的敵人。體罰孩子的行為是不可取的，正當的教育方式一定是友善的。然而，不幸的是，父親往往扮演著懲罰孩子的角色。之所以這樣說是有原因的：首先，女性覺得自己沒有力量去教育孩子，她們是弱小的，需要藉助強有力的臂膀。很多女性都這樣對孩子說：「看你爸爸回來怎麼處罰你。」其實這等於是一種暗示：父親是家庭中權威的象徵。其次，這樣的言論顯然已經破壞了父子關係，會讓孩子覺得父親很可怕，從而不願意把他們當朋友。或許，很多女性朋友害怕一旦自己開始懲罰孩子，孩子就會疏遠她們。然而，將懲罰孩子的責任完全交給父親也不是明智之舉。

孩子們同樣會因為母親將他們交給嚴厲的父親而感到憤怒。很多婦女總是利用孩子對父親的恐懼而對他們進行威脅。可以想像，孩子們對於父親會持有什麼樣的看法？

如果說父親處理事情的方式是積極的，家庭成員會將他作為家庭的中心，他會是一個好父親和一個好爸爸。家庭成員會樂於和他相處。這樣的依賴使得家庭成為他社會生活的重要一環。他不會感到孤立，也不會感到被束縛。家庭中融入了社會化，在與人合作方面，他將成為家庭成員的榜樣。就算雙方都有自己的朋友圈，也不是什麼壞事，人人都應該有自己的交往範圍，而且應該做到不讓友情影響到家庭關係。我並不建議夫妻整天黏在一起，而是說他們應該學會融洽地相處。比如說，倘若丈夫不希望妻子融入自己的交際圈，就會產生麻煩。這時，他會把重心放在家庭以外的地方。有一件事在孩子的成長過程中是非常關鍵的，那就是讓他明白，家庭是社會的一部分，社會上有很多值得他去珍惜的好朋友。

如果說一個父親能夠與他自己的父母、姐妹融洽相處，就可以為孩子樹立好的合作榜樣。雖然孩子總有一天會有他自己的生活，但可以讓他認知到，人應該融入家庭，而不是和家庭決裂。

有時，當兩個對父母有嚴重依賴心理的人結合在一起時，就會過多地關注於之前的家庭關係，他們心目中的家，依然是父母家。如果說他們依然把父母作為家庭的焦點，那麼，他們就無法獨立，無法真正擁有自己的生活。這與一個人的合作能力息息相關。有很多父母對兒女的生活干涉過多，結果引起了很多不必要的麻煩。比如，妻子會認為公婆不尊重自己，而且會因為這樣的情況而感到生氣。這樣的消極影響在一些情況下甚至會進一步激化：比如，不顧父母反對而結合的兩個人。父母的對錯我們是無法說清楚的，如果說他們不同意兒女的婚事，完全可以在婚前阻止，然而，一旦結婚了，就只能往好的方面努力：儘量讓兒女過得幸福。如果說兩個人的結合並不是門當戶對，女方的條件較差，那麼丈夫應該心懷寬大，而不是悶悶不樂。他可以認為父母的看法不正確，並且盡力讓父母接受妻子。夫妻之間的事自然不必經過父母的批准，但是，如果大家能夠和諧相處，並且雙方老人都能夠給予祝福，豈不是更好？

可以肯定的一點是，大多數人都認為父親應該解決職業上的難題。對於一個男人而言，一定要經過一些歷練，也必須要承擔起養活家人的重任。或許妻子可以提供一些支援，孩子也會分擔一點，但是，在傳統觀念下，男人還是經濟責任的主體。如果想要做得很好，男人就必須勇敢地去為了事業而奮鬥，他必須知己知彼，懂得與人合作，能夠得到他人的認同，同時，父親的做法還會影響到孩子對於工作的看法。因此，一個男人，作為孩子的榜樣，一定要找到能夠貢獻自己力量的職業。無論他是否覺得自己的工作重要，工作本身都必須是有利於社會的。我們不必太過在意他個人的看法，如果他是利己主義者，那事情固然可悲，但只要他做的工作對於人類是有利的，那麼也就沒有什麼大不了的了。

下面，我們來探討一下如何獲得美滿的婚姻和締造幸福的家庭。為人夫者有一個首要原則，那就是對另一半的喜愛。我們很容易就能看出丈夫是否愛自己的妻子。如果他愛妻子，就會愛屋及烏，同時也會竭盡全力地為她的幸福生活而努力。我們可以從情感上來判斷他們是否愛著彼此，也可以判斷出他們的關係是否和睦：他一定是一個好的伴侶，他一定會努力改善生活，讓生活變得更加美好；他一定有逗她開心的能力。當夫妻雙方都認為家庭的幸福大於各自的利益時，才會一起奮鬥，和睦相處。他們會將注意力更多地放在對方身上，而不是自己身上。

丈夫不應該在孩子面前將他對妻子的情感表現得淋漓盡致。他們對孩子的關愛和對彼此的情感不是同一種類型，並不是可以互相替代的。如果夫妻表現得太過甜蜜，孩子可能會覺得自己被忽視了，他們會產生嫉妒的心理，會帶有攻擊性，想要和他們中的一方進行對抗。因此，一對夫妻不應該將關係搞得太不嚴肅。

另外，在性教育方面，除了那些孩子想要知道，並且也應該知道的知識以外，父母不應該灌輸太多。我感覺這個社會上有一種現象：父母原本是想讓孩子瞭解得多一些，卻忽略了孩子對於一些知識根本無法理解，於是他們會產生不恰當的好奇心，態度也會不那麼嚴肅。這樣的話還不如對孩子有所隱瞞或者是乾脆不提起。因此，在教育之前，先要瞭解孩子自己對什麼有興趣，並且回答他們正在思考的問題，而不是站在自己的立場上讓孩子接受我們自以為正確的觀點。我們要博取他們的信任，並引起他們合作的欲望，最終找到解決問題的恰當方法。如果我們遵循這樣的原則，就不會偏離軌道。此外，父母大多不希望孩子從外界瞭解到有害的性故事，其實這是在庸人自擾。只要受到過良好的教育和合作訓練的孩子，是不會被那些有害的資訊影響的。而且，在這件事情上，其實孩子是很敏銳的。一個有明確是非觀念的孩子，是不會輕易被影響的。

在這個社會中，男人會有很多接觸社會的機會，並且，他們瞭解各項制度的優缺點，以及社會的道德標準。女性的活動範圍則沒有男人那麼大。所以，在這方面，父親在家庭中應該擔當顧問的角色。當然，他也不是教師，不可以浮誇，而是應該如朋友一樣提出一些善意的建議。如果他獲得了家庭的肯定，也不用得意洋洋。如果妻子合作能力差，常常提出反對意見，他也不必剛愎自用，或是表現得太過專制，而是應該設法擺脫這樣的困境，畢竟，爭吵是解決不了問題的。

在家庭中，我們不能太重視經濟問題，或者因為錢而產生衝突。女人一般對經濟問題比較敏感，或許是因為她們通常並沒有經濟能力。如果被指責為奢侈浪費，她們會感覺很難過。對於金錢，我們應該在自己能力範圍內以合作的姿態來解決。家庭成員切記不可對父親提出他能力範圍外的經濟方面要求。在最初的時候，我們就應該對財政開支做好規劃，避免利益分配不均勻。父親應該避免這種錯誤想法：他可以只憑自己的經濟能力為兒子的前途提供保障。之前，我看過一本小說，是美國人寫的，書的內容很有趣。書中描寫的是一個白手起家的富人，他不希望自己的後代遭受貧窮的困擾，於是他請求律師幫他來進行規劃。當律師問他希望富裕幾代子孫時，他說他可以讓十代子孫生活富足。律師說：「你確實可以做到，不過，你知道嗎？你的第十代子孫每個人身上都有五百名祖先的血統，並且有五百個以上的家庭也都能說他是他們的後代？這樣的話他們還是不是你的子孫？」可見，無論我們想為後代做什麼，其實都是在為社會做貢獻，這是無法避免的。

假如家中不存在任何權威者，那麼一定會存在真正意義上的合作。針對於子女的教育問題，父母必須一起進行協商，他們不應該出現特別偏愛某個子女的行為。這一點非常重要，絕不是危言聳聽。一些孩子之所以會覺得沒有自信，那是因為他們認為父母更加偏向於其他孩子。雖然，這些感覺可能是一種錯覺，但是，如果父母可以公平對待，孩子就不會有這樣的感覺。假如父母有男尊女卑的思想，女孩就可能會產生自卑心理。小孩子比較敏感，如果他們認為別人被偏愛，就算是好孩子也會做出錯誤的行為。有時，父母會喜歡那些長得可愛而又比較聰明的小孩，但是，父母不應該表現得太過明顯。這樣的行為會讓受寵的孩子成為眾矢之的，並產生負面情緒。其他孩子可能會忌妒他，並且會感到沮喪，這會削弱他們的合作能力。父母不僅僅要口頭否認這樣的偏愛，還應該用行為消除孩子內心的猜疑，讓他們感覺父母是公正的。

接下來，我們來探討一下另一種重要的合作方式，也就是孩子之間的合作。只有讓孩子覺得自己是被平等對待的，他們才會積極投身於社會活動。但只有讓他們認識到男女平等，他們才不會在性別方面產生錯誤的認知。有些人好奇：「從同一個家庭中出來的孩子，為什麼會有很大的差異呢？」一些科學家認為這是因為遺傳導致的不同結果，可是我卻不同意這樣的解釋。我們可以用樹苗的成長來比喻孩子的童年，就算很多樹木被種在一起，他們的環境也是有所不同的。獲得充足陽光和肥沃土壤的幼苗自然會長得快一些，而他的成長也會對其他幼苗產生一些影響：比如，吸走了它們的養分或遮住了陽光。最後，其他的幼苗可能會由於吸收不到養分而發育緩慢。同理，如果家庭中有一個飛揚跋扈的成員，也會產生類似的影響。我們知道，父母雙方都不可以在家庭中太凸顯自我。如果說父親是一個才華出眾的成功者，孩子們會認為自己比不上他，他們會感覺到生活是無趣而沮喪的，所以，通常名門子女都不會有太大的成就。如果父親是行業中的佼佼者，他就不能太高調，否則會影響孩子的發展。

在孩子方面，也應該避免類似情況的發生。如果一個孩子鶴立雞群，父母可能會放過多的精力在他身上。他會覺得意氣風發，非常有自信，但這會引起其他孩子的不滿。要求一個人處於劣勢卻表現出一副坦然的樣子，顯然是不現實的。這優秀的孩子會讓所有的人受傷，這會導致他們在成長過程中心靈缺乏滋潤，為此他們會不停地去追求優越感。然而，這樣的目標或許是錯誤而無用的。

個體心理學在針對孩子出生順序所引起的正面、負面影響方面，是非常有建樹的。簡而言之，我們假設父母是恩愛和睦的，也在子女的教育問題上投入了很大的精力；然而，由於孩子在家中的排行不同，結果也會產生很大的差異，每個孩子的生長環境也會不同。我們要特別指出的是，就算是生長在同一個家庭裏，孩子們的生長環境也是各不相同的。所以，不同的生活方式對於孩子來說，都會造成相應的結果，而這些結果不盡相同。

每一個年長的孩子都曾經有過一段關於獨生子的記憶，然而，當兄弟姐妹誕生時，他就不再

父親往往是孩子成長的榜樣，他們都是以一種高大威武的形象出現在孩子面前。但是有少部分兒童，他們將父親當作自己的敵人，處處與之針鋒相對。會出現這樣的現象，大多是父親的教育方式有問題，而最常見的是對孩童體罰。想要讓自己的孩子健康的成長，要有一套完善的教育機制。

享受唯我獨尊的待遇，轉而適應另一種生活模式。長子通常都已經習慣成為焦點，集萬千寵愛於一身。如果突然有人來分割他們的待遇，他們會感覺手足無措。兄弟姐妹降臨後，就要和他一起分享父母的愛了。我們常常會發現這樣的現象：這樣的情況很容易催生出一些失敗者，比如問題少年、罪犯、酒鬼、精神病人等，這些人通常是在這樣的環境中漸漸感到沮喪，兄弟姐妹的來到讓他們深感困擾，並且不斷地修改著他們的生活方式。

或許，家中的其他孩子也會有類似的感覺，認為自己的地位受到了威脅，但是，卻不會這麼強烈。他們之前已經有過相同的經歷，並且，一直都沒有感受過唯我獨尊的待遇。然而，對於年長的孩子來說，情況卻比較特殊。假如，嬰兒的降臨真的讓他感覺自己受到了冷落，那麼，我們就可以理解他為什麼對此耿耿於懷了，我們不能責怪他。如果父母能繼續給他足夠的疼愛，不讓他感覺自己的地位受到威脅，並讓他對父母的愛滿懷信心，更重要的是，如果他對新生兒的降生已經有了心理準備，並且試圖去照顧他，那麼，他就不會越來越消極，最後滑向墮落的深淵。但一般來說，他是不準備接受新生兒的，因為新生兒真的讓他變得沒有安全感。很多時候，我們可以看到，兩個孩子都想要得到母親更多的愛，因此，母親在他們之間左右搖擺。年長一些的會比較強勢，總是能想出新對策。可以想像，這樣下去會有什麼樣的結果。如果我們也處於這樣的環境中，一定會和他有同樣的感覺，或許也會像他那樣替母親惹麻煩，進行挑釁，並做出讓她無法視而不見的惡行。他就是這樣做的，結果，母親非常頭痛。他是在竭盡全力用各種方式來進行反抗，母親卻為此而疲憊不堪。結果，他再也得不到任何的寵愛。他原本是想得到更多，如今卻失去了母愛。他認為他現在的情況糟糕透了，他不覺得自己做錯了，他認為那都是別人的錯誤。他就像掉進了一個旋渦裏，拚命掙扎，結果卻事與願違。他所認為自己所處地位的觀點，時時都能得到事實支持，這樣的情況下，他怎麼可能放棄自己的觀點呢？

在面對這個案例的時候，我們應該進行具體的研究，如果母親對他進行反擊，孩子或許會更加憤怒、粗暴、挑剔甚至是叛逆。如果他和母親的關係疏離了，父親總是會給予他更多的寵愛，他便將興趣轉向父親，想要獲得更多的父愛。長子通常和父親的關係都比較親密，並且對他更感興趣。假如一個孩子很喜歡父親，我們可以推斷他已經進入了成長的新階段。起初，他是依賴母親的，如今失去了母親的關注，所以將注意力放在了父親身上，他想要用這樣的方式來報復母親，反擊母親。假如孩子很愛父親，那麼，我們就可以去想像在他身上發生過什麼樣糟糕的事情。他會認為自己受到冷落，會耿耿於懷，並且，這樣的感覺會一直貫穿於他的整個人生。

這樣的對抗是可以持續一輩子的。如果孩子懂得了堅持和對抗，就會一直繼續下去。假如沒有下一個能讓他感到有興趣的人出現，他就會感覺非常沮喪，並誤認為再也沒法引起他人的關注。我們會發現他變得脾氣暴躁、畏畏縮縮、無法與人合作，這樣的孩子會漸漸地變得性格孤僻。他的注意力主要集中在那段已經消逝了的、作為大家關注焦點的回憶上。所以，長子一般都會對自己的過去非常感興趣，他十分喜歡與別人談論自己的過去，他們太過懷舊，卻對未來悲觀失望。有時候，這樣的孩子會比其他同齡人更能體會到權力和地位的重要性，因為他們曾經在自己所在的小世界裏面失去了統治權。他們會在成年後追逐權勢，並且時刻強調規則和紀律的重要性。任何事都應該遵循法律的規定，任何人不得擅自更改，權力應該掌握在那些權力者的手上。我們可以想像，童年時這樣的遭遇會讓孩子具有保守主義的傾向。假如這樣的孩子成年後具有了一定的地位，他就會害怕別人超越他，對他造成威脅，並且將他替代。

雖然家庭環境可能會造成長子的成長問題，但只要處理得當，也可以避免這類問題的發生。如果在新生兒降生之前就讓長子學會合作的技巧，他就不會產生抗拒心理。我們也經常發現，一些長子具有喜歡保護以及照顧他人的特質；他們會模仿父母，像父母一樣去照顧和教導年幼的兄弟姐妹，並且將其作為自己應負的責任；有些長子還會表現出優秀的組織才能。這些都是正面的例子。但是，照顧他人的想法，和取得他人的信任並控制他人的欲望，也是可以互相轉換的。透過一些專家在歐洲和美洲的研究，我們看到：問題少年大多是長子，其次是家庭中最小的孩子。如此極端的問題也是由極端的地位所引發的，這真的很有意思。我們還無法透過改善教育方式來避免長子出現成長困難問題。

次子在家中的境遇是完全不同的，這和其他任何孩子都是沒有可比性的。自從他降臨人世開始，就有另一個孩子與他一起分享父母的愛，所以，比起長子，他更容易與人相處。如果長子對他非常友善，他的境遇就是非常好的。在地位方面，他明顯和長子不同：始終有一個「對手」

存在於他整個童年裏。他的生活中有一個不管在年齡方面還是身心發展方面都比自己超前的哥哥（姐姐），他就一定得努力跟上他（她）的步伐。典型的次子是很好辨認的：他總是像在參加一場比賽，始終有人走在他前面，他一定要超越他。他的狀態始終是緊張的，他想要超過哥哥（姐姐）並讓哥哥（姐姐）敬佩他。

我們可以從《聖經》中學到很多心理暗示方面的知識，在雅各的故事中，我們能夠看到次子的一些明顯特徵。他想要獲得第一，希望將以撒（Esau）比下去，並替代他的位置。次子一直都在努力超過他人，總是不甘心落在別人後面。在通常情況下，比起長子，次子都更加優秀和成功。在這一點上，我們無法認為這是遺傳在這件事上起到的作用。如果次子能迅速地成長，那僅僅是因為他嚴格要求自己的緣故。就算是他在成家立業後走出家庭，也會在社會上找到對手，他通常會將自己和這個假想敵進行比較，然後竭盡全力地獲得勝利。

這樣的特徵不僅存在於我們清醒時的生活裏，還存在於人格的各種表現中，如在夢裏。例如，從高處摔下來是長子們經常夢到的情節，他們所站的位置很高，卻無法確保自己的地位是穩固的。此外，奔跑或比賽的場景也是次子所經常夢到的——有時他們在追趕火車，有時在騎著單車與人賽跑。通常，我們可以透過瞭解一個人在夢中是否如此匆忙和緊張來判斷他是否是次子。

可是，我們要強調的是，這些並不是刻板的規則，具有長子特質的人不一定就是長子。我們所應該瞭解的是他所處的整個環境，而不是出生的先後。有時候，對於一個大家庭而言，就算孩子出生較晚，也是有可能做「長子」的。比如，陸續有兩個孩子誕生，很久之後迎來了第三個孩子，然後又陸續生了兩個孩子。如果這樣，老三就可能具備長子的特質。次子也是同樣的道理：第四個和第五個孩子就很可能具有次子的特徵。兩個同時長大的孩子，他們年齡相差不大，與其他孩子相差較大，因此，他們可能會分別具有長子和次子的行為特點。

有時，長子在這樣的比賽中被超越了，那麼，他很可能會出現問題。假如他可以成功地維護自己的權威，並控制比他小的弟弟妹妹，那麼，次子就有可能會產生麻煩。如果說次子是個女孩而長子是男孩，那長子的處境就很糟糕。他接受不了被女孩超越，他會認為那是一種莫大的恥辱。比起兩個男孩或者兩個女孩間的緊張態勢，一個男孩和一個女孩之間的關係會更加危險。如果產生爭執，女孩會占有優勢。當女孩十六歲的時候，在身體和心靈上的發育都會比男孩快，結果，哥哥最終選擇了後退，變得灰心喪氣。他會想盡一切辦法來打擊對方，如說謊或說大話。在這種情況下，幾乎都是女孩子占據上風。在這個過程中，面對男孩的各種錯誤手法，女孩幾乎不費吹灰之力就贏得了勝利，並且一切順風順水地進行。其實，如果事先知道這樣的危害，就可以採取措施避免這樣的情況發生。在家庭中，每一個人都是平等的，他們理應建立團結一致的合作關係。家庭中不應該存在爭鬥，也不應該讓孩子將時間都花費在和兄弟姐妹的爭鬥之中，只有這樣，才能避免不良後果的產生。

在家庭中，最小的孩子是最特殊的，因為他們下面沒有年幼的弟弟或妹妹，而其他的孩子卻有。雖然他們沒有弟妹，卻不代表他們不必面對競爭。他們可能由於自己年幼而受到特殊的寵愛，他們所面對的困難是被寵壞的孩子所特有的。然而，由於身邊存在很多競爭，很多刺激，他們作為最小的孩子，所採取的解決方式也常常非比尋常——他們會用盡全力趕在其他孩子的前面。從古至今，最小的孩子所受到的特殊待遇一直沒有被改變。在很久以前就已經有一些記錄記載最小的孩子是如何和哥哥姐姐競爭的。《聖經》裏所記載的勝利者，幾乎都是家中的老么。約瑟（Joseph）一直被父母當作最小的孩子來養。在他十七歲的時候，本雅明（Benjamin）降臨人間，然而，他卻沒有受到本雅明的任何影響。約瑟一直生活在最小孩子的氛圍中，他一直有一種優越感，即使是在夢中，他也從不向別人低頭，他總是散發著光彩。對於他的夢，兄弟們也有所瞭解。這並不是一件非常難的事情，因為他們幾乎形影不離，自然也都對彼此瞭解得很透徹，他們甚至能夠體會到約瑟在夢中的感受。他們都害怕他，也都在躲避他。可是，約瑟最終變成了最優秀的人。他漸漸成為家中的中流砥柱，撐起了整個家。這並不是偶然現象，有很多家庭的棟樑都是最小的孩子。人們都明白這件事，並杜撰了很多關於最小孩子的故事。其實，最小的孩子所處的環境非常優越：有父母和兄弟姐妹的扶持，周圍的刺激會激發他奮鬥的野心，同時，又沒有更加年幼的兄弟在後面虎視眈眈讓他分神。

然而，我們知道，最小的孩子也是占第二大比例的問題少年。其實，造成這兩種不同情況的原因在於家庭對他們的態度。一個被寵壞的孩子是不能自立的，他沒有勇氣憑藉自己的力量去獲得自己想要的成功。最小的孩子雖然胸懷大志，但是，這樣的孩子通常也會有懶散的毛病。如果一個人有野心，同時卻失去了信心，那他就很容易走向懶惰。當一個人野心太大，同時又感覺目標太過渺茫，自然會變得沮喪。有時，最小的孩子會對自己的野心矢口否認，然而，他在任何方面都想比人強，他不想受到別人的控制。從最小孩子的自卑情結來看，這是不難理解的。他周圍的人在年紀、體格、經驗方面都比他強，他當然會覺得沒自信。

獨生子在成長過程中也會有特殊困難。他同樣有競爭對手，只不過他的競爭對手不是兄弟姐妹。對於他而言，所謂的競爭者就是他的父親。母親對獨生子是溺愛的，她害怕他離開自己，希望一直保護著他。這樣做的後果就是造成「戀母情結」，他會對母親非常依賴，並希望將父親排除在家庭的範圍以外。如果父母能一起努力，讓孩子同時依賴他們兩個人，也可以避免以上問題。然而，比起母親，父親在對孩子的關懷上總是顯得弱一些。長子和獨生子之間有一些相似之處，他們都想要超越父親，此外他們對年長的人非常感興趣。獨生子不喜歡妹妹或弟弟的降臨。當家裏的人說「或許你可以有一個小弟弟或妹妹」的時候，他卻顯得非常抵觸。他希望自己永遠是大家注視的焦點，他認為這種待遇只屬於他。如果有人威脅到他的地位，他會覺得委屈。如果有一天，周圍的人不再對他投入過多的關注，在他身上就會出現問題。此外，有一個因素對他的成長是非常不利的，那就是周圍人對他小心翼翼的照顧。假如父母由於身體的原因，不會再有新生兒誕生，那我們就應該竭盡全力地去幫他解決獨生子女會遇到的各種困難。然而，在生育眾多孩子的家庭中，我們也可以找到獨生子。這種父母過於膽小和悲觀，他們認為自己的能力不足以給予他們良好的經濟環境時，就會感到慌亂，而孩子就會被影響。如果說孩子的年齡差距太大，那麼每個孩子幾乎都會有一些獨生子的特質。這種狀況很糟糕。有人問過我：「你覺得在家庭中，孩子們之間最適合的年齡差距是多少？是應該讓他們陸續出生還是要相隔一些時間呢？」我的想法是，最合適的間隔應該是三年左右。如果孩子在三歲的時候有了弟弟或妹妹，那時他已經可以進行合作了。他已經可以對家庭中會有很多小孩這樣的觀念進行正確的理解，如果他當時只有一兩歲，我們就無法讓他明白這樣的道理，當然也就無法讓他提前做好心理準備。

如果一個男孩是生長在一群女孩當中，他的童年也會顯得苦澀。他所處的環境中全都是異性，父親常常不在家，他所接觸的除了母親、姐妹就是女傭人。他會覺得自己鶴立雞群，並變得孤僻。如果女孩們聯合在一起孤立他時，這樣的感覺就會越發強烈。女孩們會想要聯合起來讓他感覺到自己沒什麼可自豪的，所以，他會感覺到孤立無援，並充滿敵意。倘若他排在中間，情況會更糟，他會腹背受敵。假如他是長子，他會感覺身後有一個充滿敵意的女性競爭對手緊緊追趕著他。假如他是家中的老么，他會感覺自己就像是一個玩具。如果一個男孩長在女孩中間，他會變得不討人喜歡。如果想要解決這個問題，就要鼓勵他多參加社交活動，多和別人交流，否則，他會因為長期處於女孩當中而變得具有女性特質。純粹的女性環境和男女混合在一起的生活環境有很大差別。如果有一間房子，並沒有誰來規定住戶的性別問題，住戶可以根據自己的喜好來進行安排。我們可以推測，如果住戶是女性，房屋一定是簡潔衛生、井井有條的，並且在色彩方面也會展現出一定的設計和創意。相反的，如果住戶是男性的話，屋子就不會那麼整齊了，或許是亂糟糟、鬧哄哄的，傢俱會破舊不堪。而如果一個男性生活在女性圈裏，就會被影響，品味和風格方面也會和女性有所相似。另外，他可能會對這樣的環境進行強烈的反抗，並且注意保持自己的男子氣概。如果這樣，他就會帶著防禦的心態，以免被女性所控制。他覺得自己一定要表現得非常優秀，因此，他會經常感到焦慮。他的性格會很極端，要麼懦弱不堪，要麼就非常強悍。這種情況非常值得研究推敲，這不是一種普遍的現象，我們一定要在研究各種案例之後才去做一些探討。同樣的，如果一個女孩在男孩中間長大，會變得非常女性化或男性化，她會缺乏安全感，感覺特別孤單寂寞。

當我們對成人展開研究探討的時候，就會發現，在兒童時代留下的記憶是根深蒂固的。他們在家庭中所處的位置，會反映在他們的生活方式中。成長中所遇到的問題大多是因為家庭中存在敵意或者合作不順暢而引發的。如果我們仔細研究我們的生活，並討論是什麼導致生活中充滿了敵對和競爭，我們就會發現，其實不單單是我們的社會生活，我們所處的世界都是這個樣子，因此，我們明白了：所有人都想要勝利，想要駕馭別人。這樣的心態是在童年時代形成的，並且是那些自認為在家庭中受到了不公正待遇想法的結果。因此，教育兒童如何更好地與人合作，是解決這個問題的最好方式。

第七章

學校的影響

對於家庭而言，學校是一種延伸。假如父母可以良好地教育子女，並讓他們獲得解決問題的種種技巧，那麼，學校自然就不必存在了。在很早以前，很多孩子都是在家中接受教育的，比如工匠會將祖輩留下的知識以及自己在工作中積累的知識都教給自己的孩子。

ALFRED ADLER

對於家庭而言，學校是一種延伸。假如父母可以良好地教育子女，並讓他們獲得解決問題的種種技巧，那麼，學校自然就不必存在了。在很早以前，很多孩子都是在家中接受教育的，比如工匠會將祖輩留下的知識以及自己在工作中積累的知識都教給自己的孩子。可是，現在的社會環境對於我們的要求不斷提高，所以，讓學校來幫父母分擔責任就成為一個趨勢，因為如今的社會要求兒童接受更多的教育。

與歐洲學校不同的是，美國學校並沒有將學校劃分為不同的階段，然而，我們還是可以在教育中看到傳統權威的痕跡。很久以前，歐洲的學校只接納王子和貴族的子弟，因為他們這樣的群體對社會是有價值的，其他的人註定要默默無聞。之後，在教育由宗教機構接管之後，教育範圍變得更小，只有那些經過特別挑選的人才能接受宗教、科學、藝術及專業的教育。

在工業技術得到飛速提升之後，教育的形式開始轉變，教育從限制發展為普及。皮匠、裁縫等人群開始在鄉下的小城鎮中擔任教師的職位。他們手中拿著教鞭，對孩子進行教育，而教育的效果是非常差的。在以前，藝術教育只會出現在宗教學校或者大學，甚至連皇帝都接觸不到。現在卻進行了普及，甚至連工人都有聽說讀寫良好的能力，懂得加減運算。這些都為公立學校教育的開展奠定了堅實的基礎。

然而，公立學校都是在政府政策指導下成立的，政府旨在培養溫順的民眾，讓民眾懂得站在上層社會利益的角度思考問題，並可以隨時當兵作戰。學校的課程設置也是以此為準則的。我記得奧地利在前一段時間依然採用這樣的教育方式。當然，教育的目的是讓民眾學會順從，並逼迫他們從事與其地位相吻合的工作。這種模式的弊端在現實中日益暴露，民眾的思想越來越活躍，工人階級獲得成長，要求也就日益增加。之後，他們的需求被公立學校採納，就形成了現在的教育理念：我們應該引導孩子為自己考慮，必須為他們提供各種機會，讓他們接觸文學、科學、藝術。他們應該分享到人類的文明，並對社會有所貢獻。鍛鍊孩子賺錢的能力或在工業制度中站穩腳跟不再是我們的唯一目標。我們更加注重同胞情誼，更加注重平等而和睦的夥伴關係。

無論是否帶有目的性，所有建議學校進行教育改制的人，目標都是想要找到更多可以增加民眾間合作的方式。比如，性格教育（character education）就是其中的一部分。然而，我們對性格教育的理解還只是停留在表面，我們一定要找到一批能以人類利益為出發點、不僅僅為錢而工作的教師。我們要讓他們受到優質的教育並感受到這樣的工作是很重要的，由於只是處於試驗階段，所以我們不能太過刻板，我們不能制定死板而僵硬的制度要求。可是，就算是在學校中，教育效果也是差強人意的。有些兒童在來之前已經是家庭生活中的問題兒童，就算我們給予教育，卻依舊無法根除他們錯誤的觀念。所以，我們只能針對教師提供更多的訓練，以便他們更好地引導兒童的發展。

很多時候，我都在為此而努力。我知道，在這方面走在前沿的是維也納的一些學校。在別的地方，雖然也有過精神病學家對孩子進行全面檢查並提供建議，然而，倘若老師並不知道這些建議的目標，又不知道怎樣執行，那又能達到什麼作用呢？雖然精神病學家在一週內會見孩子一到兩次，但就算是一天一次，也無法深入地瞭解孩子所受到來自家庭和學校的影響。他只能是留張字條，建議為孩子加強營養，或者在甲狀腺方面進行專業治療，或許，他會提醒老師應該對這個孩子進行單獨輔導；然而，老師並不知道為什麼要這樣做，也不能保證自己的經驗都是正確的，除非老師對孩子的性格非常熟悉，否則就會手足無措。因此，必須在精神病學家和教師之間建立緊密的聯絡，精神病學家所研究的一切事情都需要告訴教師，只有這樣，老師才能在進行討論後開展有效的工作。假如發生了特殊狀況，他也會知道該怎麼解決，就像精神病學家在場時的舉措一樣。我在本章末將詳細為大家闡述一種最有效的方式，也就是維也納設立的那種顧問會議（Advisory Council）。

在孩子剛剛入學的時候，迎接他的是對社會生活的一種全新體驗。在這個過程中，他的錯誤將一覽無餘。如今，他需要在社會這個場合裏與他人接觸。假如他是一個被寵壞的孩子，他會因為脫離照顧而不習慣，他會無法與其他人進行交往，因此，當一個被寵壞的孩子第一天進入學校的時候，就能夠反映出社會化的缺失。他可能會哭鬧，想要回家，對於學校的生活及老師，他都不感興趣，他是以自我為中心的，所以根本聽不進老師的意見。我們可以推斷：如果他繼續保持這樣的作風，在學校裏就會落於人後。經常有家長向我們傾訴：有一個問題兒童在家中非常乖巧，但一到學校就會到處惹麻煩。我們可以猜測，父母一定為他提供了一種舒適安逸的生活環境。在家中，他不必發現自己的錯誤，不必做任何的測試。可是，學校裏沒有人寵溺他，他因此而受到嚴重的打擊。

有一個兒童，自從進入學校開始，就不想做任何事，只是在不停地嘲笑老師說的每一句話。學校對於他來說，似乎沒有一點吸引力，周圍的人都認為他很低能。我見到他之後，問道：「你為什麼總是嘲笑老師呢？大家對這一點都很奇怪。」他說：「學校簡直太可笑了，父母把我送進來，我會變成傻子的。」原來他常常受到家人的譏諷，他認為每個新環境都是嘲弄他的詭計的一部分。我對他說他太重視自己的尊嚴了，其實別人並沒有這樣的想法。然後，他漸漸開始對學校感興趣，並且獲得了進步。

教師的工作就是幫助學生克服困難，並糾正父母的錯誤做法。他們會發現：有的孩子在家中已經被鍛鍊得容易對別人產生興趣，並且已經有了接受社會生活的心理準備。如果一個人對一件事沒有心理準備，就會心慌猶豫，或者畏首畏尾。有一些孩子之所以落於人後，並非是因為他們低能，而是因為他們在適應社會的過程中猶猶豫豫。如果想為他們提供幫助，教師是最佳的人選。

然而，教師要如何為他們提供幫助呢？教師的職責與母親是一樣的，比如培養對學生的興趣並與他們建立關聯。如果一個孩子入學後無法和老師、同學和睦相處，往往會受到老師的批評和責難，他會因此更加討厭學校。需要承認的一點是，如果我是一個學生，在學校裏經常受到他人的譏笑，我也會對學校失去興趣。我會試圖逃避學校的環境，並向另一個領域發展。一般來說，那些淘氣不好管的壞學生，大多是把學校看作令人討厭的地方，並且總是想逃開。他們智力上並沒有問題，在很多時候他們是很有才華的，比如說，編造翹課的理由或是模仿家長的筆跡進行簽名等。他們會將目標轉向校外同樣喜歡翹課的孩子。這樣的群體會給予他們莫大的讚賞，他們會非常感興趣，並且因此認為自己存在很大的價值。讓他們開心的圈子其實是問題少年群體，而不是學校。在這樣的環境中，孩子會越來越脫離正常環境，甚至踏上犯罪的不歸路。

在吸引兒童注意之前，老師必須要瞭解他之前對哪些事物感興趣，並且試圖讓他相信：經過努力，在這些事物上，他可以獲得成就感。當孩子在某方面有信心時，用其他的東西刺激他就變得很容易了。所以，我們一定要在最初先瞭解孩子對世界的態度，最喜歡什麼東西，哪個感官最敏銳等。有些孩子喜歡傾聽，有些喜歡運動，有些喜歡觀察人和物。他們可能不會注意聽老師的講解，因為他們不喜歡集中注意力傾聽別人的話語，假如這樣的孩子不能透過眼睛來學習更多的東西，他們就會落後。或許有人會認為他們智力低下，或者乾脆歸咎於遺傳的因素。其實在這一點上，老師和家長是無法逃脫干係的，他們並沒有找到一種合適的方法來充分帶動孩子的興趣。我並不贊成對孩子進行特殊性的教育，我的意思是說我們應該發掘他的興趣，並激勵他在這個方向上做出努力。如今，影像教學的方式被很多學校採納，他們用學生能夠接受的方式來編輯教材。比如，可以將課程用繪畫、塑像的方式呈現在學生的眼前，這種方式是值得推行的。最好的教育方式是將課程與生活中的其他部分結合在一起，這樣可以讓孩子明確學習的目的及所學知識的意義。或許有人會提出疑問：將知識傳輸給孩子以及讓他們學會思考的方式，哪一個方法更合適呢？我的想法是，我們不能將這兩種方法簡單地對立起來，兩者是可以一起運用的。比如說將數學和怎樣建造房屋相聯在一起，讓他們去計算需要木材的數量，以及它可以供多少人居住等，這些都會對他們有很大的幫助。有時，我們將不同課程放在一起教授會產生良好的效果。有時需要請專家幫我們將課程和生活相聯起來。比如說，老師可以帶學生去郊外散步，讓他們發掘自己對什麼最感興趣。同時，可以教他們認識生活的每個方面，比如，動植物的進化、構造、運用，濕度對植物的影響，人類歷史發展過程。當然，我們首先要保證教師對學生是有興趣的，假如不滿足這個條件，就不要期待他可以用我們所期望的方式來教育孩子。

我們發現一個現象：在現行教育體制下，孩子在入學前已經在競爭方面做了很多準備，而合作方面卻非常匱乏。在入學後的生活中，我們也在不斷地鍛鍊他們的競爭能力，對於孩子來說，這是件不幸的事。假如他可以擊敗別的孩子名列前茅，他的不幸未必會比落於人後的孩子少。無論是哪一種情況，他都會只將焦點停留在自己身上。他將只關注怎樣獲得對自己有利的東西，而不會想到奉獻和施捨。這就好比在一個家庭中，每個成員都是平等的個體，應該凝聚起來，處於一個班的同學也是一樣的。只有採用這樣的方式，才會讓孩子們產生好奇，並覺得合作是快樂的。我見過很多問題兒童，他們都會在與人合作後改變自己的態度。

有這樣一個兒童，他出生後，覺得家庭中的每個人都是與他對立的，因此，他認為，在學校裏也會有很多人和他作對。他在學校的成績很差，父母知道後對他進行了懲罰。這其實是很普遍的：孩子的成績不好，老師會進行指責，回到家父母得知這個消息後，也會對其進行懲罰。這樣的事情如果連續發生兩次，就會讓人覺得很沮喪。正因為這樣，這個孩子還會一直處於後段生的行列，並且經常在班上搗亂。後來，他遇到一位老師，該老師比較瞭解情況，他向這個孩子解釋為什麼會有人人都與他為敵的感覺。老師帶動大家為他提供幫助，並讓他認為自己是有朋友的，後來，這個孩子發生了翻天覆地的變化。

有時，有些人會對我們這樣的教育方式提出質疑，怕它在教導孩子的過程中不能使孩子真正學會瞭解別人並與人合作，然而，事實上，孩子比大人更加善解人意。有一次，一個母親來見我，帶著她兩歲的女兒和三歲的兒子。趁母親不備，小女孩爬到一張桌子上。母親被嚇壞了，她卻不敢動彈怕嚇到孩子，只是驚呼：「快點下來！」小女孩並不理會，而她的兒子說：「別動。」女孩子馬上就下來了。比起母親，男孩對女孩的瞭解更多，所以也能夠更好地處理此事。

有這樣一種觀點：如果想讓班裏的同學進行合作，最好能讓他們學會自我管理。然而，我們必須得到老師的指導，才能嘗試這樣的做法，而且，在進行之前，一定要確定他們有這樣的能力，否則，孩子們不會用嚴肅的態度來對待這件事，在他們眼中，這僅僅是一種遊戲而已。結果，他們或許比老師更苛刻。他們或許會利用這樣的機會來排擠對手，或者樹立自己的權威，所以，在最開始，教師就應該給予學生明確的提醒和勸告。

我們常常用各種各樣的測試來瞭解並研究一個孩子在心理、性格和行為上的發展。其實，諸如智力測驗之類的東西，可以作為救助孩子的有效方式。比如，老師希望一個成績很差的學生留級，結果，經過智力測驗後居然發現他有很大的提升空間。然而，我們也要認清一點，我們無法對一個孩子的未來發展進行準確的預測，智力測試只能用來瞭解孩子，並找出幫助他提升的方式。如果我們發現一個孩子的智商並不低，一旦找出合適的方法，就可以讓他產生我們期望的變化。透過測試，我們發現，如果讓孩子們熟悉並發掘出智力測驗中的有趣之處，並讓他們獲得更多的考試經驗，就可以大大地提高他們的智商。所以說，在兒童未來的發展中，智商並不能被當作命運或遺傳決定的限制因素。

無論是兒童自己還是他的父母，都不應該知道他的智商。由於他們不知道智力測試的真正目的，往往會誤認為這就是對孩子最後的裁決。其實，對教育造成很大阻礙的，並不是孩子本身所具有的各種限制，而是他認為自己具有哪些限制。如果讓一個兒童知道自己的智力較低，他就會喪失信心，我們就無法提供鼓勵並幫他扭轉自己的想法，或者消除他所認為自己具有的各種限制。

如果一個男孩從出生開始，陪伴他成長的就是一群女性，那麼他的言行舉止都會受到嚴重影響，趨於女性化。他會覺得孤立無援，逐漸封閉自己。這樣對於他的成長道路來說將會是一次沈重的打擊，足以影響他的一生。解決這種現象的唯一方式是給予足夠的關懷，並多和同性孩子互動，避免他單獨與一群女性生活、玩耍的機會。

其實，對於學生的成績排名，也應該採取同樣的方法。老師常常會認為如果他將很糟糕的成績單發給一個學生，就可以激勵他奮發圖強。但是，如果家長對孩子的期望很高，孩子可能就不敢將成績單帶回去了。他要麼會偷偷改掉成績單，要麼就是不敢回家，某些心靈脆弱的孩子甚至會想到自殺，所以，作為教師，我們應該將這些因素考慮進去。雖然，對於孩子的家庭生活，老師是不必負責的，但是，這並不能成為他不考慮這些因素的原因。假如父母對孩子的要求很高，孩子帶著這樣的成績單回去肯定會受到指責。如果老師的要求寬鬆一些，兒童就可能會找到信心並且繼續奮鬥。如果一個孩子的成績總是停留在後段生的行列裏，周圍的同學會認為他非常差勁，而他自己也會對自己失去信心，認為自己非常沒用。可是，就算是後段生，也會在學習上有所進步。事實證明，如果方法得當，我們完全可以讓成績不理想的孩子找到信心並獲得巨大的成功。

有這樣一個現象，非常有趣：就算孩子們沒有看到彼此的成績，他們互相之間的瞭解也是非常精確的。他們知道在班級中，各門學科的佼佼者分別是誰，他們也能夠為自己準確地定位。他們所犯的最大的錯誤是認為自己沒有任何進步的空間。他們眼看著別人不斷進步，自己卻望塵莫及。如果說一個孩子的性格非常倔強，他會將這樣的想法帶到以後的生活中，就算是長大成人了，他也會時常比較自己與成功者之間的差距，覺得自己必須保持這樣的狀態——他們習慣於排在首位，排在中間或者是排在別人的後面。這說明他們為自己設定了下限、樂觀的最大程度，以及可以活動的區域範圍。我們都知道，上班時業績不佳的人也是可以透過努力改變自己的位置並取得巨大的成就的。我們理應讓孩子們瞭解到自我設限的行為是錯誤的，作為老師和學生，也應該避免迷信「兒童獲得進步是因為他的天生稟賦」之類的觀點。

我們在教育孩子過程中會犯各種錯誤，最糟糕的一種就是認為遺傳因素可以限制孩子的發展，這只是老師和家長對孩子管教失敗的藉口罷了。由於這個藉口，他們不必為自己對孩子的任何影響而擔負責任。我們應該抵制這樣一條不負責任的做法。一個教育者，如果將遺傳作為限制兒童性格和智力發展的原因，那麼，我們真的無法期待他能夠在崗位上做出多高的成就。假如他發現他的心態和行為能夠對孩子造成影響，他就不會再用這樣的藉口來推卸責任。

我們在這裏所談的遺傳不是身體上的，與器官缺陷無關。對遺傳為心理帶來影響的研究，是個體心理學中才會涉及的。孩子能夠瞭解自身器官的功能，並且按照自己的感覺來判斷有哪些因素可以限制自身的發展；所以，如果一個孩子受到器官殘缺的困擾，我們就要讓他認知到這並不說明他在智力或性格方面同樣會受到限制。我們已經瞭解到，同樣是殘缺，有些人會將它看作激勵自己奮鬥的因素，而有些人卻將它視為一種自身發展的限制性因素。

在我剛開始得出這個結論的時候，有很多人都反對我，說我的主張並不科學，只是個人的片面看法。可是，我是從自己的經驗中得出這樣的結論的，並且，越來越多的事實證明這個結論是正確的。如今，有一些精神病學家和心理學家也不約而同地提出這樣的觀點，他們覺得遺傳對性格的影響只是一種延續了幾千年的迷信。這樣的理論是來自人類想要推卸責任、為自己的行為辯解的想法，在這樣的情況下，他們會信奉宿命論。最簡單的表現形式就是「人之初，性本善」論及「性惡論」。這顯然是一種無法站住腳的觀點，堅持這個觀點的大多是那些想要逃避責任的人。就像其他的性格特點一樣，脫離社會環境的「善和惡」是沒有任何意義的。這些都是人類在社會中與人相交往的結果，這其實是一種判斷事物的標準，無非是妨礙還是顧全他人的利益。孩子在降臨於世之前，並不能接觸到社會環境，而在出生後，他的潛能就有可能讓他朝任何方向發展。他所處的環境或者是自身感受到的各種感覺，以及對於這些感覺的解釋，是他做出決定的主要依據。另外，教育的作用也是不可小看的。

人類遺傳的其他心理功能雖然不明顯，卻也是同樣的道理。興趣在心理功能發展過程中占據了重要的位置，我們知道，是沮喪和恐懼阻止了興趣的發展，而不應歸咎於遺傳。大腦的構造自然是來自於遺傳，然而，大腦對心靈而言，也只不過是一種工具，絕對不是根源，況且，就算大腦受了傷，只要沒有傷到我們無法救治的程度，就可以對其進行訓練，來彌補缺陷。每一種非凡的能力都是透過堅持不懈的努力和發自內心的興趣得到的，而不是來自於遺傳。

就算我們身邊有這樣一個家族，好幾代人都表現出超常的稟賦，我們也不能將這樣的現象歸結為遺傳。我們寧願相信是因為有一個獲得成就的成員刺激了其他人，使他們懂得努力，而家族的氣氛也培養了成員的這種優秀品質。所以，當我們發現著名化學家李比希（Leibig）的父親是一位藥房老闆時，也不能判斷出他的成功是因為得到了這方面的遺傳。我們可以發現，他的家庭環境正好為他提供了發展興趣的土壤，當他已經對化學非常瞭解的時候，其他孩子還沒有接觸到這門學科，這才是最重要的。同樣，莫札特之所以在音樂方面有所成就，也並不是因為他有一個對音樂有興趣的父親，他的父親只是希望他可以熱愛音樂，並且不斷地提供鼓勵和支持。從他幼年起，音樂便彌漫在他的整個生活環境裏。

我們常常發現這些成功的人往往有一個「較早的開始」，他們或者是從四歲開始學習鋼琴，或者是在很小的時候就喜歡將周圍發生的事寫成文章。他們一直對某種事物飽含熱情，並且受到專業、廣泛的訓練。他們不會畏首畏尾，只會勇往直前。

如果連教師也相信在孩子發展過程中受到了某些切實存在的限制，那麼，我們就無法期待他能夠為兒童解除某些自我限制。如果他對學生說：「你在數學方面沒有天分。」他就會感到一身輕鬆，然而，這樣做的壞處是讓孩子感覺沮喪。我經歷過類似的情況，在我上學的時候，在幾年內數學成績都是班上的倒數幾名，我也認定了自己是沒有數學天分的。然而，幸運的是，有一天，我竟然意外地做出了一道連老師都無法解答的題目，這次經歷改變了我的想法。之前，我對數學這門課一點興趣都沒有，在那之後，我卻產生了濃厚的興趣，並且透過各種各樣的方式來進行自我訓練。最後，我的數學成績名列前茅。可見，這樣的事情足可以幫我看清特殊才能及天生稟賦的理論存在很大的錯誤。

就算是在一個人數眾多的班級中，只要我們努力發掘，仍然可以發現每個孩子都有各自的特點。比起對他們一無所知，加深對他們的瞭解更能夠幫助我們掌握他們。然而，大班教育對於管理來說是不科學的，在這樣的環境中我們更容易忽略孩子所出現的問題，更不用說對他們進行適當的培養了。老師對孩子興趣和合作技能的培養應該建立在對孩子瞭解的基礎之上。如果孩子們在幾年之中都只跟隨一個老師，這對於孩子來說十分有利。一些學校會每半年更換一下老師，這就剝奪了老師與學生深入瞭解的機會，老師自然也就無法發現並解決孩子身上出現的問題。假如一位老師與學生朝夕相處了好幾年，他會更容易發現孩子身上的不足之處，並且更容易找到合適的補救方法，這樣有利於將班級建設成一個團結互助的團隊。

對於孩子來說，跳班或者升級是弊大於利的。我們在他們身上寄予了厚重的希望，他們會覺得有壓力。如果一個孩子比起其他同學，在年紀和發育方面都比較快，或許我們可以考慮讓他升級。然而，如果這是一個非常團結互助的團體，一小部分學生的成長對於其他孩子來說也是一種好事。如果班上有一些人很出眾，其他孩子也會獲得迅速的提升，我們不應該扼殺了這種互相學習、整體提升的徵兆。我們可以讓優秀的學生多參加其他的活動，並且為他發展興趣提供更多的機會，如美術等。如果他在這些方面獲得好成績，其他孩子也會對此產生興趣，並且更加努力。

如果一個孩子被迫留級，那就非常糟糕了。一般情況下，這樣的留級生在家庭或是學校都存在很大的麻煩。或許有少數的留級生不會出現什麼狀況，但畢竟是少數。大多數的留級生會繼續墮落，並且時常製造各種問題。他給同學的印象會變得很糟糕，他們對自己的未來也是不看好的。我們不能隨意地將留級制度廢除，這畢竟是教育體制中的一個難題。有些老師會趁著假期為後段生補習，提醒他們改掉自己在生活中所犯的錯誤，並且讓他們避免留級的命運。當他們看清自己的錯誤之後，就可以在第二個學期步入正軌了。其實，這是目前唯一一個可以有效幫助後段生的方式，我們放心讓他自己努力奮鬥的前提，是他已經看到了自己的錯誤並且客觀地認知了自己的能力。

之前，在研究根據學生的成績而將他們分到不同班級的教育制度時，我就看到了一個特殊的事實。我主要是從歐洲得到的相關經驗，卻不知道這樣的經驗是否適用於美國。我們發現在所謂的後段班裏幾乎都是出身貧寒和心智低下的孩子，而在所謂的好班裏，兒童的家境一般都是比較富裕的。這種現象並不是合情合理的。因為那些貧寒的家庭並沒有為孩子的教育提前做好相應的準備，他們大多面臨著很多的現實困難。這些父母花費在兒童身上的時間是有限的，甚至他們本身並不具備教育孩子的能力。我個人認為將一個並沒有為上學做好充分準備的人分入後段班是欠妥的。如果一個教師經驗豐富，他會知道怎樣對這樣準備不夠的情況進行矯正，比如讓他們在優秀兒童的圈子裏成長，他們就必定會受益匪淺。相反的，如果將他們分入後段班，他們會很快意識到自己的不足。同時，他們還會受到來自優秀班級的同學的諷刺和蔑視。因此，後段班的氣氛會讓孩子們變得沮喪，並且不敢再勇敢地追求自身價值。

從理論上講，我們應該支持男女同校。這樣可以讓男生和女生互相瞭解得更加清楚，可以促進異性之間的合作。然而，那些期望透過男女同校來解決所有問題的人，在思想上也是不正確的。我們應該認清：男女同校也會產生一系列的特殊問題，如果不將其瞭解清楚並做出適當的處理，就很可能因為男女同校而產生一些兩性問題。比如，女孩子通常在十六歲之前都會比男孩子發育快。如果男孩子不瞭解這一點，就有可能會傷到自尊。他們會認為女孩超過了他們，會覺得慚愧。他們很可能將這樣的挫敗感帶到之後的生活中，再也不敢與異性競爭。贊同男女合校制度的教師如果能夠瞭解這種情況，就可以利用這種制度做很多事情，否則，迎接他的將註定是失敗。此外，如果不能為孩子提供良好的教育，不能監督恰當，他們就會在性方面出現問題。學校裏的性教育並不是簡單的事情，教室也並不適合進行這類教育，如果在教室裏對孩子進行此類教育，教師無法保證每個學生都可以正確地瞭解他們的觀點。或許這樣的行為可以讓學生感到好奇，卻不能確定孩子們是不是可以接受，更不必說怎樣將它融入自己的生活方式中了。當然，如果孩子確實感興趣，並且在私底下向他們請教，教師就可以做真實的回答。如果這樣，他就可以得知孩子感興趣的是什麼，並且幫他提供正確的解決之道。然而，在班級中進行討論是沒有好處的，這樣的行為一般會讓孩子產生誤會，把性看成一件很隨意的事，這樣做是百害而無一利的。

任何在兒童教育方面受過專門培訓的人，都可以輕易地區分出孩子們所帶有的各種生活方式。我們可以透過觀察孩子的體態、他觀看和聆聽時的表現，以及他是喜歡與人交往還是顯得孤僻，來判斷一個孩子的合作程度。如果他把書本丟掉了，或者忘記做作業，我們就可以推斷出他不喜歡學習，我們必須要找尋出是什麼原因導致他對學習喪失興趣。如果當其他孩子玩耍時他無法融入進去，我們就可以推斷出他內心是孤獨的，沒自信的。如果他總是期望得到幫助，我們就能夠判斷出他獨立性較差，希望獲得他人的支持。

有些孩子學習的前提是受到了褒獎或者讚揚。很多被寵壞的孩子就只有在老師提供特別的關心時才會在學習上獲得優異的成績，一旦老師不再提供此類關心，問題就產生了。除非有人做他們的熱心觀眾，否則他們會停滯不前，他們的興趣會因為無人注視而戛然停止。在這些孩子眼裏，他們面臨的最大困難就是數學。如果讓他們背誦數學公式，他們會表現得非常優異，但如果讓他們獨立解決題目，他們就會束手無策。這個毛病好像不是很嚴重，然而，這些整日都期望別人對他們產生興趣或者支持的孩子，很可能對我們的生活造成很大的威脅。

假如他們在成年後還一直保持著這樣的態度，他們會依賴別人的幫助和支持，他們在遇到問題時的第一反應將是強迫別人替他們解決相應的問題，而最終，他們會在社會中毫無建樹，並且一心想要讓別人替他們分擔。

而另一種類型的兒童則正好相反，他們一心想要成為眾人注目的焦點，如果沒有達到目的，就搞一些惡作劇來影響其他孩子。對於他們而言，懲罰和責備都是沒有用的，這些都正好合了他們的心意。比起被忽略，他們寧願受懲罰。在他們看來，他們所承受的懲罰只不過是達到目的的手段而已，是值得的。對於很多孩子來說，這就像是一場遊戲或比賽，他們想要笑到最後，懲罰只是對他們生活方式的一種挑戰而已。最終，他們常常是掌握了主動權，並且贏得了最後的勝利，因此，有一些孩子在受懲罰的時候會笑，而不是哭，因為他們喜歡這種和父母及老師作對的感覺。

懶散的孩子一般都是野心勃勃而不害怕被打擊的孩子，除非他是在故意對父母或老師進行挑釁。對於成功的理解因人而異，有時，我們也會驚訝於孩子對失敗的看法。有一些人會因為無法超過別人而覺得自己很失敗，即使他非常成功，假如有一天他遇到一個更強的人，也會感覺如坐針氈。由於懶惰的孩子從沒有真正遇到過任何考驗，所以，他們也沒有嘗到過失敗的滋味。他們不喜歡和別人一較高低，總會儘量逃避眼前的事情。很多人肯定會覺得如果他們能夠勤奮一點，就可以解決更多的問題。他們也會由於這樣的看法而為自己找藉口：「如果我想做，哪有什麼可以難倒我呢？」他們會將其作為失敗的藉口，為自己解嘲，維護自己的自尊。他們會認為：「我不是無能，只是懶惰。」

我們經常會聽到老師這樣評價懶學生：「如果你用功一些，就可以加入優等生的行列。」如果他能夠輕易地獲得這樣的褒獎，為什麼還要那麼拚命，萬一失去這樣的信賴，豈不是得不償失。或許，等到他再犯懶時就不會有人認為他是深藏不露了。周圍的人都會借用他的成功來評斷他，而不覺得他是有可能獲得巨大成功的。對於懶孩子而言，還有一個好處，那就是只要他做了一丁點努力，也會受到別人的讚揚。周圍的人會認為他是想改正自己的錯誤，於是想要鼓勵他洗心革面。一樣的工作，如果放在勤快的孩子身上，就不會有這麼多讚美的聲音。懶孩子於是堅持著自己的生活方式，一直活在他人的期待中。他確實已經被寵壞了，自從出生起，無論是什麼事，都希望獲得他人的幫助。

此外，還有一類孩子在人群中顯得比較突出，那就是總是在群體中有領導作用的孩子。我們是歡迎領袖的，然而大家只讚賞可以以大局為重的領導，可是這樣的領導卻很少。這類領袖型孩子所關注的僅僅是可以讓他駕馭別人的情境，他們也只想在這樣的情境下參與各種活動。所以，這類孩子的未來一定是充滿坎坷的，他很容易在生活中碰到問題。而兩個這樣的領袖型人物在婚姻、事業、社交等方面碰面的時候，就會上演笑話或慘劇。他們一直尋找機會去駕馭對方，以保持自己的優越感。有些家長卻樂於看到那些被寵壞的孩子對他人頤指氣使的樣子。他們開懷大笑，並鼓勵孩子繼續保持這樣的狀態。可是，老師或許可以發現，這樣的做法對於孩子將來的發展非常有害。

我們並不是主張將不同性格的孩子全都塑造成某一種固定的類型，我們只是要阻止那些顯然會讓他們走向失敗的人格發展傾向。在兒童時代，這樣的人格一般比較容易防止或者糾正。假如我們無法制止這些人格的發展，當兒童成年後，他們的生活就會越發困難，也就是說孩提時代的錯誤常常導致成年後的失敗。如果一個兒童對於合作並不感興趣，那麼，他變成精神病、罪犯、自殺者的機率就會大大增加。一些精神病患者在童年時期大多對陌生人懷有恐懼感，會害怕黑暗或者新的環境，一些憂鬱的人多半比較愛哭。在當代社會，我們無法去接觸和幫助每一位父母來避免這樣的錯誤，那些不願意接受建議的父母其實是最需要忠告的。可是，我們可以透過接觸老師來瞭解學生，幫助學生，幫助他們改正自己犯下的錯誤，並且讓他們懂得自立自強，懂得與人合作，勇敢地面對生活。我想，這樣的教育工作將是人類未來幸福的最大保障。

十五年前後，我為了達到這樣的目標，在個體心理學領域建議學校設置顧問會議，顧問會議的價值在維也納以及歐洲許多大城市中都已經被證明了。心存希望和夢想是一件值得欣慰的事，然而，倘若方法不合適，理想就是紙上談兵，沒有任何的意義。依據這十五年來的經驗，我想我可以說：顧問會議作為處理少年問題以及將兒童培養成棟樑之才的合理途徑，是非常成功的。當然，我知道，假如顧問會議能夠建立在個體心理學基礎上的話，就會更加成功。然而，我確實找不出任何反對它與其他學派心理學家合作的理由。實質上，我一直主張應該將各個學派的心理學家與顧問會議結合在一起，並且透過比較找出最合適的學派。

在會議上，要選擇一位素質很高的心理學家，他一定得在研究教師、父母和兒童的困難方面具有非常豐富的經驗，然後要讓他和某一個學校的老師們共同探討教育過程中可能出現的問題。當心理學家到學校時，教師應該將某一個孩子的個案及特殊困難告訴他——這個孩子或許不勤快，或許他喜歡爭鬥、偷竊、翹課，或者成績不理想。心理學家要帶著他的寶貴經驗與教師共同探討。教師應該詳細地描述孩子的家庭情況、性格特徵及個性發展歷程。如果發現哪些環境是有問題的，就一定要加以注意。之後，心理學家將和教師一起分析是什麼原因造成了這樣的結果，並確定出合適的解決方法。因為他們經驗豐富，很快就可以達成一致意見。

這個孩子和他的母親應該在心理學家到校時也同時到校。母親應該在他們確定了用什麼樣的口氣與她溝通，怎麼樣對她起作用，並且幫助她尋找是什麼樣的因素導致孩子出現問題之後，才被請進來。母親會為心理學家當天的討論提供很多有效資訊，然後心理學家將針對怎樣幫助孩子提出合理的建議。一般來說，母親會非常珍惜這樣的機會，也會樂於配合。假如她的態度是游移不定的，心理學家及老師會舉出案例，並暗示她可以按照其中的辦法來幫助孩子。

然後心理學家將讓孩子進入房間進行談話，談話的內容是他所面臨的問題而不是他犯的錯誤。心理學家要找出是什麼因素妨礙著孩子的成長，以及被孩子所忽略的一些重要信念等。他是在與孩子進行友善的溝通、為他提供建議，而不是指責他。他將會採用其他方式來指出孩子的錯誤，比如說將他放進一種虛擬的情境中，並詢問孩子的意見。對這種工作沒有經驗的人，如果看到孩子在這之後能夠很快瞭解問題並進行態度上的轉變，一定會非常吃驚。

顧問會議讓那些受過培訓的老師們非常感興趣，他們將之視為工作中的樂趣，並為工作的成功提供了更多保障，因此，他們絕對不會放棄它。由於它可以在三十分鐘之內解決困擾他們很久的麻煩，所以沒有人將它看作一種負擔。學校的合作精神迅速獲得了提升，這種方法實行一段時間後，除了一些細小的問題需要克服，再也沒有發生嚴重的問題。實際上，教師們已經成了心理學家，他們懂得怎樣瞭解一個人的人格，以及它的一些表現形式。他們能夠獨自解決日常工作中出現的各種問題，其實，這也是我們所期望的，假如教師們得到了有效的訓練，就不用麻煩心理學家們了。

所以，倘若老師發現一個孩子很懶惰，就應該在班裏為他舉辦一次針對懶惰的探討會。他可以選擇這樣的題目作為討論的主題：「人為什麼會懶惰？」「懶惰有什麼目的？」「為什麼懶惰的孩子不肯改變？」「為什麼他們一定得改變？」在討論後會得出一個結果。或許那個懶惰的孩子不知道他原來就是這場討論會的焦點人物，但由於他存在這樣的問題，所以會對討論產生興趣，而且可以從中獲益。但是，假如這場會議中，他是被攻擊的對象，那麼他就無法學到什麼。然而，如果他可以謙虛地聽取他人意見，並且做出相應的思考，就一定會改變自己的想法。

教師和孩子接觸頻繁，自然沒有人比他們更瞭解孩子的心理。教師可以從很多層面瞭解孩子，如果他懂得用一些技巧的話，就會和孩子培養出深厚的感情。教師可以決定孩子是繼續犯舊有的錯誤還是改變自己的做法，就像母親一樣。教師能夠保證人類的未來，我們無法估量他們對社會所作出的貢獻。

我們在教育孩子過程中會犯各種錯誤，最糟糕的一種就是認為遺傳因素可以限制孩子的發展，這只是老師和家長對孩子管教失敗的藉口罷了。

第八章

青春期

市面上以青春期為主題的書籍可謂是五花八門，大多數書籍在討論中都將青春期看作一個人性格發展的高危險階段。青春期並不能對一個人的性格發展產生決定性的影響，它只是存在一些危險性而已。

ALFRED
ADLER

市面上以青春期為主題的書籍可謂是五花八門，大多數書籍在討論中都將青春期看作一個人性格發展的高危險階段。青春期並不能對一個人的性格發展產生決定性的影響，它只是存在一些危險性而已。青春期的孩子所處的是一個新的情境，所面臨的考驗也是嚴峻的。他會認為自己處於生活的前線，因此，潛藏在他生活方式中的一些問題會日益暴露。那些有經驗的人總能夠在第一時間發覺，如今這些錯誤已經很明顯，到了不容忽視的地步。

對孩子而言，證明自己不再是孩子就是青春期中最重要的事。或許我們可以想辦法讓他們理解這件事是顯而易見的，我們可以透過做到這一點來消除青春期的緊張氣氛。如果他們倔強地想要證明自己，就會反覆強調他們的態度。青春期的行為大多是由於想要證明自己可以獨立、已經成人、具有男子氣概或者女人味而引起的。兒童對成長的看法決定著他們的具體行為模式，如果他們認為成長就是獲得自由，他們就會開始反抗大人的管制，有些孩子開始學習抽菸，說髒話，或者晚歸。他們的父母也會感到驚訝，不知道為什麼原本乖巧的孩子會變得那麼叛逆。乖孩子其實一直有想要反抗的意願，然而，只有到了現在，他們擁有了更多的能力時他們才會明顯地表露出敵意。一個常常被父親指責的孩子，看起來溫順安靜，其實，他是在靜等機會實施報復。當他認為自己擁有力量之後，就會尋找時機攻擊父親，然後離家出走。

大部分青春期的孩子會多一些自由空間，父母似乎不再行使他們的監護權。如果父母不給他們自由，他們就會進行反抗，父母越是想要說服他們還不夠成熟，他們的反抗心理就會越嚴重。這種抗爭的產物就是他們將萌生出一種反抗的態度，這也就是「青年反抗主義」的代表性標誌。

青春期的界限是不明確的，通常是十四～二十歲左右。然而，有些孩子青春期比較早，大約在十一、二歲就開始了。在這個階段，他們的身體器官都在迅速發育，有時，它們之間的功能發展並不是同步的，孩子們會長高，手腳也會長大，但可能會顯得笨拙。他們需要對這樣的器官進行專門的訓練，然而，如果有人在這個階段中對他們進行諷刺挖苦，他們就會誤以為自己真的很笨。當一個孩子被譏笑時，他就會越發顯得笨拙。內分泌對於兒童發展是有影響的，比如促進器官的功能。然而，在嬰兒出生前內分泌就已經開始作用了，因此，這並不是一個從無到有的全面改變。青春期階段，孩子的內分泌會增加，第二特性也會隨之顯露。男生的聲音開始又粗又啞，還長出了鬍鬚；女孩漸漸女性化，會越來越豐滿。這些事常常會讓青年人感到困惑和慌張。

如果一個孩子對於成年期並沒有一定的心理準備，當他遭遇職業、愛情、婚姻、社交等問題時，他會非常慌張。他會因為找不到喜歡的工作而自暴自棄，會在見到異性的時候手足無措，和異性交流時，他們會異常羞澀，不知道說什麼好。他會越來越絕望，最後，他會認為沒有人理解他而厭惡生活中發生的一切。他不會關注他人，不會主動與人溝通，也不喜歡傾聽。他不喜歡工作，不愛看書，只知道胡思亂想，並進行一些粗鄙的性行為，這就是被稱為「早發性癡呆」（dementia praecox）的精神錯亂現象。這樣的病症其實僅僅是一種錯誤罷了。假如我們能夠指出他們的錯誤，並鼓勵他們向正確的方向努力，他們就會漸漸好轉。然而，這是一項有難度的工作，因為我們必須將他們過去整個生活中的錯誤行為全部指出來並幫他們改正。我們不能僅僅憑個人的想法來做事，而是要以科學的視角去審視過去、現在和未來的意義。

可見，青春期中的所有問題，都是由於我們缺乏對這三個問題的訓練和準備。如果對於未來，孩子們充滿恐懼，他們必定會用最輕鬆的辦法來處理問題，可是，這些簡單的方法都是沒有用處的。我們越是對孩子施加命令、告誡、批評，他們就越感覺到迷茫；我們越是推他們向前，他們就越是匆匆後退。所以這些行為都是沒有意義的，有時候甚至會對孩子造成巨大的傷害。因此我們要做的是為孩子們提供適當的鼓勵，我們不能只是安靜地等待他們自己努力奮鬥，因為青春期中他們往往是悲觀而怯懦的。

青春期階段，有些孩子會希望自己一直處於童年時期，他們拒絕長大。他們甚至喜歡和小孩子待在一起玩，使用童語，像幼童一樣扭扭捏捏。不過，大部分的兒童都會千方百計地模仿大人的行為。或許他們很膽怯，但卻要裝作很成熟的樣子。他們模仿大人的姿態，他們會恣意地揮霍金錢，會接近異性並且與之做愛。在某些案例中，一些孩子在還沒有具備應付生活的技能時就急迫地胡作非為，甚至走向犯罪的道路。這種情況最容易發生在那些少年時犯錯卻沒被察覺，因而覺得自己有能力躲避他人耳目的孩子身上。當有些人想要逃避生活問題或經濟問題時，他們就有可能走向犯罪。所以，十四～二十歲之間發生少年犯罪的機率非常大，並且有不斷增加的趨勢。

在這裏，我們面對的不是一個新問題，而是存在於他們兒童時期的暗流被來自外界的壓力激發出來了。

一個活動程度比較小的人，通常會以精神病的方式來逃避生活問題。在這個時期，孩子罹患官能性疾病和精神病的機率比較大。精神病其實是一種藉口，透過這個藉口，他們將在保留個人優越感的同時成功地逃避生活中的問題。精神病症一般出現在以下情況發生之時：一個人並不想用合乎社會要求的方法來面對眼前的社會性問題，這時他們就會顯得非常慌張。在青春期階段，在緊張情緒的影響下，兒童的所有器官都會非常敏感，神經系統也會被影響。他們會將身體上的不適作為焦慮和失敗的藉口，在這類個案中，這樣的人無論在人前人後都會用病痛做藉口，逃避本應該擔負的責任——這就是精神病的形成過程。其實，每個精神病的意願都是真實的，對於應對生活問題應該具備什麼技能這個問題，他們是非常瞭解的。然而，只有依靠病症，他們才可以逃避社會對他們的要求。是精神病讓他們感覺異常輕鬆，他們似乎想要表達這樣的意思：「我也想馬上解決困難，可是我病了，沒有那個能力。」他們和罪犯的不同也就展現在這一點上。罪犯常常赤裸裸地表現出他們的惡意，他們是沒有社會化的。我們無法確定精神病和罪犯到底哪一個更能損害人類的利益，精神病的動機雖然不是邪惡的，但從另一方面講，他們的表現是自私並且讓人感覺厭惡的，我們會覺得他們是故意要妨礙他人。罪犯的敵意是明顯的，然而，他們卻一直在拚命壓制自己僅有的一點社會化。

一些小時候被寵壞的孩子，往往容易在青春期遭受失敗的打擊，這很容易理解。由於他們早已習慣被照顧，因此，成年人的責任對於他們來說，簡直就是一種負擔。雖然他們希望一直受到照顧，然而，隨著年齡的增長，他們發覺自己已經不再是受人矚目的焦點了。在他們的成長過程中，家人為他們提供了溫暖的家庭環境。如今，他們卻發現外界的氣氛是如此的冷漠淒清，所以，他們覺得被生活欺騙了，這是他們失敗的最重要原因。之後，我們可以發現他們會產生很大的退步，比如說在學習和工作方面，他們會慘遭失敗的洗禮，而之前表面上比他們愚鈍的孩子會突然表現出讓人驚訝的才能，並很快超過他們。這樣的表現和他們之前的生活並不衝突。或許，是由於以前頗受器重，所以他們會感覺很有壓力，害怕辜負他人的希望，其實只要持續提供支持和幫助，他們就能夠找到繼續前行的動力。不過，如果外界的環境需要他們獨自努力時，他們就會畏畏縮縮，停滯不前，而別人卻會被新的環境所刺激，於是清晰地看到自己前行的道路。一些新的希望和計畫將油然而生，他們猶如滿弓上的箭、出鞘的寶刀，對新的生活產生出一種熱烈的期待。這樣的孩子都是堅強隱忍的，在他們心目中，獨立能夠讓他們獲得更多的成功，為別人貢獻更多的力量，而並非代表著困難和失敗的風險。

一些一直被輕視的孩子，如今可能由於接觸到更多的人而開始對未來抱有更好的憧憬。他們中的很多人是將目光停留在如何獲取更多的欣賞上面。如果一個男孩，將獲取他人的欣賞作為一個重要目標的話，是非常危險的。相比之下，女孩沒有那麼自信，她們會將他人的讚賞看作對自己價值的肯定，而且是唯一的方式。這樣的女孩，通常會輕易相信讚揚自己的異性。我們總能看到這樣的情形：一個女孩並不受家人的讚賞，於是開始和男人發生性關係，除了想要證明自己已經長大成人以外，她還想用這樣的方式來吸引他人的注意，以及獲得他人的讚賞。

有這樣一個案例：一個女孩十五歲了，出身貧寒家庭。她有一個體弱多病的哥哥，家人對哥哥的照顧簡直是無微不至，所以在女孩出生後，他們沒有過多的精力去照顧她。除此之外，從女孩出生起，父親一直臥病在床，因此，母親的精力明顯不足，分割到她這裏的愛已經所剩無幾了。

所以，這個女孩自小就明白被人照顧的意義是什麼，她一直將注意力都放在這個上面，期望自己也能受到他人的照料，然而，這樣的心願卻一直沒有實現。之後，妹妹出生了，這個時候父親已經恢復了，而母親卻開始將重心放在幼小的妹妹身上。所以，在整個家庭中，這個女孩是唯一一個沒有得到照料的孩子。她不斷地努力，在校成績優異，在家是乖孩子。由於學習成績名列前茅，父母希望她能繼續在學業方面有所成就，所以將她送進一所高中，這個環境對於她而言是非常陌生的，老師對她也一無所知。剛開始，由於她不瞭解學校新的教學方式，她的功課一直落在別人的後面，老師批評了她，她就變得心灰意懶，她迫切地想要得到他人的讚揚。在家裏，她受到冷落，在學校依舊如此，她到底該怎麼辦呢？

她努力在身邊尋找瞭解她的人。經過多次嘗試，她離開了家，與一個男人同居了兩個星期。

她的家人到處找她，心急如焚。我們可以預料到她這樣做的後果：很快地，她會發現自己依舊無法獲得別人的讚賞，於是為自己做出的事而深感後悔。她很快有了自殺的想法，她留給家人一張字條：「不要牽掛我，我服下了毒藥，我很開心。」其實，她並沒有真的那樣做，對於她這種行為，我們也確實無法理解。事實上，她的父母很慈愛，對她很好，她想要取得他們的關心。她沒有自殺，只是希望母親到處找她，然後領她回家罷了。如果說女孩能夠全面地瞭解自己，認知到自己的所作所為其實是希望得到他人的欣賞，那就不會發生這樣的悲劇了。如果說她的老師能多去瞭解一下她的情況，也能夠達到防範作用。女孩的成績一直很好，如果說他知道女孩的內心非常敏感，他就不會去刺激她，讓她感覺灰心喪氣。

還有一個案例是這樣的：有一個女孩，她的父母都是性格柔和的老實人。母親一直希望生一個兒子，因此，在女孩出生的時候，他們感到非常失望。母親一直對女性持有偏見，女孩也受到了影響。她總是能聽到母親和父親說：「這個女孩子並不惹人疼愛，她成年後一定得不到別人的疼愛。」或者「她長大後，我們究竟要拿她怎麼辦才好呢？」她就是在這樣的環境下度過了十多年。後來，她偶然看到母親的一位朋友在信中開導母親說：「你還年輕，以後一定會有兒子的。」

我們可以體會到這個女孩心中的感受。幾個月後她去拜訪住在鄉下的叔叔，在那裏她遇到了一個男孩並和他發展成了戀愛關係，而這個男孩在智力方面有些欠缺。後來，他和她提出了分手，而她卻始終對他念念不忘。當我再一次看到她時，她身邊有了很多的男朋友，卻沒有一位是令她滿意的。她之所以來找我，是因為罹患了焦慮性精神病，已經不敢一個人外出了。每當她發現自己獲取他人讚揚的方式效果欠佳時，就會轉而運用另外一種。如今，她利用身體上的不適吸引家人的注意。別人是拿她沒辦法的，除非她自己改變這樣的心態。她會哭鬧、自殺，把家中搞得雞飛狗跳。要想讓這個女孩意識到自己的現狀是很困難的，我們也很難讓她明白：她正處於青春期，她錯誤地將過多的精力放在擺脫被輕視這件事上了。

男孩和女孩在青春期都容易將性關係看得太重，並且進行渲染。他們想要證明自己的成長，結果卻事與願違。比如，如果一個女孩子總是誤認為自己的母親在壓制自己，她就會利用與其他男生發生性關係這樣的事情來反抗母親。對於母親是否知道，她並不是十分在意，其實，她的目的只在於讓母親為她焦慮。所以，才會出現這樣的情況：一些女孩與父母發生爭執後就會跑到外面與她遇到的男人發生性關係。她們一般都有很好的教養，並且平時表現得乖巧可人，竟然會做出這麼讓人驚訝的事情。我們都明白，只是她們走入了思想的盲點，並非真的罪孽深重。她們誤認為自己地位卑微，而那些做法在她們看來是獲得優越感的最好方式。

一些被寵壞的女生覺得對於女性的角色難以適應。我們的傳統文化中，男尊女卑的思想是根深蒂固的，於是，她們對於自己的地位並不滿意，進而表現出對男性的由衷敬佩。她們會用很多方式來表達自己對男性的這種仰慕：有時，她也會表現出對男性的厭惡和逃避；有時，雖然她們喜歡男性，卻會在男性面前表現得異常羞澀，甚至連話也說不出來。她們無法面對有男性參與的集會，遇到這種狀況時也會非常尷尬。當她們年紀增大時，雖然也會口頭表達出想要結婚的意思，但卻遲遲沒有任何行動，她們不和異性接觸，也不去交異性朋友。有時，我們能夠觀察到，處於青春期的女孩會更加討厭女性角色。她們的行為可能會帶有濃重的男孩氣息。她們在效仿男生，甚至學習男生的一些惡劣行徑，如喝酒、說髒話、抽菸、亂交朋友等。

她們常常這樣解釋自己的行為：如果她們不採用這樣的方式，就不會有男孩對她們產生興趣。一些女孩在對女性角色深惡痛絕的狀況下，可能會產生同性戀、賣淫，甚至各種各樣的性欲錯亂現象。很多妓女從小就認為沒有人喜歡自己，並且，這樣的想法一直沒有被動搖過。她們覺得自己註定得不到男人的寵愛，註定要扮演卑賤的社會角色。我們可以理解，在這樣的情況下，她們會多麼沮喪並蔑視自己。在她們眼裏，自己只是用來賺錢的機器。女孩的這種思想其實是從童年時期就產生的，並非是在青春期才出現。她們自小就討厭自己的女性角色，只是在年幼時她們沒有得到表現這種厭惡的場合和時機而已。

對男性產生敬佩的並不僅僅是女孩。一切過分強調男性身份尊貴性的孩子，都會將男性作為一種夢想，並懷疑自己能不能去實現它。所以，我們傳統文化中對於男性地位的過分強調會導致那些對自己不是很有自信的男生在發展過程中出現與女生同樣的困難。一些孩子在成長過程中會將信將疑地認為自己的性別會發生變化，所以，我們要在孩子兩歲的時候，就清楚地告訴他，他究竟是男生還是女生。有時，一些男孩外表看似女孩，通常他們都會產生一些問題。陌生人會對他的性別做出錯誤判斷，而親朋好友總會說：「你長得實在是太像女孩了。」如果這樣，孩子可能會將長相看作一種劣勢，並會認為自己的愛情或婚姻可能會出現問題。一些男孩對於自己的性別不是很有自信，青春期時，他們就可能去模仿女生，他們會帶有濃重的脂粉氣。一些惡習也會接近被寵壞的女孩，比如發小姐脾氣、搔首弄姿、行為做作。

在最初的四～五年裏，兒童會漸漸形成對異性的穩定態度。早在嬰兒時代的最初階段，性的驅動力就已經很明顯，只是沒有什麼因素可以激發它的表現。就算沒有外界刺激，我們也不用驚訝於它的產生，因為這是最平常的事。比如，我們會看到一歲左右的嬰兒出現局部性激動的現象，我們不應該害怕，而是要努力將他的注意力由他自己身上轉移到周圍環境中。如果說還是無法阻止這樣的事情，那就是另一種狀況了。這時，我們可以推測這個孩子是故意以此為手段來達到自己的目標。他們能發現父母的驚慌和害怕，也明白怎樣做可以戲弄父母。假如他們意識到自己的做法無法引起他人關注，他們就不會繼續了。

我曾主張不要在身體上對孩子施加刺激。父母通常都很寵愛自己的孩子，而孩子也對他們很感興趣。為了增進與孩子的感情，他們會親吻他，擁抱他。他們理應知道這樣的方式並不科學，他們不應該刺激孩子的心靈。很多孩子會告訴我，童年時他們看到父親在書房中看春宮圖畫或者觀看類似的電影，這些都會引起他們心中的波瀾。這樣的畫面是不適合讓兒童看到的，假如我們能夠避免此類情況，就會減少問題的產生。

此外，還有一種刺激的形式，就是我們常在孩子面前不合時宜地提起一些性方面的知識。一些成年人似乎非常熱衷於散播與性相關的知識，他們害怕孩子在長大後仍然會在這方面一無所知。如果我們回憶昨天的事或者是研究他人的過去，就會知道他們所擔心的那些問題是根本不會出現的。我們最好等孩子漸漸開始對這樣的事感到好奇，然後再把知識傳播給他們。如果我們對孩子足夠細心，就算他們不主動問，我們也能體會到他們的好奇心。孩子如果把你當作好朋友，就會問你，這時候，大人就可以用他們可以聽懂的表述方式來回答他們。

此外，父母親當著孩子的面應該保持一些距離，不能過分親昵。盡可能地不要讓孩子與父母同睡一張床或者是同住一屋。如果可能，也不要讓他與兄弟姐妹住在一個屋子裏。父母應該密切關注孩子的一舉一動，不能有絲毫的馬虎。假如他們對孩子的個性和想法並不瞭解，就不能準確地判斷孩子容易受到哪些方面的影響，或者他們能夠接受怎樣的影響方式。

幾乎所有人都認為青春期是一段奇特的時光。但在通常情況下，我們常常會認為各種階段都是具有特殊意義的，都足以引發我們的變化，比如說，我們對更年期就懷有這樣的心態。可是，這些所謂的特殊時期只是我們生活的一個階段，並不能產生天翻地覆的變化，事實上，它們遠沒有我們想像的那麼重要。更為重要的是我們對這一階段懷有怎樣的期待，它在我們心中有何種意義，我們將以怎樣的方式來度過。人們總是覺得青春期像妖魔一樣，因此感到恐懼不安。如果我們能正確地加以瞭解，就可以發現：在這個時期，無非是孩子們需要適應社會的新環境，並在生活方式上做出改變，此外並沒有其他的影響因素。可是，一些孩子依舊認為他們的價值和尊嚴都會因為青春期的到來而漸漸失去，他們不再被需要，他們也不再需要合作和奉獻。其實，青春期的一系列問題，都是由於我們心存這樣的想法。

其實，孩子們應該意識到，自己與任何一個平等的人一樣，都是社會的一部分，需要與人合作並貢獻自己的力量，異性是平等的夥伴，他們在青春期裏需要開始面對成人出現的問題，並且試著獨立解決。如果孩子並沒有意識到以上的問題，他們就會用錯誤的態度來面對環境，他們就像沒有做好充分的心理準備去迎接自由一樣。如果有人強逼他們去做一些事情，他們會完成得很好。而如果是讓他們自發地去做，他們就會畏首畏尾、無所事事。在受控的情況下，他們會有出色表現，而一旦讓他們自主行動，他們就會手足無措了。

如果他們倔強地想要證明自己，就會反覆強調他們的態度。青春期的行為大多是由於想要證明自己可以獨立、已經成人、具有男子氣概或者女人味而引起的。

第九章

犯罪及其預防

雖然我們可以透過個體心理學來瞭解不同的各類人，然而，人與人之間的差異並沒有那麼大。我們觀察到：很多人都表現出同一種類型的失敗，比如自殺者、酒鬼、性欲錯亂者、精神病人、罪犯、問題少年。他們都是在生活的某一方面遭遇了失敗，並且是在一個所有人關注的焦點問題上徹底地失敗了。他們都是冷漠的，對社會提不起興致。

ALFRED
ADLER

雖然我們可以透過個體心理學來瞭解不同的各類人，然而，人與人之間的差異並沒有那麼大。我們觀察到：很多人都表現出同一種類型的失敗，比如自殺者、酒鬼、性欲錯亂者、精神病人、罪犯、問題少年。他們都是在生活的某一方面遭遇了失敗，並且是在一個所有人關注的焦點問題上徹底地失敗了。他們都是冷漠的，對社會提不起興致。可是，雖然這樣，我們也不能認為他們是另類的而將他們排斥在生活之外。任何人都不具備完全的合作能力以及全面的社會化，而罪犯只是在某一方面陷入程度較深的共同失敗中罷了。

想瞭解罪犯，還有一點非常關鍵；但在這一點上他們和普通人沒什麼兩樣。我們都在努力克服困難，想要實現自己的夢想，如果實現了目標，我們會覺得自己很棒。杜威（Dewey）教授認為這些只是在追求安全而已，是正確的做法。另外的一些人認為是在追求自我保全（self preservation）。但是，無論我們給予它怎樣的稱謂，卻總能在自己身上發現一條巨大的行動線索：自下而上，從失敗到成功，從卑微的地位上升到優越的地位。這樣的行動線是從童年開始的，將蔓延至生命的末端。所以，我們不必驚訝於罪犯身上也有類似的傾向。據觀察，罪犯也是在努力解決問題、渡過難關，並立志成為優秀的人。與普通人所不同的是他們的追求方向比較特殊，而他們並非沒有追求這些目標的行為。我們會發現，他們是因為對社會生活的規則太過陌生，對同伴太過冷漠，不懂得合作，所以才選擇了這樣的錯誤方向。

因為很多人並不是這麼認為，所以我們要特別注意這一點。他們覺得罪犯和普通人不一樣，是特殊人群。比如，某些科學家宣稱：所有的罪犯都心智低下，異於常人。一些迷信遺傳的人則覺得罪犯是先天遺傳的結果，必定要成為罪犯。此外，還有一些人覺得環境是引發犯罪的元凶，一個人一旦犯罪，就是無法改變的，會一直罪惡下去。如今，對於這些看法，我們可以找到許多證據來進行辯駁，並且，我們還發現，如果我們承認這些觀點是正確的，那麼我們就無法解決犯罪的問題了。在我們的有生之年，一定要消除這種人間悲劇。我們知道犯罪是可悲的，我們一定要努力找到對付它的合適方式，而不能消極地熟視無睹，無助地說：「這是遺傳在作怪，我們又有什麼辦法呢？」

無論是遺傳還是環境，都不存在無法對抗的力量。從一個家庭、一種環境中成長起來的孩子中，或許會有性格秉性都非常優秀的孩子，甚至會有一些稱為罪犯到了而立之年居然洗心革面、重新開始的孩子。有時，出生清白的家庭也會出現罪犯，有時，罪犯世家中也會培養出優秀專家，這都無法解釋。倘若犯罪但是遺傳的結果，或者產生於某種特定的情境，就不會發生諸如此類的事情了。可是，在我們看來，這確實不難理解。或許是因為環境變好後，對他們的要求減少了，他們的一些錯誤生活方式也就沒有了生存的土壤。或許，他們已經達到了自己的既定目標；他們可能年老力衰，腿腳不便，無法再做出踰矩的事情；再或者，由於骨骼已經僵硬，無法再飛簷走壁地去做樑上君子這樣的事情。

在進行更進一步的探討前，希望我們能夠去除「罪犯都是瘋子」這樣的看法。即使罪犯中有一部分是精神病人，但是，這類犯罪卻是帶有特殊性的——他們是在完全不瞭解自身的情況下選擇了錯誤的處理方式，並且他們也不覺得自己應該為罪行負責。所以，低智商者僅僅像是一件工具，我們不應該將注意力集中在這類犯罪上。那些在幕後操控的主謀才是真正意義上的罪犯，他們為智力低下的人描繪了一幅宏偉的藍圖，讓心潮澎湃的低智商者去實施計畫，而自己卻躲在一邊看著他們冒著被懲罰的危險做惡行。一些經驗豐富的罪犯煽動他人犯罪也是這樣的情形，他們通常都早已計畫好如何實施犯罪，再教唆年輕人去執行。

現在，我們一起來回想一下當初所提到的巨大活動線：任何人，包括罪犯在內都是在這條線的範圍內追尋夢想，追求穩固地位的。在不同個體的夢想或目標中，會有很多差異或者變化，作為罪犯，他們總會將個人優越感作為終極目標。他不願意與人合作，他的目標對別人來說並沒有任何好處。社會需要各種能夠互相合作的個體，他們互相依賴、互相合作。然而，罪犯身上通常都有一個特點，那就是他們並沒有考慮到這樣的社會目標。我們將在以後繼續討論造成這種情況的原因是什麼，現在，我們要研究的是：假如我們想對一個罪犯有進一步的瞭解，就要發掘他在合作中所遭受的失敗到了何種地步，以及失敗的本質是什麼。每個罪犯與人合作的能力都是不同的，有的好一些，有的則非常差。比如說，有些罪犯在潛意識中會限制自己只能犯那種小的罪過，而另外一些人則對自己毫無限制，最終犯下滔天大罪。即使是在罪犯中也有主謀和從犯之分，如果想進一步瞭解罪犯的各種不同類型，還需要去研究他們的生活方式。

早在四、五歲的時候，我們就可以看清楚一個人生活方式的主要特徵，這說明個人典型的生活方式在很早的時候就已經形成了。所以，我們不要認為，一個人的生活方式可以輕易地發生改變。人格是存在於生活方式之中的，如果想糾正一個人錯誤的行為，就必須要瞭解他在構建生活方式的時候究竟犯下了怎樣的錯誤。因此，我們就會明白：很多罪犯為什麼在接受了無數次懲罰，被周圍的人侮辱和蔑視，幾乎被剝奪了社會生活的所有個人權利之後，依然不能控制自己，還會犯下相似的罪行呢？並非是來自經濟方面的困難迫使他們走上了犯罪的道路。當然，在面臨經濟危機和沉重的生存壓力時，我們是會看到犯罪案件呈明顯上升的趨勢。調查研究也顯示，物價上漲的幅度也決定了犯罪案件的增加幅度，二者一般是正比例關係。然而，這並不能夠說明經濟產生問題就一定會引起犯罪。這些只能說明人類的行為不是我行我素的，而是受到來自各方面的影響。比如說，一個人與人合作的程度是有極限的，在極限的範疇之外，人類就很難再與人合作，貢獻自己的力量。他們或許會排斥合作，走上犯罪的道路。在某些個案裏，我們會發現，當一個人豐衣足食的時候，他在各方面都是正常的，然而，當生活陸續出現一些他無法解決的困難時，他就會用犯罪的方式來解決問題。在這裏，發揮關鍵作用的是處理問題的方式方法，也就是一個人的生活方式。

透過分析個體心理學的這些案例，至少，我們可以總結出一個很簡單的結論：罪犯的合作能力一般都是有限的，他們無法對他人產生濃厚的興趣，當現實已經超過了他們的合作能力後，他們就會犯罪。他們的合作意識會在問題無法獲得解決時徹底崩潰。如果我們審視生活中可能遇到的問題，以及罪犯無法解決的問題，就不難發現，在我們的整個人生中，只存在社會問題，而只有當我們樂於合作，並喜歡與其他人交流時這些問題才可以得到有效的解決。

個體心理學家宣稱，我們可以將生活中的問題分成三種類型。第一種是友誼問題，這種問題是與他人發生相聯的問題。對於罪犯而言，自然也會有很多朋友，但絕大多數可能都是酒肉朋友。他們會聚集在一起，彼此開誠佈公。然而，他的生活範圍卻被這樣的一群朋友縮小了。他們無法與社會上的普通人建立朋友關係，他們認為自己處於社會邊緣地帶，不知道如何做才能讓自己在與同伴的相處過程中感覺到輕鬆自在。

第二種問題是包含工作在內的一系列問題。假如帶著這樣的問題去問罪犯，很多人可能會說：「你真的不明白工作有多苦。」他們不像一般人那樣在工作崗位上努力奮鬥，他們認為工作是苦差事。因為一份有意義的工作包含有與人合作的興趣及貢獻自己的幸福心態，而這些恰恰是罪犯身上最缺乏的東西。他們很早就表現出不願意合作的特點，所以，大多數罪犯在解決工作上的困難時都沒有提前做好相應的準備。

由於他們過早地呈現出缺乏合作精神的特點，所以，大多數罪犯在解決工作困難前都不曾做任何準備。一般來說，罪犯都是沒有特長，並且虛度光陰的人。如果仔細研究他們的過去，你會發現，在他們進入學校的時候，甚至是在這之前，問題就已經產生了。他們是不懂合作的，如果想要解決工作上的困難，就一定要學會合作之道。然而，想要讓他們改變，卻不是一件容易的事情。所以，我們不能怪他們在工作上出現問題，我們應該將他們看作一些沒有接觸過地理卻在參加地理考試的學生，他們必定給不出答案，只會交空白卷。

第三種問題是愛情方面的一切問題。對於美好的愛情，非常重要的是對配偶的喜愛及與配偶之間的合作。有這樣一個值得關注的現象：一些被送往感化院的罪犯，很多都在入院前患有性病。這就說明，他們需要一種簡便的方法來處理愛情中的問題。他們會覺得愛情可以用來買賣，異性對於他們而言，就等同於財產。在他們眼裏，性生活是應該堅持的，性就是征服，而不是什麼伴侶關係。有一些罪犯提到：「如果不能隨心所欲地得到我想要的東西，那麼，生活對我而言，還有什麼意義呢？」

現在，對於從哪兒著手來防止犯罪的發生，我們應該有一些定論了。在感化院裏對他們實施鞭打是沒有意義的，除非讓他們明白合作的重要作用，否則，就算是釋放了他們，還是存在再次犯罪的可能性。就目前的情形來看，我們無法真正地隔離犯罪分子。所以，我們要解決一點：如果說他們真的不能適應社會環境，我們將如何處置他們呢？

如果一個人做任何事都不希望與人合作，那這個問題就不可忽視。在生活中，我們隨時隨地需要與人合作，我們的言談舉止或傾聽方式都可以展現出我們的合作能力。如果我的觀察沒有錯，那麼，在觀察、談論、傾聽方面，罪犯都與普通人不同。他們的語言異於正常人，而這樣的差別會對他們的智力發展產生不利影響。我們希望其他人能夠在我們講話的時候理解我們的意思，理解也是一種社會因素。我們給予語言一種共同的解釋，所有人對於它的理解理應是一樣的。然而，罪犯卻並非如此，他們的邏輯和想法與我們不同。這一點在他們對自己的行為做出解釋時表現得非常明顯。他們的智力沒有問題，並非天生愚鈍。假若我們認為他們的個人優越感目標是正確的，那他們的結論也就不能算是錯誤。或許某個罪犯會說道：「因為那個人的褲子很棒，我卻無法擁有，所以我想殺了他！」假如沒有任何人要求他的方式要正當，大家也承認他的欲望很有意義，那麼，就不能說他的結論是錯誤的，自然，這有違常理。近期，匈牙利出現了一起刑事案件。幾個婦人涉嫌毒害他人，當其中一個人被抓進警察局時，她說：「因為我兒子已經快死了，所以我要毒死他。」假如她不願意再合作了，除了毒死他，她確實也做不出其他的事情。她的意識是清醒的，但是統覺表卻是特殊的，因此，她對事物的看法會與常人不同。由此，我們便不難理解為什麼一些罪犯看到他們喜歡的東西，並想要毫不費力地得到它時，總會理直氣壯地認為：他們本來就應當將這個東西從這個無趣而又不友好的世界中據為己有。他們對世界的看法是不正確的，他們會錯誤地估計自己與他人的重要性。

但是，在考慮他們合作精神較低時，這一點卻是次要的。大多數罪犯都是怯懦的，對於他們自認為解決不了的困難，採用了逃避的方法。除了他們的犯罪行為外，我們也可以從他們在生活中的各種表現看出他們的怯懦。他們躲避在黑暗而安靜的角落裏，對行人進行恐嚇，搶在行人有所反應之前拿出自己的武器。罪犯都自以為非常勇敢，但我們卻不做如是想，否則，我們就是受到了蒙蔽。

犯罪行為是他們怯懦地效仿英雄的後果。他們錯以為自己是英雄，他們所追尋的優越感目標其實是自己編造出來的。於是，他們執行著一種錯誤的統覺表，這其實是缺乏常識的展現。罪犯都是懦夫，如果我們能清楚地指出這一點，他們會因為我們對他們的瞭解而驚訝不已。他們會常常透過反擊員警來滿足自己的虛榮心和成就感，因此，他們通常都認為自己是不會被抓到的。如果我們仔細地調查每一個罪犯的過往，一定會發現他們的許多罪行都被人們忽略了，這可是一件很糟糕的事情。當他們終於被逮到時，他們可能會想：「一定是哪個地方出了紕漏，下次一定要多注意一些。」如果他們能夠僥倖躲過員警的追捕，他們就會感覺達到了優越感目標，他們會很開心地享受同伴的慶賀和稱讚。

我們一定要扭轉罪犯對於自身智力和勇氣的錯誤評斷。但是，從哪裏入手呢？那就是家庭和感化院。之後，我們不再強調哪裏是他的要害，而是將焦點更多地放在是什麼原因讓他不喜歡與人合作上。有時，這是由父母造成的。或許父母的教育技巧性太差，令孩子不喜歡與之合作。他或者在為得不到幫助而怨天尤人，其實，他自己的合作能力也是很差的。從那些氣氛不和或者婚姻出現裂痕的家庭中，我們很容易看到合作精神的缺乏。讓新生兒最先感興趣的是母親，而她或許根本就不願意幫助孩子將注意力和興趣擴展到父親或者周圍的其他人身上。另外，這個孩子在家中或許一直將自己看成霸主，然而另一個新生命在他三、四歲的時候橫空出世，他覺得自己的地位受到了威脅，並失去了霸主的威嚴。其實這些因素我們都應該考慮清楚，並且，如果我們一同回顧罪犯的過去，我們可以發現，在早年的家庭生活中就已經孕育著一些讓他不穩定的因素了。並不是環境本身影響了孩子的發展，而是孩子本身對地位產生了不正確的理解，而這種觀念卻沒有得到及時的更正。

如果在一個家庭中，其中的一個孩子在某些方面表現得非常突出，這對於其他孩子來說，是件很糟糕的事。這種孩子的才華會受到更多的關注，而其他人就會心理失衡。他們不願意互相合作，因為他們想努力奮鬥，卻信心不足。這些憤憤不平的孩子一直處於別人的光環下，找不到表現自己的機會，就會漸漸發展出不良的人格。他們極有可能會變成罪犯、自殺者或者精神病人。

對那些缺少合作精神的孩子，我們可以從他們入學伊始的行為活動中觀察到他們的缺點。比如，他們不喜歡老師，不喜歡與人交往。他們上課不注意聽講，假如老師不瞭解狀況，或許會讓他們受到更深的打擊，周圍的人會嘲笑他們，而不是鼓勵和安慰，老師也無法教他們與人合作，因此，他們會認為上學很無趣。如果他們在學校受到各種打擊，自然不會喜歡上學。你可能會發現，很多罪犯在十三歲的時候依然在上四年級，並且，由於他們的愚笨，還會受到來自各方面的冷嘲熱諷。他們會慢慢變得完全對他人不感興趣，而將目標轉移到那些無益的事情上去。

貧窮者對生活也容易產生不正確的理解。那些家庭狀況糟糕的孩子在外面常會遭到白眼，他們的家庭可能缺衣少食，父母整日為了生計而愁眉不展，這樣的孩子或許很早就需要賺錢養家了。當他們看到富有的人享受著榮華富貴，輕易地就能擁有自己喜歡的東西時，心理就會不平衡，他們會覺得，他們不應該享受比自己更多的權利。這也就解釋了為什麼在貧富懸殊大的城市中犯罪率很高。在忌妒心理下產生的目標往往是錯誤的，這樣的孩子很容易誤以為輕鬆地得到金錢就是獲取優越感的最佳方式。

我發現，身體上的缺陷也會引發自卑感。在某種程度上，我也為那些神經學和精神病學中的遺傳理論做了有利的論證，這真的讓我感到遺憾。就在我寫出由於身體缺陷而引發自卑及心靈能夠有補償作用的時候，我就預感到會出現這樣的問題了。實際上，是我們的教育方式導致了自卑感的產生，而不是因為身體殘缺。假如我們的方式是恰當的，就會讓身體殘缺的兒童對自己或別人都產生興趣。就是因為沒有一個人引導他對別人產生興趣，他才會只將注意力放在自己身上。當然，有些人的缺陷是來自於內分泌腺，但是，我必須要強調的一點是：我們壓根說不出某種內分泌腺在正常的情況下會是什麼樣的表現。在不傷及人格的前提下，內分泌腺的作用可以產生各種各樣的變化。所以，如果我們的目標是要找到合適的方式幫助這些孩子轉變為正常人並對他人產生興趣的話，我們就要將這個因素拋開。

罪犯中有很大一部分人是孤兒，我認為，假如我們不能幫助這些孤兒與人合作，那就是我們永遠的恥辱。私生子也是同樣的情況：沒有一個人能站出來引起他們的興趣並幫他們與人合作。一般來說，被拋棄的孩子容易成為罪犯，尤其是在他們明白自己是被人遺棄的時候。我們可以發現罪犯中總有很多醜陋的人，這一度被作為遺傳學說的證據。然而，我們應該換位思考一下他們的處境和心情。他們是非常不幸的：他有可能是一個混血兒，或者可能外貌醜陋，或者曾遭受過各種偏見。醜陋的孩子一般都會遭受沉重的壓力，甚至連美好的童年時光都無法留下讓人欣喜的回憶。但是，如果我們引導的方式是正確的，他們是能夠擁有社會化的。

有時候，我們會發現罪犯當中不乏英俊瀟灑的男子，這真的非常有趣。如果說，身體上的殘缺，如殘疾、兔唇會導致犯罪，他們是不良遺傳基因的犧牲品的話，那怎麼解釋俊朗的人也會犯罪呢？其實，他們是被寵壞的孩子，被寵溺的生長環境對於合作感的培養也是有妨害的。我發現，我們可以將罪犯分為兩種：第一種是完全體會不到這個世界上還存在友愛的人，這樣的人總是對周圍充滿敵意，而且將身邊的每個人都看作對手，即使有人欣賞他，他也看不到；第二種就是被寵壞的孩子。我們常常聽到他們這樣講：「都怪我母親把我寵壞了，我才走到今天的地步。」我們應該對這些進行探討，但是，我要說的是，之所以提到這些，是想讓大家明白：儘管罪犯所處的環境和受到的教育不同，但他們都是因為沒有學會與人合作。父母可能只是不知道怎樣將孩子教育成國家的棟樑，如果他們板著一張臉，總是在挑剔的話，就一定沒有成功的機會。而如果他們嬌慣孩子，把他慣成國王，他就會只在意自己，認為自己是最重要的，不想努力獲得他人的肯定，所以他不懂得努力，只是希望有人自動關注他，如果在這一點上他得不到滿足，就會怪環境。

現在，讓我們透過幾個案例來驗證我們的觀點是否正確。當然，寫下這些案例的原因也並不僅僅是如此。

我們所研究的第一個關於「百煉金剛約翰」的案例收錄在《500犯罪生涯》一書中。這本書是由謝爾登（Sheldon）和吉利克（Eleanor T・Glueck）一起完成的，在案例中，男孩在回顧自己的犯罪過程時說道：

「我無論如何也沒有想到自己會走到這一步。我和身邊的人並沒有什麼區別，一直到十五歲左右。我熱愛運動，喜歡到圖書館借我愛看的書籍，我的生活是那樣有條不紊，從容自在。然而，父母卻逼迫我退學，並且讓我去打工賺錢。他們每次都把我的薪水拿走，每週只給我五角零用錢。」

從這些話來看，他在對父母進行控訴。由於我們還不能得知他父母之間的關係如何，並且看不到家庭中是怎樣的情況，所以，我們只能推測他生長在一個不和睦的家庭中，而對於他究竟經歷過什麼，我們還不太清楚。

「在我工作快一年的時候，我認識了一個很喜歡玩的女生，並且開始和她交往。」

我們總會發現罪犯喜歡將注意力和感情放在一個熱衷於玩樂的女孩身上。這將涉及合作的問題，並且對他而言會是一個考驗。他每週只有有限的五角零用錢，他卻要和一個這樣的女孩在一起。我們對於他是否能夠解決愛情問題，產生了很大的質疑。他應該明白，天下女孩子到處都是，按照他的現實狀況，這麼熱衷於玩樂的女孩顯然並不是他所需要的類型。或許，這是因為對於生活中什麼樣的東西最重要，不同的人會有不同的看法。

他繼續說道：「你知道的，在這樣的時代，憑藉一周可憐的五角錢，怎麼可能讓心愛的女孩玩得開心呢？可是，我爸爸卻是不肯多給我一點錢。我心裏非常難過，並且總是在想，到底怎麼做才能多賺一些錢呢？」

按照常理，他應該有這樣的想法：「那我再努力一些，這樣就能賺得多一些了。」然而，他卻不這麼想，他一直想要不勞而獲，他的想法很簡單，只要能讓這個女孩子玩得開心，並且使自己也高興，那其他的東西都不那麼重要了。

「一天，偶然間我認識了一個陌生人，然後我們很快就打成了一片。」

遇到這個人，他將會面臨一次重大的考驗。一般來說，具有合作精神的男孩，是不會被輕易蠱惑的。然而，由於這個男孩所面臨的情況比較特殊，所以，他沒能經受住考驗。

「他就是所謂的『老大』，簡單來說，就是那種資質很老的盜賊。他頭腦聰明，手腳俐落，對這一行非常精通，並且還可以將成果分享給你，卻不會使用卑劣的手段加害於你。我們一起所做的那幾票生意，都是一帆風順的。之後，我就越來越熟練了。」

之後，我們瞭解到：這個男孩的父母名下有一間屬於他們的房子。他的父親在一家工廠工作，是那裏的領班，只有週末才有時間回家與家人團聚。除了這個男孩，家裏還有兩個孩子。在這個男孩走上犯罪道路之前，家中根本沒有人有類似的犯罪前科。我很想知道，對於這樣的案例，那些主張遺傳犯罪的科學家究竟是怎麼看待的。他承認自己早在十五歲左右就與女生發生過性關係。我想，聽到這個以後，一定會出現一些批評的聲音，會有很多人覺得他好色。然而，這個孩子並非對他人感興趣，他僅僅是透過這樣的方式讓自己獲得快樂罷了。這樣的行為是誰都能做到的，並不是什麼非常困難的事。而這個孩子的想法是希望別人能夠讚賞他在這方面的行為，他希望自己能夠征服女孩，像英雄一樣。關於這一點，我們在其他方面也可以找到有力的證據。他希望自己能夠憑藉出色的長相來獲取眾多女孩的關注。他為她們花錢，是希望得到女孩的欣賞。他頭上戴著一頂寬邊帽，脖子上繫著一條火紅色的大手帕，腰間還別著一把左輪手槍，而且，他還為自己取了一個特殊的外號，叫「西部不法之徒」。可見，這個男孩有著強烈的虛榮心，卻又不知道怎樣以其他方式來展現自己的英雄派頭。所以，當他十六歲時，他在一次盜竊時被發現並遭到逮捕後，他馬上承認了所有的罪行，並且不慌不忙地說道：「我還做了很多其他的事情呢。」

「我覺得我活下去簡直就是一個錯誤，是毫無價值的。對於一般人所看重的人道，除了蔑視之外，我沒有其他任何感覺。」

其實，這些想法都是隱藏在潛意識裏面的。這個男孩對此並不瞭解，他認為生命就是一種沉重的負擔，對於生命到底存在怎樣的價值和意義，他是一無所知的。然而，他一直找不到導致自己如此灰心喪氣的原因。

「我漸漸地不再信任任何人。人們都說賊是不互相偷的，其實這是錯誤的說法。之前我有一個同伴，我對他非常好，他卻偷偷在背地裏算計我。」

「我想，如果我是個有錢人，我也會像周圍的人一樣正直。我想說的是：我需要在不用工作的前提下擁有很多的錢，可以滿足我的任何需求。我討厭工作的感覺，我以後也絕對不會去工作的。」

我想，我們可以這樣理解他的話：「導致我走上不歸路的其實是壓抑的感覺。我的希望被我長時間地壓抑在心裏，最終導致了犯罪的發生。」對此，我們應該進行深入的思考和討論。

「其實我也不是故意想要犯罪的。只是，當我開著車子經過一個地方時，總是會有一些東西冒出來，讓我覺得分外刺眼，我實在壓制不了內心的欲望，所以就去將它據為己有了。」

在他心裏，這種盜竊行為是能展現他的英雄風範，他並不認為這是怯懦的體現。

「我頭一次被抓到的時候，是因為我想要將偷來的珠寶賣掉。當時，除了交女朋友以外，我真的找不到其他能夠讓我開心的事情了，所以，我想要賣掉珠寶然後去找她，結果就被抓住了。」

像他這樣將大把的錢花在女友身上，想因此獲得她的讚許的人，通常都將這樣的事情作為一種勝利來看待。

「我願意在監獄裏接受教育，這裏有很多種學習班。但我並不是要重新做人，而是想讓自己成為更厲害的人物。」

可見，他已經對生活完全喪失興趣，並對人類深惡痛絕了。他說道：「假如我生了孩子，我一定弄死他。我是不會充滿罪孽地讓一個人來到這個世上的。」

面對這樣的人，我們應該採取怎樣的方式才能感化他？我們所能想到的只有幫助他培養合作精神，引導他明白自己的生活方式是錯誤的，除此以外，別無他法。我們一定要深入地瞭解他少年時代對何物產生了如此大的誤解，然後再去開導他。然而，在這個案例中，我們在這方面卻知之甚少。我想知道的各種重要線索，在這個案例中並沒有得到良好的闡述。如果我一定要做出一些結論的話，我猜他應該是在家中排行老大的孩子，剛開始受盡了父母的疼愛，然後，比他小的孩子出生了，父母將注意力轉移到新生兒身上。如果這些猜測都是對的，你可以體會到，這類雞毛蒜皮的小細節，對於一個人的發展將有多大的影響力。

約翰接著說：「然後我被送進了感化院，在那裏，我受到了各種不公正的待遇。我離開那裏之後，就開始對社會充滿了仇恨。」針對這些，我有些重要的話要講。在心理學家看來，監獄中的虐待事件對於犯人來說是一種挑戰，這些都在考驗他們的韌性。同理，每當我們在犯人耳邊說

「洗心革面，重新做人」之類的話時，也會被他們當作一種挑釁來對待。他們心中一直存在一種對英雄作風的盲目推崇，因此，他們受到這樣的挑釁後會非常開心。在他們心中，這就像是一場比賽，他們會誤以為社會是在挑戰他們的極限，因此，只有堅持著挺過去才是英雄。對於一個與全世界為敵的人，沒有什麼比挑戰他更容易激怒他了。在教育問題兒童的過程中，我們常常錯誤地向他們發出挑戰：「我看你是不是真的那麼堅強，我倒要看看你能堅持到什麼時候。」這些孩子與罪犯有一個共同點，就是一直被成為英雄的夢想所支配。如果他們足夠明智，他們就會知道自己有能力擺脫這樣的想法。然而，感化院經常用一些事情來刺激罪犯，向他們發出挑戰，這樣的做法其實很糟糕。

現在，有一個殺人犯，他已經馬上就要被執行絞刑了，讓我們一起來研究他的個人日記。他蓄意謀殺了兩個人，並在行動之前用日記將自己的想法記錄了下來。透過這本日記，我可以對罪犯在犯罪前的心理狀態和計畫做一個詳細的闡述。之前也接觸過類似的犯罪者日記，有一個共同點是他們一般不會將自己的犯罪行為只用簡單的句子描寫出來，同時，他們也不會錯過在日記中為自己的罪行辯解開脫的機會。由此，我們發現，社會化是多麼重要。就算是犯罪者，也希望自己的步調與社會化保持一致。與此同時，他們要在實施犯罪之前將自己的社會化壁壘擊潰，並成功地消除自己剩餘的社會化。所以，在杜思妥也夫斯基（Dostoyevsky）所寫的著名長篇小說《罪與罰》中，為了思考清楚是否去做一件犯法的事，拉斯柯尼科夫（Raskolnikov）在床上躺了整整兩個月。最終，他為自己找到了勇氣，他問自己：「我到底是拿破崙呢？還是一隻小蝨子？」可見，犯罪者總是用類似的想法來自欺欺人，達到激發自己勇氣的目的。實際上，在罪犯的心中，他們懂得什麼事情是對生活有利的，而自己的所作所為恰巧是對社會有害的。但是，由於他們的怯懦，卻依舊選擇一意孤行。造成他們怯懦的原因，大多是因為他們並沒有使自己獲得成功的才能，他們不知道怎樣與人順利地合作，然而，生活中的一切問題幾乎都需要與人合作才可以完成。之後，犯罪者就會試圖尋找一些能夠幫自己開脫、幫自己掩飾的藉口，以此擺脫沉重的壓力。比如身體不適、失業等。

下面的話都是從這樣的日記中摘抄下來的：

「我所認識的人幾乎都背叛了我，我是一個不討人喜歡的人，他們都討厭我。我成為他們用來開玩笑的素材，或者是侮辱的對象（由此可見，他很愛面子）。這些讓人崩潰的事情幾乎要了我的命。我不再留戀任何事物，我覺得這些已經超出了我的忍耐極限，我是聽天由命，任由他們侮辱的。可是，我總得填飽肚子，肚皮可是不聽指揮的啊。」

顯然，他漸漸開始找藉口了。

「他們說，我可能會死於絞刑。可是，從另一方面說，被絞死和被餓死又有什麼兩樣呢？」

曾經有一個案例，母親在提前預言孩子的未來，她對孩子說道：「你遲早有一天會把我弄死的。」結果，當這個孩子長到十七歲時，竟然真的將他媽媽絞死了。其實，預言也能達到和挑釁同樣的效果。

「我管不了那麼多了，不管怎麼說，我是必須死的。我什麼也沒有，任何人都拿我沒辦法。既然我心愛的女生都不願意再見我一面了……」

他是想要擁有他心目中的女孩的，然而，他十分窮困，甚至連像樣的衣服也買不起。在他眼裏，女孩就是一種財產，這展現了他對愛情和婚姻的看法，以及解決問題的方式。

「我真的受不了了，所以我一定要用同樣的手段將她騙到身邊做奴僕！」

這些人的想法一般都比較極端，他們總是像孩子般任性，要麼就擁有所有的一切，要麼就什麼都不想得到。

「這週四我要好好地賭一把了，我已經選好了我的目標獵物，只是在靜等最合適的時機。一旦有合適的機會，我將去做一件任何人都做不到的事情。」

在他的心目中，自己就是一個令人欽佩的英雄：他真的是殘忍到極限，並不是每個人都可以做得出來的。他用隨身攜帶的小刀，捅死了一個被嚇得面色驚慌的人，這件事的確是其他人所做不到的。

「正如羊群會受到牧羊人的控制和驅趕一樣。我黑暗而罪惡的行徑也是受到了肚子的驅使和鼓勵。或許，明天冉冉升起的太陽對我來說已經遙不可及了，但是，我才不在意呢。在我看來，沒有什麼比遭受飢餓的煎熬更加糟糕、更加令人痛苦了。我已經受夠了，不想繼續了。最後，仍然有一件事讓我覺得非常煩惱，那就是我必須接受他們的盤問。我犯下了這樣的罪行，自然要接受一定的懲罰，但是，比起飢餓，死亡是多麼美好。就算我被餓死了，也不會有人多看我一眼。然而，如今我一定是吸引了不少人的注意吧，或許還會有人因為同情我而為我哭泣呢。我已經下定決心了，我一定要付諸行動。沒有一個人能體會到像我今夜這般慌張和迷茫的感覺。」

其實，他根本不是自己所構想中的英雄。在受到審判時，他坦白道：「雖然我襲擊的並不是他的要害部位，可是，我依舊犯了謀殺罪。我明白，我的下場就是被執行絞刑。可是我是多麼遺憾啊，其他人都能夠穿著好看的衣服，可是我卻一直都沒有得到過，也體會不到那種幸福的感覺。」

如今，他所關注的焦點從飢餓問題轉移到漂亮衣服上來了。

「我真的不明白自己究竟做了什麼事。」他顯然在狡辯。雖然每個犯人的說辭都不一樣，但是他們始終都不會錯過為自己尋找藉口的機會。有時，一些罪犯會在作案前大量喝酒，這就是他們所準備的藉口，醉酒可以幫助他們推卸責任。由此可見，他們總是在努力尋找幫助自己破除社會化壁壘的有效方式。我相信，我可以隨意在罪犯所陳述的過程中指出我所關注的每一點。

如今，我們是真的遇到棘手的問題了，我們該如何是好呢？假如我的想法是對的，那麼，我們可以透過各種各樣的案例得出這樣的結論：罪犯通常都是對社會失去了興趣，並且從來沒有真正學會如何合作的人，他們所追求的個人優越感目標都是虛無縹緲的。可是，那我們該怎麼樣才好呢？其實，對待罪犯和對待精神病人是同樣的道理。除非我們努力地獲取他們的信任，並成功地讓他們明白怎樣與人合作，否則，我們也是無可奈何的。可是，我們最好不要特別強調這個問題，如果說我們一開始就能讓他們渴望追尋人生的幸福，假如我們可以幫助他們對周圍的人產生好奇，假如我們可以引導他們學會在面對困難的時候與人合作尋求解決之道……如果是這樣，他們就不會有今天這樣的問題。倘若做不到以上幾條，我們就束手無策了。這件事似乎不像表面所呈現的那般簡單。我們無法讓他們透過簡單的事情來獲得進步，自然也不可能讓他們去做能力範圍之外的任何事。我們明知道他們有錯誤，卻不能當面指出並和他們進行爭辯。他們心中的各種觀念已經到了根深蒂固的地步，並且在過去的這麼多年裏，他們都是在這樣的價值觀下生存的。假如我們想要讓他發生轉變，就必須要找到是什麼為他的錯誤打下了如此堅硬的根基。我們一定要瞭解他們所處的是什麼樣的環境，並且發現他們是從什麼時候起開始走上失敗的道路的。他們的人格是在四～五歲之間形成的，而這個階段的不良因素也會導致他們對世界產生錯誤的估計。我們一定要找到並且幫他們改掉這些堅固的原始錯誤。所以，我們要到他們生活的最初時期進行探索。

以後的生活中，他們用他們錯誤的觀念去解釋每一件他們所經歷的事情，假如這些經驗與他們的觀點是有衝突的，他們就會糾結、思索、回想，直到將事情扭曲得不成樣子。如果一個人一直堅持這樣的觀點：「所有的人都想要侮辱我，損害我的利益。」那麼，他就會試圖找到更多的證據去證明這個觀點的正確性。他很容易將焦點鎖定在這樣的事情上，而對其他的事情卻視而不見。事實上，犯罪者只是對他自己的事情非常在意，在他的心中已經形成了堅固的行為習慣，指導著他去觀看和傾聽來自外界的事情。如果一件事情與他的生活解釋發生衝突，他就會忽略它。所以，除非我們能準確地掌握他心中解釋事情的標準，以及為何會形成這樣的觀念，並且研究清楚他最開始的行為習慣，否則，我們就無法說服他。

上述這些因素導致嚴厲的刑法在他們身上絲毫沒有作用。罪犯會將刑法看作社會對他不友好以及他不可能與他人進行合作的有力證據。這些事可能早在學校他就已經經歷過，所以才會如此排斥合作，結果要麼是成績下滑，要麼是在班裏調皮搗蛋。他會因為這些而受到來自各方的指責和懲罰。然而，這樣做就可以促使他與人合作嗎？答案是否定的。他會因此更絕望，認為大家都是站在他的對立面上的。如果在一個環境中，個人總是受到指責或責罰，那麼，他是無論如何都不會對這個環境產生興趣的。在這種情況下，孩子會徹底對學校失去興趣，他會討厭老師、學校以及同學。他可能會開始翹課，到處閒晃，尋找可以讓自己停留的場所，他害怕被找到。在這種環境中，他能發現一些與他有類似經歷並且擁有同樣行為習慣的孩子。他們互相理解，他們不僅不會對他進行苛責，還會討好他，並激發他的野心，促使他對生活中沒有意義的事情產生興趣。由於他並不喜歡社會生活中的各種要求，因此，他會將自己和社會對立起來，並僅僅把損友當作好朋友。因為這群人都喜歡他，所以他覺得和他們交往是件愉快的事。就這樣，越來越多的孩子步入歧途。假如在以後的生活中，如果我們也像其他人一樣對他，他就會覺得這是新的證據，可以證明我們都和他是對立的。

這樣的孩子其實完全不應該被生活的困難所擊潰。我們應該給予他們希望的力量，如果我們在他們在校期間幫助他們獲得自信和勇氣，就可以輕鬆地防止這類事情的發生。隨後，我們將針對這樣的做法做一個全面的討論。現在，先讓我們利用眼前的案例來說明犯罪者通常是怎樣將所受的懲罰作為社會與他為敵的證據的。

嚴厲的刑罰之所以不能如想像中那般奏效，還有其他的因素。很多罪犯對自己的生命都是抱有無所謂的態度，一生中他們有很多時候都徘徊在自殺邊緣。嚴厲的刑罰對他們根本產生不了作用。他們認為，很多事都是一種挑戰，他們面對挑戰會採取很多反擊方法，這就是他們的反應之一。面對嚴格冷漠的獄警，假如他們受到虐待，他們就一定會奮力抵抗，並堅持到底，這樣做的結果就是他們更想和獄警抗衡。對於任何事，他們都是用這樣的方式來理解的。他們認為，與社會的接觸過程就是爭鬥的過程，他們竭盡所能地想要贏得勝利。如果我們的想法和他們一致，就正好稱了他們的心意。就算是電椅，也會成為挑戰的一種形式。在罪犯心中，這就像是一場賭博，賭注越高，他們就越想要展現自己的能力，並獲得勝利。這已經成為很多罪犯之所以犯罪的最初原因。一個就要被最終判決的人或許會對自己沒有逃過員警的追捕而後悔不已：「為什麼我偏偏要會掉下那塊該死的手帕呢？」

我們如果想要進行彌補，唯一的辦法就是努力探尋到在他們童年時期，到底是什麼妨礙了他們合作能力的提升。在這方面，個體心理學家為處於黑暗中的我們指出了一條光明的道路，讓我們清楚地看到了努力的方向。兒童的心靈早在五歲的時候就已經形成一個整體了，這裏面彙集了他人格中的許多重要脈絡。當然，他也會受到遺傳和環境的作用力。我們對孩子來到世界上時本身到底具有什麼樣的特質，以及他經歷了怎樣的一個成長過程並不關心，我們僅僅將注意力集中在他利用這些東西的方式、他對這些東西持有什麼樣的觀念，以及他由此而獲得了怎樣的成功。瞭解這些是非常必要的，因為我們並不瞭解遺傳的作用。我們應該注重他所處環境為他帶來的各種可能性，以及他是怎樣利用這些可能性的。如果說一個罪犯還有轉變的可能，那是因為在某種程度上，他是能夠與人合作的，只不過他無法適應社會對他提出的要求。母親應該在這個問題上負很大的責任，對於如何擴展這樣的興趣，她本應該做到胸中有數。她應該以身作則，幫助孩子培養對社會及自己人生的興趣。然而，或許這位母親的家庭生活不是很和諧，她不希望將孩子的興趣擴展到其他人身上，她想要和丈夫離婚，或者他們已經失去了對彼此的信任。所以，她希望這個孩子是完全屬於她的。她溺愛著孩子，不希望孩子離開自己的視線獲得獨立自主的人格。這樣一來，孩子的合作能力一定會受到消極的影響。

孩子對同齡人及社會的興趣也是至關重要的。有時候，當母親將孩子奉為至寶的時候，就很少有同齡人願意接觸他。他或許會對這樣的情況產生誤會，這就容易成為孩子走上犯罪道路的關鍵因素。如果家庭中的一個孩子比較出色，其他的孩子可能會出現問題。比如說，假如次子相貌討人喜愛，作為他的哥哥，就會覺得受到了冷落。他可能會沉迷於被冷落的情緒中無法自拔。他會時刻尋找用以證明這個想法的所有證據。他會變得反覆無常，因此受到批評和約束，然後，他就更確信別人會忽視他、冷落他。因為他感覺到自己受到他人管制，因此學會了盜竊，周圍的人在發現後會用更加嚴厲的態度來指責他，懲罰他。這樣一來就陷入了惡性循環，喜歡他的人就更是鳳毛麟角了，同時他會找到更多的證據來證明別人與他為敵。

如果父母當著子女的面抱怨生活中的困難、社會中的醜惡現象，孩子對社會的興趣就會產生極大的阻礙；如果父母總是抱怨親戚或鄰居的不當行為，並總是顯示出對他人的極度不滿或者是陳舊的偏見，孩子的發展也會受到負面影響。在這樣的情況下長大的孩子對社會及同伴的看法將是扭曲的、不正確的。如果說孩子反過來打擊父母，也是非常正常的。當一個人對社會沒有興趣時，性格中的自私自利就會暴露無遺了。他會認為：「我憑什麼要對人好呢？憑什麼貢獻我的力量？」而且，當他在這樣價值觀的指導下面對困難時，就會優柔寡斷，並時時刻刻為自己準備好推脫的藉口。他會認為與生活展開抗爭不是一件輕鬆的事，如果他對別人造成了傷害，他也會表現出一副無所謂的樣子。既然說是戰鬥，就不能怪他不擇手段了，在他心中，怎麼做都是理所應當的。

下面，我們將透過分析一個案例來瞭解罪犯的發展模式。有一個這樣的家庭，次子在成長過程中發生了問題。我們瞭解到，他的身體強壯而健康，並沒有任何來自遺傳的缺陷。哥哥是家中的焦點，在這個孩子心中，哥哥就像是他的敵人，他就像是在參加一場競技比賽，時時刻刻想要趕上哥哥的腳步，並打敗他。他非常依賴母親的照顧，總是不停地向母親索要一切。對社會的態度則非常冷漠，沒有半點興趣。在與哥哥的持續性競爭中，他感覺非常吃力，因為哥哥非常聰明，在校成績也是名列前茅，而他自己卻總是班裏的最後幾名。在他的內心裏，想要控制他人的欲望是非常強烈的，比如說，他家中有一名女僕，他總是習慣於對她指手畫腳和發號施令，他滿足於看到女僕忙得焦頭爛額，並且，他還會像將軍訓練士兵一樣去訓練女僕。由於這位女僕一直都很喜歡他，所以，一直到他二十歲了，她還讓他在自己面前保持著將軍一樣的威嚴。他一直沒有什麼大的成就，面對自己所從事的事或者必須負擔的工作，他總是會感到擔憂。每當他經濟上出現問題，向母親求助的時候，母親總是會嚴厲地批評他、告誡他，不過最終他總是能得到母親的經濟支持。後來，他與一個女子結婚了，自然而然，他所面臨的困難也就越來越多。然而，他注意力的焦點卻不在這些上面，他認為，只要能夠比哥哥早結婚，就代表他獲得了重大的勝利。所以，我們能夠發現，實際上他對自己的期望值真是太低了，他所關注的事情都是芝麻綠豆大的小事，總是希望在這些雞毛蒜皮的事情上占據優勢。其實，他對於婚姻的概念並不是很理解，而且也沒有做好為人夫和為人父的心理準備，因此，他和妻子之間經常發生激烈的爭執。當他無法再得到母親的經濟支持時，他曾經訂購了一架鋼琴，然後轉手賣掉。結果，他花光了收到的貨款，又付不出錢來，於是被告上了法庭，最後鋃鐺入獄。其實，透過這些針對他童年事件的描述，我們能夠看到他之後行為的基礎。他的成長過程中充滿了黑暗，他是在哥哥的光環下長大的，就像是小樹苗被旁邊的大樹遮擋了陽光，因此會阻礙他的發展。他試圖從生活的點點滴滴中尋找證據，來證明一個他所認為的事實：「與聰明能幹的哥哥相比，他在成長過程中受到了不公正的對待，童年時代充斥著各種的侮辱和蔑視。」

我想列出的第二個案例是一個胸懷大志而又特別受父母溺愛的女孩，她有一個妹妹，她不能接受父母對妹妹的特殊喜愛，所以特別忌妒妹妹。並且，這樣的忌妒表現得非常明顯，無論是在家裏還是在校園，她對妹妹的敵意可謂是顯而易見、人盡皆知。在生活中，她經常試圖尋找並搜集父母偏愛妹妹的各種證據，比如說，父母給妹妹的糖果或零花錢比給她的更多等。一天，她偷偷拿了同伴的錢卻被抓住了，而且當眾受到了懲罰。幸運的是，我有了一個與她接觸的機會，我成功地開導了她，讓她能夠明白事情的整個過程，也正因為如此，她漸漸擺脫了與妹妹進行爭鬥這種病態的做法。與此同時，我也向她的家人講述了整個事情的前因後果，他們意識到自己的問題，並答應不再讓她覺得自己受到冷落、而妹妹則受到偏愛。這樣一來，她就不會對妹妹存有敵意了。這件事已經過去二十多年了，如今，這個女孩沒有出現任何問題，她已經結了婚，而且擁有了自己的孩子，同時也成為一個成功的女人。自從那次不愉快的經歷之後，她就再也沒有出現過任何麻煩，也沒有犯過類似的錯誤。

從以上的描述中，我們已經看到了生活中所存在的幾種對於兒童來說會產生不良作用的情境。現在，就讓我來總結一下。我們之所以要在這裏對這個問題進行強調，並且進行細緻的分析，是因為如果說個體心理學的各種觀點是有指導性意義的，那麼，假如我們想要真正地幫助產生錯誤的人培養社會化並與人合作，我們就要先看清這些情境對於個人發展的不利影響，他們很可能會導致犯罪。我們知道，有三種兒童是不容易與外界合作，並且容易產生問題的。第一種是身體殘缺的孩子，第二種是被寵溺壞的孩子，第三種是被冷落的孩子。一般來說，生理存在缺陷的孩子總會比普通人更加懂得關注自己，因為他們認為是老天奪取了他們成為完整個體的權利。如果想幫助他們解決問題，或者避免疑問的產生，最好的方式是對他們進行特殊訓練，讓他們對社會化興趣。上述的幾類孩子總是更想要控制他人。比如說，我接觸過這樣的一個男孩，因為他喜歡一個女孩，對其表白後遭到女孩的拒絕，因此覺得受到了莫大的羞辱，最後竟然慫恿一個年歲較小的、比較笨拙的孩子去刺殺這個女孩。那些被寵壞的男孩子，總是將注意力投放在母親身上，甚至到了寸步不離的地步。因此，他們的興趣很難擴展到除母親之外的任何事物上面，其實沒有哪個孩子是絕對地受到了冷落或被置之不理的。假如真的如此，那麼，他一定會在剛剛降臨人世的頭一個月就早早夭折。可是，有些孩子確實是被忽略的。比如孤兒、棄嬰、醜陋的孩子、殘疾的兒童、私生子，等等。這也就良好地解釋了，為什麼罪犯會分為兩種不同的情況：俊美卻被寵溺與醜陋而被忽略。知道這一點，很多事情就很好理解了。

我曾一度想要從我所看到的犯罪者或者從我透過雜誌報紙等管道看到關於罪犯的資訊當中總結出罪犯所共有的人格結構特點，我發覺，個體心理學的一些觀念是能夠為我提供良好幫助的。現在，讓我們從費爾巴哈（Ludwig Andreas Feuerbach）所寫的一部古老德國作品中選取一些案例，針對這個問題來進行討論。我們可以從這些案例中總結出犯罪心理學的最好表述方式。

（一）康拉德的案例。他與一個工人合謀，一起殺害了自己的父親。他的父親並沒有盡到父親的責任，他經常對康拉德進行粗暴的干預，並一貫地輕視他。父親的行為讓原本和睦的家庭變得不得安寧。一次，康拉德在父親對他暴力相向的時候終於忍不住還了手。於是，父親就把康拉德送上了法庭。法庭上，聽完事情經過，法官對康拉德說道：「這真是讓人無可奈何，因為你的父親實在是太不像話了。」然而，法官的這句話卻成了引發悲劇的導火線。家庭中的成員都在努力讓父親變得溫和，努力在改變他的惡劣行徑，然而，一直都沒有任何效果。後來，父親做了一件讓所有人大失所望的事情。父親居然將一個水性楊花的女人帶回家並安置她住下來，之後，父親將康拉德趕出了家門。康拉德後來認識了一個工人，工人聽了他的遭遇，產生了憐憫之心，竟然慫恿康拉德去殺害自己的父親。康拉德考慮到母親，有些猶豫和遲疑，但是，他覺得如果任憑事情繼續下去，整個家就被毀了，因為家中情況確實已經一天不如一天了。

在經歷一些心理交戰後，康拉德終於下定決心，工人幫助他成功地把自己的父親殺掉了。從這件事我們可以看出，康拉德的社會興趣一直就沒有從母親身上擴展到父親身上。他一直依賴著母親，關注著母親，將所有希望都寄託在她身上。在最開始，他的社會化還是有一定殘留的，然而，他在毀滅這些感覺之前，一定要試圖找到一個合理的理由來為自己的罪行開脫。當工人表示願意提供支持之後，他憑藉著心中的憤怒，在衝動之下終於決定實施犯罪行為。

（二）瑪格麗特的案例。她被別人戲稱為「女毒王」。她是個孤兒，從小是在孤兒院長大的，她看起來非常瘦小，長相也很醜。正如個體心理學家所說的那樣，她急切地希望別人將注意力放在她身上，然而，卻始終不能如願以償，最終，她所得到的除了白眼之外，什麼都沒有。她做過許多努力，也進行了多次嘗試，卻都無疾而終，最終她變得沮喪和絕望。她曾三次想要毒死別的女人，希望可以透過這樣的方式來占有她們的丈夫。她誤認為自己的情人是被她們奪去的。她苦思冥想，除了下毒將她們毒死以外，沒有任何其他的方式能夠贏回情人。她佯裝自己懷了孕，然後起了輕生的念頭，她以為這樣做就可以贏得男人的關心了。她平時有寫日記的習慣（事實上很多罪犯都有這樣的習慣），她在日記中寫道：「每當我做了什麼壞事之後，我的頭腦中總會出現這樣的想法：『既然根本沒有誰同情過我、為我的事情悲傷過，那麼，我又憑什麼因為他們遭遇了不幸而深感悲傷呢？』」其實，她有這樣的想法，自己也覺得意外，根本不知道為什麼會這樣。這就是個體心理學中所謂的潛意識觀點。

透過這些日記，我們可以想像到她是透過怎樣的方式說服自己實施犯罪的，並且，她也為自己找到了一些冠冕堂皇的理由。每當我主張要培養自己對周圍人的興趣，並能夠與之合作的時候，總會聽到這樣的聲音：「可是，別人似乎對我卻沒有什麼興趣呀！」我想說的是：「這樣的事情，總要有人來開頭的，假如對方不願意與你合作，那是他的問題，而不是你的問題。我主張一個人自己要主動尋求合作，而不是一味計較別人的反應。」

（三）有這樣一個人，他是家中的長子，從小沒有受到過良好的教育，所以沒有什麼教養。他的一條腿有一些殘疾，是個跛足。他作為兄長，扮演著父親的角色，照顧比自己年幼的兄弟們。其實，這也可以成為一種優越感目標。猛地一看，似乎這種情況是對其發展有利的。可是，這樣的位置也可能成為他向別人炫耀的資本。之後，他居然將母親逐出家門，讓她在外乞討，而且還口出惡言：「老狗，快從這裏滾出去吧！」

這樣的行為真令人髮指，我們也替他感到悲哀。竟然連母親都不能引發他的社會興趣了。如果我們瞭解一下他在孩提時代到底遇到了什麼事，就可以知道是什麼原因引發了如此荒謬的做法了。他曾經失業，很長時間內都沒有找到工作，此外他還染上了嚴重的性病。一天，在回家的路上，他因為想要搶奪弟弟的工錢而與他發生爭吵，後來，他殺死了弟弟。從這一點我們能夠瞭解到，是失業、貧窮和性病導致他在與人合作方面出現了問題。其實，每個人都有一個底線，所發生的事情如果跨越了這個限制，就會產生一些嚴重的後果。

（四）一個孤兒被一個婦人收養做了養子。這位婦人非常寵愛他，對他的照顧無微不至，甚至到了令人難以置信的地步。後來，他被養母寵壞了。他喜歡與人競爭，總是希望能夠超過別人，以便在他人心中樹立一個良好的形象。他的養母一直為他提供支援，最後竟然愛上了他。然而，他變成了一個熱衷於騙人的欺詐犯，總是想盡一切辦法到處行騙。養父出身於貴族家庭，因此，他也承襲了貴族的作風，將養父的錢財揮霍一空，最後將養父趕出了家門。由於沒受過良好的教育，加上被養母寵壞，他整日游手好閒、不務正業。在他心裏，沒有什麼比撒謊和騙人更能有效地解決生活中所遇到的問題了，因此，他幾乎去欺騙自己遇到的所有人。他的養母實在是太喜歡他了，寧願捨棄丈夫和兒子，也要留在他身邊。這樣的情況，讓他感覺自己有能力不勞而獲，可以輕易地獲得任何想要的東西。然而，他對自己的能力卻又不是非常有自信，因為在他看來，如果自己用正當的手段是無法取得成就的。

我們已經說過：無論如何，任何兒童都不應該受到讓人沮喪的待遇，這樣的做法會讓他們感到自卑，而這又會影響到他們合作感的培養。沒有誰在面對困難的時候是註定會被困難所擊敗的。一般來說，罪犯只是採取了不正確的方式來面對問題，我們應該為他們指出錯誤，並向他們推薦正確的方式。與此同時，我們應該引導他們將注意力轉移到別人的身上，並且學會與人合作。如果所有人都意識到犯罪行為不是英雄的作風，而是一種怯懦的表現，那麼，我們能夠斷定，罪犯一定無法再次找到推脫的理由來為自己成功地辯解。這樣一來，就不會有越來越多的孩子逐漸走上犯罪的道路了。在任何一個罪犯的案例裏面，無論我們的描述是否完全準確無誤，我們能確定的一點就是，童年時期所形成的錯誤生活方式對於孩子有著巨大影響。一般來說，這樣的生活方式都表現出一種錯誤形式，那就是合作精神的缺失。當然，合作的潛能是來自遺傳的，然而，任何人都有這樣的潛能，如果想要讓它得到完全的釋放，就必須進行一些集中性的、正確的訓練，這些與遺傳就沒有關係了。在我們的觀念裏，關於犯罪的其他成因都是偶然性的，都是多餘的，除非我們發現一個人是既能與人合作卻又有犯罪行為的。這麼多年來，我沒有遇到過這樣的人，也沒有聽任何人講過他們遇到了這樣特殊的個體。我們始終都承認，與人合作是防止犯罪產生的最有效途徑。只要人們對這一點還心存疑慮，我們就永遠不能奢望這個世界上不再有犯罪產生。因為與人合作就是一種真理，因此，我們可以像教化學課一樣，將與人合作之道傳授給孩子們，畢竟，真理是可以以適當的形式進行傳播的。無論是孩子還是大人，倘若在沒有上過地理課的情況下去參加考試，等待他的一定是徹底的失敗。同理，無論是成人還是孩子，如果他在沒有學會合作之道的情況下就到一個需要合作精神的環境中去生活，迎接他的一定也是失敗。

無論想要解決什麼樣的問題，都是需要與人合作的。對於犯罪問題的一系列討論也已經快要告一段落了。如今，我們一定要勇敢地去接受事實、面對事實。人類生存在地球上的歷史已經超過了幾千萬年，然而，卻一直無法找出解決這一困難的其他有效方法。我們之前用了一些方法，卻都沒有一個達到應有的效果，並且，我們身邊依舊不停地發生犯罪事件。經過不斷地研究討論，我們得出了一個結論：之所以發生這樣的狀況，是因為我們從來沒有意識到，如果想要根治這種情況，就需要採用一些有效的方法來讓罪犯的生活方式產生徹底的改變，並且，還要預防他們再次形成類似的錯誤生活方式。如果沒有做到這點，所有的方法都將是徒勞的。

現在，讓我們一起來回想一下我們研究的整個過程。研究顯示，罪犯也是正常的人類，他們並不是什麼特殊人群，和正常人一樣，他們的行為也都是在人類合理行為的範疇之內的。這個結論是至關重要的。我們應該瞭解到，犯罪其實是生活態度的一個病態表現，並不是孤立存在的一件事。我們也應該努力挖掘到底是什麼因素導致這種態度的形成，而不是消極地將這個問題看作無人能解。如果這些條件都被滿足，那麼我們就會有足夠的把握去改變整件事的結果。我們觀察到，一般來說，罪犯身上所存在抵觸合作的思想或做法都會長期存在於他的意識當中，很久都不會被改變。這樣的思想習慣最早可以追溯到兒童四～五歲的時候。在那個時期，有一些事情的出現阻礙了他的發展，使他對別人無法產生興趣。我們已經證明並描述了造成這一現象的原因，如來自父母、同伴的影響，來自社會偏見的影響，或者受到周圍環境的制約，從而使他在對他人產生興趣的過程中受到阻礙。我們還發現，無論是怎樣的犯罪者，無論是犯了什麼樣的罪，他們之間都存在一種共通性，那就是：他們一般都不喜歡與人合作，他們不懂合作之道，而且對他人缺乏興趣，對自身的幸福也不關注。如果說我們想透過自己的行為來對罪犯產生一些好的作用，那麼，我們就要設法地提高他們與人合作的能力，除此之外，其他的辦法都不會有效果。假如想要改變罪犯的行為，我們的一切活動都要指向一個目標：讓他願意與人合作。

比起其他失敗者，罪犯有一點特殊之處。在經歷了各種反抗行為之後，他已經像其他失敗者一樣喪失了對於快樂生活和良好工作的信心，變得心灰意懶。但是，他並非無所事事，他也有自己的行為活動，只是，這些行為都指向了消極的一方。面對那些具有消極意味的事情，他會顯得很積極，並且，在這些活動上，他會顯示出想要與同種類型的罪犯進行互動合作的熱情和衝動。這種行為其實和精神病人、自殺者、酒鬼是有很大區別的。但是，他的活動是非常單一的，有時，他所從事的活動竟然會只剩下犯罪行為。一些罪犯會一而再再而三地犯下同一種罪行，而不是在很多領域都做出踰矩的行為。他畫地為牢，將自己囚禁在狹小的活動範圍之內。從這些描述中，我們能夠感覺到，他的勇氣已經所剩無幾了，留下的只有灰心失望。他註定會感覺沮喪，因為勇氣也是涵蓋在合作能力範疇之內的。

無論白天黑夜，罪犯總是在為犯罪行為做準備，比如說，相應的手段和應有的情緒。在白天的時候，他謀劃整個犯罪過程，在夜晚的時候則是繼續排除殘留的社會化。他到處尋找藉口，用來消除自己的內疚和罪惡感，並且，他也在尋找讓他必須犯罪的理由。想要徹底將社會化從頭腦中清除，其實不是一件容易的事，它總會以各種形式進行抵抗的。然而，如果他確實想要實施犯罪行為，那麼，他總是能找到解決的辦法。或許是儘量回想他之前受到的委屈，或者是醞釀憤怒的情緒，這些行為的目標只有一個，就是儘量將社會化的殘餘消滅掉。瞭解罪犯這樣的行為習慣有助於幫助我們解開困惑：為什麼他一直想要從所處的環境中尋找理由來讓自己更加肯定自己的做法，為什麼我們會在與他爭論的時候顯得無可奈何。他用心地觀察著這個世界，以及發生在周圍的一切，其實，為了他的行為，他早就有所準備，且這個準備是非常充分的。除非我們能挖掘到產生這樣態度的原因，否則我們是無法改變他的。然而，在這場對抗中，我們始終有一件他無法抗拒的有力武器，那就是我們對社會的興趣，這種興趣可以促使我們去發掘到底什麼樣的方法才能真正幫助到他。

其實，每一個罪犯在最開始計畫犯罪的時候，都面臨著巨大的困難，他們想要找尋一個簡單的方式來解決問題，而不是勇敢地去與他人合作。一般來說，這種情況會在他們面臨經濟問題的時候更加明顯，如普通人一樣，罪犯也在一直追尋自身安全感和優越感目標，他們同樣希望能夠儘快解決所面臨的問題，跳過那些討厭的障礙。可是，他們所追求的目標卻是與社會規則相違背的。他們的優越感目標是憑空想像而來的，是不切實際的。而他們獲取這種優越感的方式就是讓自己認為自己可以戰勝員警，凌駕於法律之上，並排斥在社會組織之外。他們經常用的手段是：逃避責任、違背法律。比如說，在罪犯用毒藥來殘害他人的時候，他就會說服自己、欺騙自己、自我催眠，自認為這就是他所取得的巨大成功。在他正式被逮捕之前，或許已經成功地做了很多次這樣的事，卻一直沒有被發現。

根據上面的表述，我們可以在罪犯身上看到自卑情結。一旦要面臨勞動或者是需要與人合作才能完成的生活或工作，他們的態度就只有逃避。他們其實是認為自己不具備成功者的優秀品質，由於不喜歡與人合作，他們在生活中會遇到更多的困難，所以，他們一般都會從事非技術性的體力勞動。他們不希望自己的自卑情緒被人看穿，所以用一種虛無縹緲的優越感來進行掩飾。他們一直暗示自己要勇敢，要自信，要優秀出色，然而，我們始終無法將一個喜歡逃避問題的人當作英雄典範。一般來說，罪犯一直生活在自己為自己編織的夢境中，他們普遍看不清現實是什麼樣子，他們一直在拚命地否定現實，否則，他們只好放棄自己不勞而獲的優越感以及罪惡的生活方式。所以，我們明白他們的想法：「我是這個世界上最優秀的人才，如果誰不服從我的意志，我就可以讓他死。」「看，我雖然做了違法的事情，卻依舊能逃避法律的懲罰。」

透過前文中的案例，我們已經明白，在生命最開始的時候，一些壓力過大的孩子及被寵溺的孩子很可能一步步走上犯罪之路。同時，我們也要為身體有殘缺的孩子提供更多的照顧，也只有這樣，才能避免他們只關注自己，才能順利地讓他們對別人感興趣。被冷落的孩子、不被喜歡和歡迎的孩子也存在類似的問題，他們在與人合作方面欠缺經驗，壓根不懂得怎樣合作才能讓別人喜歡自己，並與人一起解決生活中出現的各種困難。一般沒有人會教導被寵壞的孩子如何依靠自身的能力來贏得自己喜歡的東西，他們誤以為這個世界上的東西都是可以不勞而獲的，只要開口，就會有人走出來滿足他們的需求。如果說，沒有人來滿足他們的欲望，他們就會認為那是別人的錯誤，並且排斥與人合作。我們可以在任何犯罪分子的身上看到諸如此類的事情。沒有人教會他們如何去合作，因此，他們的合作能力異常薄弱，他們總會用逃避的態度來面對生活中的困難，或者乾脆是一副無可奈何的樣子。所以，我們能夠確定，我們唯一可以做的就是教他們如何

父母對孩子的錯誤教育方式，往往是孩子最終犯罪的根源。從父母那裡所傳達來的壓力，會讓孩子變得無助，為了能夠達到父母的要求，常常會做出一些極端的事情。身為父母應該反思，如何為孩子營造一個良好的成長環境，以及怎樣的教育方式才適合孩子。

合作。

截至目前，應該說我們已經擁有了足夠的經驗，並且吸納了各種各樣的知識。我能夠確定的是，透過心理學家的指導，我們應該已經知道怎樣去改變一個罪犯了。可是，我們仔細思索一下，如果我們將每一個罪犯都找出來，並一對一地進行扶助救治，以更改他們的錯誤生活方式，那將是何等巨大的一項工程啊。讓人遺憾的是，在我們的傳統中，一般人一旦發現困難已經超出了自己的能力範圍，就會拒絕合作，因此，在經濟萎靡的時期，更容易引發各種犯罪行為。我想，如果我們採用這樣的方法來改變罪犯，人類當中的絕大多數都應該受到救治。我敢斷言，我們不該妄想能非常有效地將每一個罪犯或類似的人改變成樂於與人合作的良好公民。

可是，我們能做的事情其實還有很多。就算我們無法一個一個地改變罪犯的狀態，我們依舊可以利用一些有效措施來為那些沒有能力解決生活問題的人減輕一些壓力，比如失業者或者無法在工作中找到自己位置的人。我們應該想辦法為每一個想要投身於事業的人提供一份基本的職業保障，這個辦法可以使大部分人能夠在較低的社會要求下正常地生存，而不會喪失原本就不夠強的合作能力。不用懷疑，假如我們能夠一直這樣做，將會減少很多犯罪案件的發生。我雖然不清楚這樣的一個社會是不是可以保障人們不再受到經濟問題的侵擾，可是，我們應該確定這樣的目標，並且執著地奮力前行。我們應該為孩子提供良好的職業教育，讓他們擁有更多解決問題的技巧，從而可以在社會中自由地活動和發揮個人才能。在這個問題上，我們的成績也是非常顯著的，我們可以做的只能是再接再厲，繼續拚搏罷了。即使我們沒有足夠的精力和能力對罪犯進行一對一的糾正教育，但是，我們卻可以將他們召集在一起，提供相應的幫助和支持。例如，可以組織罪犯一起參與社會問題的討論，就像我們在這裏針對這個問題展開探討一樣，我們可以對他們進行提問，並且儘量叩開他們緊閉的心扉，讓他們走出自我編織的迷夢。我們要盡力讓他們意識到自己對世界的理解是不夠充分甚至嚴重錯誤的，我們要鼓勵他們正確地估計自己的能力，引導他們不要在自身發展過程中進行自我設限，並且漸漸讓他們走出恐懼，勇敢地面對社會問題。我相信，我們一定可以從這樣的集體治療中獲得巨大的成功。

我們還應該儘量消除社會生活中所存在的那些可能讓罪犯或窮人誤認為是挑戰的事物。比如說，讓窮人看到了巨大的貧富差距，他們一定會感覺到不公正，並且想要用行動來表示自己的憤怒。所以，我們要消除和克制淫靡的奢侈作風，對於整個社會而言，讓少數人享受榮華富貴、揮霍無度，而其他人只能過捉襟見肘的生活是不合適的。在對問題少年或落後的孩子提供幫助的時候，我們發現，如果向他們發出挑戰，試圖來考驗他們的力量大小，這樣的做法將徒勞無功。因為，如果他們誤認為自己是在與環境對抗，他們的態度就會變得頑固不化。罪犯的思維方式也是一樣的。我們可以發現，在社會上，員警、監獄甚至是法律法規，都像是在與他們宣戰，這自然會讓他們感覺到憤怒。如果我們靜下心來仔細思考，就會發現，他們是不會被嚇住的。如果我們故意不提他們的名字，也不將他們的行為公之於眾，效果可能反而會好一些。我們應該意識到，無論是嚴厲的懲罰還是溫和的政策，都無法改變犯罪者原有的生活方式，只有讓他們真正地明白自己所處的環境，他們才會自發地轉變。當然，我們的態度要溫和，要知道，嚴厲的法律和殘酷的懲罰手段對他們來說是沒有用的。因為，嚴厲的懲罰只會讓他們覺得這樣的爭鬥更加激烈，就算是用電椅來懲罰罪犯，他們也只不過是責怪自己為什麼那麼不小心而已。

假如我們竭盡全力地去追究到底誰應該為犯罪負責，對我們的工作必定會有積極的影響。調查顯示，至少有五分之二的犯罪是沒有被員警發現的，這樣的事實實際上對罪犯起到了鼓勵的作用。做了壞事卻沒有被追究責任，這相當於讓他們的經驗變得更加豐富。

對於這一點，我們已經在改善了，並且在繼續地完善和努力。更為重要的一個因素是，無論他們是在監獄裏還是已經被釋放，都不要對罪犯進行侮辱或者攻擊。假如能夠找到合適的人，我們可以在監督緩刑犯方面增加一些人手。但是，對於這些官吏我們應該提出嚴格的要求，比如說他們應該在社會問題或者合作的重要性方面擁有正確的、深刻的認識。

以上幾種方式可以幫助我們做很多事。然而，這些方法卻無法從根本上杜絕犯罪的產生。幸運的是，除此之外，我們還有一套非常有效的好方法。如果我們能夠在兒童幼年的時候有意地去鍛鍊他們與人合作的能力，如果我們能夠成功地將他們的注意力從自己身上轉移到周圍事物上面，那麼，我可以斷言，犯罪率將會有大幅度的下降，而且效果一定是經得起時間考驗的。如果我們做到以上的幾點，就能防止孩子被輕易地慫恿或被人教唆去做惡事，相反，無論發生了什麼事，經過特別訓練的兒童都會從容地面對生活中的困難或問題。他們將一直保持著對周圍事物的高度熱忱和濃厚興趣，他們也將採取與別人合作的方式去解決遇到的困難，他們的合作能力也會比其他同齡人高。一般來說，多數罪犯在很早的時候就已經走上了犯罪的道路，比如，有一部分罪犯從青春期就開始做違法的事情，據調查，犯罪者當中，十五歲到二十八歲之間的年輕人犯罪的機率遠遠大於其他年齡段的人。因此，我們的努力應該很快就會見到顯著效果。此外，我敢肯定地說，一個孩子如果教養比較好，對他的家庭生活將產生一種良性的影響。我們能夠發現，那些樂觀、獨立、有遠見而且各方面發展程度都比較好的孩子，在家庭生活中總能為父母帶來欣慰或驚喜。依我看，合作的精神很快就會在人類社會散播開，並且，我們人類的整個社會也會發展成為一個高水準的團體。其實，我們在幫助孩子獲得良好發展的同時，也間接地為父母和教師提供了良好的幫助。

接下來，還剩一個問題，那就是我們應當怎樣選擇最有效的開端來進行這場有意義的活動，以及我們將以什麼樣的方式對兒童進行全方位的鍛鍊，從而讓他們能夠更好地處理生活和工作中不斷出現的各種麻煩。我們是該訓練部分父母，還是訓練所有的父母？答案一定會是前者。我們不要期望能夠將所有的父母都納入這個訓練計畫當中。要知道，控制父母並不是很容易的事，而那些真正迫切需要我們訓練的父母通常是不願意承認這一點的，他們也不願意與我們見面或者配合。由於我們不太容易接觸他們，所以我們必須思考其他的方式。那麼，我們是不是應該將所有的孩子都召集到一起，並監督著他們的一舉一動，看著他們成長起來呢？似乎這樣的方式也並不是那麼簡單和完美。其實，一直以來，我們都應該注意到，有這樣一個實施起來沒有太大困難，而又可以切實地解決困難的好方法，那就是基於學校對於兒童的實際性作用，我們可以將教師作為推動社會進步的動力，我們可以將教師召集在一起，教會他們如何來糾正孩子們在家庭生活中所形成的錯誤習慣或想法，透過教師來培養孩子們對社會的興趣，並且將其注意力成功地轉化到其他事物上去。其實，人們建立學校的初衷和以上的方式是契合的。正因為孩子只透過家庭生活無法學習到處理社會生活問題的有效方法，所以我們才會建立學校來作為補充，學校就是家庭的延伸部分。那麼，我們就更應該充分利用學校，來提高兒童與人交往、與人合作的社會交往能力，讓全人類的幸福生活不再只是遙遠的夢想。

簡單來說，當今社會的一切文明成果，其實都是很多人無私地貢獻了自己的力量所得來的。如果說一個人只想獨立，而不喜歡與人合作；只看重自己，而對其他人不感興趣；只想著滿足自己，卻不想在集體中貢獻自己的力量，那麼，他們的生活註定是孤獨的，是荒蕪的，即使經歷過很多事，也不會有什麼豐富多彩的記憶留下來。只有那些貢獻了自己力量的人，人們才會記得他們，後人也才會將他們的精神一直傳下去，他們的人生才有意義。如果說我們用這類的事情來做例子，教育我們的後代，他們必定也會喜歡與人合作。當生活中出現問題時，他們也不會退縮，而是將與他人合作共同面對各種難題，他們所尋找到的解決問題方式一定也是符合社會利益的。

第十章

職業

一直以來，將人類捆縛住的三條繩索構成了人類無法迴避的三個問題。這三個問題必須統一解決，不能被分割開來。如果想解決其中的任何一個問題，都要以解決其他兩個問題作為基礎。其中，第一條繩索帶來的問題就是職業上的困難。

ALFRED ADLER

一直以來，將人類捆縛住的三條繩索構成了人類無法迴避的三個問題。這三個問題必須統一解決，不能被分割開來。如果想解決其中的任何一個問題，都要以解決其他兩個問題作為基礎。其中，第一條繩索帶來的問題就是職業上的困難。眾所周知，我們是居住在地球這一星球表面上的，這個環境和其中的任何資源都是有限的，比如土地、森林、大氣、礦物質等。地球所帶給我們的問題是源源不斷的，而如何面對並解決這些問題，一直困擾著我們，同時，這也是我們無法逃避的主要工作。就算是在現代社會，我們也不能說我們的答案就是十全十美的。每一個時期的人們都會試圖找到一個統一的答案，然而，不管怎麼樣，人類總是在不停地追尋更完美的答案，努力地提升自己。

透過不斷努力，我們已經找到了可以解決職業所帶來困難的最有效方法，這個方法和第二個困難是息息相關的。束縛人類的第二條繩索是：所有的人類都屬於同一個種族，並且生活在與他們所必須面對第三個困難的聯結當中。如果說有這樣一個人：他獨自生活在地球上，從來沒有看到過和自己相像的同種生物，那麼，他的生活方式和行為特點一定是截然不同的。只要生活在地球上，我們就要與其他人保持隨時隨地的關聯和接觸，必須與他們建立各種合作關係，並對他們保持濃厚的興趣。對於這個問題，友誼、合作、社會化是最佳的解決方法。只要解決了這個困難，我們的職業問題就可以迎刃而解了。

因為人類是懂得與人合作的生物，所以在之後的發展中產生了分工合作的形式。這一形式可以有效地保障人類的幸福生活。如果說所有的人都不想合作了，也不希望依賴前輩留下的美好成果，而只是想憑藉自己單薄的力量活在這個星球上，那麼，人類是無法在地球上長久地繁衍生息的。正因為我們有所分工，才會產生各種具有專項技能的人，我們可以將擁有不同能力的人集合在一起，從而讓這些人為這個團體的共同幸福貢獻力量，這對於人類共同的安全和幸福來說，是一種堅實的保障。並且，這樣做對於人類的全體成員來說，也是自身機會的一種延展。當然，我們不能太過誇張地說，我們整個人類的發展已經到了登峰造極的程度，也不能說現在的分工制度已經臻於完美了。然而，如果我們想要解決自己在職業上所遇到的困難，就必須讓自己作為人類分工架構中的一員，為整個社會的利益貢獻自己的力量。

有些人似乎不太願意工作，對人類共同的利益也採取一種漠不關心的態度，他們總是在逃避職業上所面臨的困難。可是，我們可以發現，就算是他們隨時都在逃避職業上的問題，他們也確實避免不了向別人請求幫助。對於他人的勞動成果，他們是非常依賴的，然而，他們自己對這個社會卻沒有做出一絲一毫的貢獻。這樣的生活方式是來自那些被寵壞的孩子：他們一旦遇到困難，就會請求他人幫他們排除萬難。他們的行為對於整個人類的合作系統來說，其實是一種嚴重的破壞，並且，他們的行為對於其他熱心於解決生活問題的人來說，簡直就是負擔。

第三條束縛人類的繩索是：人類有性別區分，一個人要麼是男，要麼是女，而沒有第三種狀態。人類在生命中的作用是依賴異性的，並且，一個人始終要履行自己的角色所擔負的責任。因此，兩性關係也是一個不可避免的問題，要解決這個問題，也是脫離不了另外兩個問題的。如果想要在愛情和婚姻上取得成功，這個人一定要處理好自己在人類分工架構中所擔負的職業角色，同時，也要和他人保持合作與友好的關係。調查顯示，在當今這個時代，這個問題有一個非常完美的解決辦法，並且這個辦法也是符合人類共同利益以及分工制度的，那就是一夫一妻的婚姻制度。

我們可以從一個人解決這一困難的過程中看出他是否願意與人合作。人類生活中的這三個問題是始終結合在一起的，他們是相輔相成的關係，每個問題的解決都會對另外兩個問題產生一定的影響。所以，我們可以將它們看做同一種環境、同一個問題的不同方面，這個共同的問題就是：「我們必須在生存環境中讓自己的生命得以延續。」

在這裏，我們再次強調一下：一個女人，如果將母親作為自己生活的天職，並對人類做出了一定的貢獻，那麼，她也和其他人一樣，在我們分工架構當中占有令人崇敬的地位。假如她一直對孩子的生存發展保持相當的興趣，而且利用自己的角色努力讓兒童發展為一個健康的人，假如她成功地將孩子的興趣擴展到整個社會中，並且讓孩子學會與人合作，那麼，我們可以說這位母親為人類做出了巨大的貢獻。在我們的傳統文化裏，人們經常貶低婦女因為行使其母親角色而做出的貢獻，並且，很多人誤以為母親的工作是卑微的，是沒有社會地位的。而她們透過認真工作所獲得的報酬也並不是以貨幣的形式直接展現出來的，甚至，那些全職母親在經濟方面還必須依附於他人。可是，評判一個家庭是否美滿的時候，父母的工作其實是平等的，都是具有重要意義的。無論婦女是在家中當全職太太還是外出工作賺錢，作為孩子的母親，她對家庭的貢獻以及在家庭中所應該享有的地位和榮譽是與丈夫同等的。

在子女的生命中，母親是第一個參與其職業興趣發展的人。而對一個兒童而言，在生命剛開始的四～五年中，究竟受到什麼樣的教育，對他們之後的各項發展有著巨大影響。當有人找到我請我幫他們做一下職業輔導時，我一般都會先瞭解一下他們在最初的幾年中處於怎樣的狀態，以及在他們記事時對何事何物最感興趣。透過分析最初的記憶，我們能夠瞭解到他們在剛開始時是怎樣來訓練自己的，並且，我們可以看到他們的最初模式以及統覺表。關於最初記憶有哪些用處，之後我還會再次討論。

孩童自我訓練的第二個階段是在學校中進行的。眾所周知，如今的學校也越來越關注孩子將來的職業定位，以及根據他們的職業方向應該怎樣有意識地鍛鍊他們的眼、手、耳、鼻等器官。與其他學科的學習相比，這些能力訓練的重要性也是不可忽視的。可是，我們一定要牢記，對於兒童將來所要從事的職業，普通學科的學習是至關重要的。我們總是能聽到有些人說，在學校期間學過的拉丁文或法語，早已經被他們忘光了。然而，學校依然應該重視這些學科的教授工作。透過調查分析，我們得出這樣的結論：心靈的各種機能都可以在學習這些知識的過程中得到鍛鍊或運用。很多注重創新的學校，在職業技能的培養和訓練方面都投入了很多精力，其實，這樣的方式對兒童非常有益，他們的自信心可以在這個過程中建立和鞏固起來。

如果說一個孩子在孩提時代就已經確定將來想要從事什麼樣的工作，那麼，他的發展將變得非常簡單。每當被問到今後想要從事什麼工作時，孩子們都會給出一個答案。不過這樣的答案往往都是即時性的，並沒有經過認真思考，比如一個孩子說他長大後想當汽車司機或飛機駕駛員時，其實他也並不明白自己為何做出這樣的回答，因此，我們的任務就是要探尋到隱藏在他們心靈深處的職業動機，以便於確定他們在朝哪個方向努力，並且為他們提供支持。我們要弄清楚他們的優越感目標是什麼，具體想要怎樣去實現。從他們的回答中，我們通常可以瞭解到在他們心中最感興趣的工作是什麼樣的，從這個回答中，我們還可以探求出是否還有其他的方式可以幫他們到達既定目標。

一般來說，十二～十四歲的兒童對他們今後所從事的工作會有一個模糊的認識。如果說一個孩子對將來自己所要做的事情一無所知，那麼，這真是件糟糕的事情。如果說他表現出缺乏信心的樣子，並不是說明他對任何事情都缺乏興趣。或許他內心中有很高很遠的理想，卻對自己缺乏信心，或者不敢說出自己的夢想。如果遇到這樣的情形，我們就要耐心地發掘出他的興趣愛好。一些孩子在十六歲高中畢業的時候，面對未來卻依舊是一臉茫然，對自己想從事的工作也並不清楚。通常，他們都是成績優異的好學生，但卻對自己的未來缺乏規劃。如果仔細觀察，我們可以發現這些孩子通常胸懷大志，卻性格孤僻，不願意與人交往合作。他們無法確定自己在社會分工中應該扮演什麼樣的角色，因此也就無法預計到將用什麼樣的方式來實現自己的理想。所以，我們應該早一些引導孩子發掘自己感興趣的工作，這對孩子的發展是很有利的。在學校中，孩子常被問到這樣的問題，教師也一直在努力引導孩子去做相應的思考，免得他們對自己的未來沒有任何規劃。我通常還會問他們選擇某種工作的原因是什麼，一般來說，他們都會說得很細緻。透過孩子對未來職業的選擇，我們可以瞭解到他的生活方式是什麼樣的。兒童通常會說出在他眼裏什麼東西是最有價值的，以及他想朝哪個方向努力。由於我們也不知道怎樣辨別什麼樣的職業更加高尚或低下，所以，一定要讓孩子根據自己心目中的價值評判去選擇他們喜歡的職業。如果說他們能夠踏踏實實地做自己喜歡的工作，並且樂於為整個社會的利益貢獻自己的力量，那麼，他們就會像其他人一樣擁有自身價值。因此，他們唯一的職責就是有針對性地訓練自己、支持自己，並且確定自己在分工系統中對什麼樣的工作最感興趣。

有一類人是這樣的：無論他們選擇了什麼樣的工作，都不會感到滿足。在他們心中，比起一份穩定的職業，更有價值的是獲取優越感的方式。由於他們認為生活壓根就不應該向他們不斷拋出麻煩，因此，他們也不喜歡去解決遇到的困難。這是被寵壞的孩子的通病，他們時刻渴望別人主動來提供幫助。或許，存在一大部分這樣的男人和女人：他們在生命最初的四～五年中判斷出了自己到底喜歡什麼樣的職業，然而，也許因為父母不允許或者經濟條件的限制，他們被迫放棄自己的興趣，轉而投向另外一個領域去做自己根本不喜歡的事。透過這件事，我們也可以看到兒童時期的訓練是多麼的關鍵。如果在一個兒童最開始的幾年中，我們發覺他的視覺非常敏銳，並且對於視覺之類的事物始終保持著濃厚的興趣，我們就可以推斷他成年後可能會對與眼睛相關的工作感興趣。我們在做職業訓練的時候，一定不要忽視了孩子最初的記憶。一些孩子會不時地提到一些人對他們說過的話，或者是一些與聲音相關的事，我們可以就此推斷出他們可能是屬於聽覺型的兒童，或許與音樂有關的事情會引起他們的興致。此外，我們也可以觀察到，有些孩子對與動作有關的事情印象深刻，他們通常比較喜歡運動，或許他們會非常喜歡戶外工作或者與旅遊相關的工作。

在家庭中，總會出現這樣的現象：孩子們總是將家庭成員當作目標，想要超越他，尤其是超越父母。其實這樣的努力是非常有意義的，我們很高興看到孩子能有這樣的意識。如果說一個孩子希望從事父親的行業，並且做出比父親更高的成就，那麼，父親就可以根據自己的經驗為他提供很好的訓練。如果父親從事的是員警職業，孩子一般會想要成為律師或者法官；如果父親的職業是醫生，那這個孩子可能也想從事相同的工作；如果父親在學校裏面任教，孩子的夢想就可能是成為出色的大學教授。

如果我們認真觀察孩子的行為，可以發現他們在有意無意地訓練自己在某一職業方面的技能。例如，一個孩子想要在將來從事教師的職業，那麼，他就可能會與其他的孩子玩遊戲，並在遊戲中扮演教師的角色。我們經常可以從孩子的遊戲中看出他們的興趣。如果一個女孩子對母親的角色感興趣，她就會喜歡抱著洋娃娃，並且像照顧嬰兒一樣照顧它。一些家長不贊同讓孩子玩洋娃娃，誤以為那樣會讓孩子變得虛幻，其實，他們並不知道，那是因為孩子在培養自己成為母親所具備的技能。對於孩子的興趣，我們應該幫助他們提早做練習，如果太晚，他們的興趣就會變得穩定而不容易變化。一些孩子對於機械方面的東西會感到好奇，如果我們能儘早幫他們進行訓練，就會為他們將來從事同類的職業打下牢固的基礎。

一些孩子喜歡跟隨著別人，被人統領，而不是扮演領導的角色。他們一直希望有一個具有領袖潛質的人來接納他，而這樣的領袖就是容納自己的孩子或大人。這樣的想法其實是沒有好處的。我更願意看到孩子這種被統領的想法能夠減弱，假如我們不能成功地削弱或者消除他們心中的此類想法，那麼，他們長大後可能不願意做管理階層，而選擇去做小職員，他們將習慣於受他人的安排和控制。

如果一個兒童經歷了死亡或生病等事情，並且對此表現出極大的好奇，那麼，他們可能會想要從事護士、醫生之類的工作。這樣的意願是應該得到支持的，因為，我發現凡是那些想要從事醫生職業的人，通常都在很早的時候開始鍛鍊自己的相關能力，在得到滿足後會非常熱愛自己的工作。此外，與之有相同經歷的孩子還可能對其他的行業產生興趣，比如藝術或文學創作。他們試圖透過這樣的方式來獲得長久的生命，另外他們中的一部分人也可能會投身到宗教事業當中。

一些兒童長大後會變得無所事事、好吃懶做，然而，這些錯誤的職業訓練也是在很早的時候就開始的。這樣的孩子一般在遇到生活問題的時候會顯得手足無措，最終選擇逃避的方式，如果我們想要找到科學的方式去幫他們改正錯誤，就一定要找出是什麼導致他們形成這樣的觀念。如果我們住在一個可以好吃懶做、五穀不分就能隨心所欲的星球，那麼勤勞可能會被鄙視，而懶惰或許會成為一種良好的技能。可是，從我們和我們所居住星球的關係來看，我們必須明白一點：在職業方面，工作、合作以及奉獻是我們必須具備的美德。在這之前，人類對這些觀點的認識是憑藉直覺的，而現在，我們是站在科學的立場上，透過分析事實來得出這一正確觀點的。

這種對孩子及早進行職業訓練的好處，集中展現在了所謂的天才身上。我想，以天才作為素材來進行分析，更加有利於加深我們對這個觀點的瞭解。眾所周知，天才就是那些對人類發展貢獻出極大個人價值的個體。如果一個人對社會沒有任何貢獻，我們還將之稱為天才，那簡直是個笑話。藝術是人類透過互相合作而得到的成果，那些令人稱讚的天才藝術家也為我們的藝術做出了極大貢獻。比如，荷馬（Homer）在他的作品中運用了三種顏色，並用這三種顏色來描述其他一切色彩的區別。當然，在那個時代的人們，已經對色彩差異有了一定的認識，然而這樣的認識畢竟是浮於表面的，因此，並不懂得如何為顏色取名。到底是誰教給我們辨別色彩差異的技巧，並為他們取名的呢？答案是畫家和藝術家。我們必須要肯定他們的功勞，並對他們表示讚揚。同理，作曲家在人類聽覺發展上，也做出了極大的貢獻。他們提高了聽覺的精密性，用和諧甜美的音律來取代簡單而單調的聲音，他們的做法讓我們的心靈得到了滋潤。詩人用優雅的文字影響著我們，讓我們的思想更加豐富，讓我們的舉止更加有魅力。是詩人讓我們的語言變得更加美妙生動，富有質感，他們讓語言更加符合各種情境。其實，在人類中，最喜歡並且最擅長合作的就是天才了。或許，從他們的言談舉止中，我們並不能看出他們的合作能力到底怎樣，然而，如果將他們的生命作為一個整體來考慮，就可以發現他們其實是最願意與人合作的。或許，他們在與人合作的過程中會遇到更多困難，他們的人生道路上會有更多的坎坷。在天才當中，有很多人都存在生理殘缺的問題，所以，我們常常會對他們產生這樣的印象：他們的生命是坎坷波折的，然而，他們卻努力地解決了所有遇到的問題。此外，還有一個現象值得我們注意：他們通常都是在很早的時候就已經發覺自己對什麼領域的興趣比較濃厚，並且他們很早就開始鍛鍊自己的職業技能。他們在努力讓自己更加適應將來的工作，以便有能力解決所有遇到的難題。從這些現象上來看，我們可以得出這樣的結論：他們的傲人成績和天才的名號都是透過自己的努力換來的，並不是得益於遺傳或者天賦異稟。他們不斷努力拚搏，讓世人也分享到他們辛勞工作的甜美果實。

一個人在早期的努力會為其成年後的成功奠定基礎。假如我們將一個洋娃娃交給一個三～四歲的小女孩讓她自己玩耍，並且她已經開始想要做一頂小帽子給娃娃。我們會在看到她做帽子的時候鼓勵她，並且教給她一些技巧幫助她把帽子做得更精美。在受到讚揚後，她會更專注地投入到這件事當中，並努力提高自己的能力。假設另外一個女孩也在為娃娃做帽子，然而你大喊道：

「快，放下它們！你不怕扎到手嗎？不要費事去做帽子給它了，我們去買一頂現成的吧。」那麼，她就不再去努力做這件事了。如果我們把這兩個女孩子放在一起做對比，很快就會發現，第一個女孩在我們的鼓勵下很快地在藝術方面有了更好的發展，而第二個孩子卻找不到自己感興趣的事情，她會誤認為自己做出的所有東西都不如買來的精美。

假如我們在生活中總是在孩子面前描述金錢的價值，那麼，孩子在面對職業選擇的時候，就很可能用收入來判斷一份工作的好壞。這種做法對孩子來說是非常有害的，在這種觀念的驅使下，孩子所關注的並不是自己可以為人類作貢獻的興趣，而是金錢。我們每個人都應該有自己獨立的生活，一旦達不到這樣的標準，我們很可能就會成為別人的負擔或累贅。然而，如果一個人只對賺錢有濃厚的興趣，那麼，在與人合作方面，他一定不會展現出多高的水準。如果說，他將賺錢作為他最重要的目標，而對社會上其他的事物卻一點都沒有興趣，他就很可能將獲取金錢作為理由，實施盜竊、欺詐等違法的行為。就算他沒有採用這樣極端的做法，並且在獲取金錢的過程中對社會還是有一些興趣的，可是，這樣的人就算已經達到了富裕的目標，他的行為對其他人而言也沒有什麼價值。這是一個奇怪的時代，我們不必驚訝於一些人致富的方式，可能他們運用的並不是正當手段，而最後也達到了腰纏萬貫的目標。雖然，我們不能保證那些一直運用正當手段，勤懇工作的人一定會獲得多大的成就，但是，我們卻可以肯定，這樣的人一定會保持勇敢的態度，並且不會失去做人的尊嚴。

有些人也會借用職業的名義來逃避愛情和社會問題。比如說，在我們所處的時代中，很多人就是用工作忙碌為藉口來逃避愛情或婚姻問題的。一個對工作深感興趣甚至到了工作狂境界的男人或許會這樣認為：「我的工作那麼忙，哪裏還有時間顧慮到家庭啊，所以，如果婚姻出了問題，壓根就不能把責任怪在我頭上。」我們可以看到，很多精神病也在千方百計地逃避愛情和社會問題。他們要麼是透過不正當的手段來接近異性，要麼就是迴避異性，絕不靠近。他們對其他的人並不感興趣，因此身邊也缺少朋友。他們會把幾乎所有的精力都固執地放在自己的工作上。白天腦子裏是工作，到了晚上還在思考工作上的事。他們的狀態一直是緊張焦慮的，這樣的結果是引發了一些神經性疾病。之後，他們就多了一個理由，可以拿胃病作為藉口來更徹底地逃避愛情和社會問題。還有一些人在職業方面缺少必要的堅持精神，他們頻繁地跳槽，認為可以透過這樣的方式來找到更合適自己的位置。結果，他們總是飄忽不定，最終什麼也做不成。

在解決兒童的問題時，我們的入手點應該是找到他們所感興趣的事物。然後，以此為切入點，這樣做總比對他們提供泛泛的讚揚效果要好得多。如果說我們想幫助那些還未找到適合自己職業的青年，或者在事業上遭到失敗打擊的中年人，我們就該去探索他們到底喜歡什麼，然後一邊開導他們，為他們提供指導，一邊幫他們物色合適的工作。這些事都是說起來容易做起來難。我們所處的時代，失業率節節增高，但如果我們每個人都努力地去與人合作，就不會出現這樣嚴重的問題了。所以，我認為，如果每個人都能夠意識到合作在生活中的重要性，就可以透過努力來共同解決這個問題，並且讓每個人都找到適合自己的工作。我們能夠做出的努力是多種多樣的，比如說，增加職業技術類學校的數量，加強對成人的教育，這些做法都可以促使我們早一點解決就業問題。很多遇到失業問題的人都是因為對社會缺乏興趣，而且沒有一技之長。我們隨處可見那些對社會喪失興趣並且不務正業的混混，他們通常對自己的認知比較褊狹，認為自己比不上其他人，這一點就良好地解釋了他們為什麼會走上犯罪的道路或者罹患精神病。一般來說，自殺的人多數都沒有受過良好的教育，由於他們不努力提升自己，所以會不如其他人。所以，在教育孩子的時候，父母、老師，以及所有對社會化興趣並且與全人類有共同發展目標的人，都應該提供給孩子更多的訓練，以便讓孩子能夠在面對工作的時候擁有更強的解決問題的能力。

第十一章

朋友及同伴

對於人類而言，與自己感興趣的人交朋友是最古老的努力目標，整個種族素質的提高也是因為我們對同類保持著濃厚的興趣。在家庭中，對其他家庭成員的興趣也是必不可少的。回顧歷史，無論是什麼朝代，有一個現象是一直不變的，那就是人類透過家庭而凝聚在一起。

ALFRED
ADLER

對於人類而言，與自己感興趣的人交朋友是最古老的努力目標，整個種族素質的提高也是因為我們對同類保持著濃厚的興趣。在家庭中，對其他家庭成員的興趣也是必不可少的。回顧歷史，無論是什麼朝代，有一個現象是一直不變的，那就是人類透過家庭而凝聚在一起。原始部落中，人與人之間是透過共同的符號而凝聚在一起的，人們透過符號來與同伴們進行交流與合作。宗教最原始、最簡單的形式就是對於圖騰的頂禮膜拜。一個部落可能將蜥蜴作為供奉的神靈，而在另一個部落中，水牛或蛇則有可能成為他們的信仰。對同一個圖騰擁有崇敬心理的人會聚集在一起，他們互相幫助，互相合作。這些原始習慣是使得人類對合作產生興趣的一個非常重要的步驟。在原始宗教的祭祀日，同一圖騰的崇拜者都會聚集在一起討論各種社會問題，並且尋找保護集體利益的方法，從而避免洪水猛獸和其他災禍的威脅。

婚姻一般都被認為是涉及群體利益的事情。同一圖騰的崇拜者一般都會遵照規定在自己的團隊之外尋找感興趣的異性。我們不應該將婚姻理解得太過狹隘，婚姻不是一個人的行為，而是所有人所共有的、關於心靈的、需要合作完成的事。婚姻中的雙方都必須負起某些責任，這是社會賦予婚姻的意義。社會對婚姻雙方的期待是：養育健康的後代，並且教給他們與人合作的能力。所以，婚姻中的雙方必定是喜歡與人合作的。原始社會中，對於婚姻會有一些限制，一般是來自圖騰或者複雜的制度。今天在我們看來，這樣的做法很可笑，然而，在當時這些制度還具有其獨特的重要性，它們讓人類更加樂於合作。

在基督教中，有一項重要的教誨就是：「要愛你的鄰居。」從這一點，我們看到了另一種能夠提高人類合作興趣的方式。有意思的是，我們同樣可以用科學的手段去論證這些方式的價值。一些被寵壞的孩子向我發問：「我們憑什麼要去愛我們的鄰居呢？憑什麼不是他們來愛我呢？」從這句話中，我們看到了這些孩子性格中的缺陷：不喜歡與人合作，並且非常自私。他們在面臨生活問題的時候，將顯得手足無措，他們會為了自己去損害他人的利益。總而言之，他們對同類並不感興趣。這些人通常都會發展成人類中的失敗者。各類宗教都用自己的方式提倡與人合作，依我看來，無論是什麼樣的努力方式，只要它的目的是提高合作能力，我就會表示支持。我們不必與人發生爭吵，或者批評貶低他人。我們並不能清楚地界定出什麼是絕對的真理，所以，我們在努力提高合作能力的道路上，也會有不同的表現形式。

我們知道，世界上存在很多具有可行性的政治制度，然而，如果人們帶著拒絕合作的心態，無論執政的是誰，都將一事無成。由於人類進步最明顯的特點就是合作能力的提高，因此，政治家們的努力都必須以此為目標。由於我們總是用自己的眼光或自己的生活方式來對事物做出評價，所以，對於哪個政治家或政黨對人民生活更能達到好的引導作用的問題，我們很難得出正確的定論。然而，如果一個政黨可以做到讓群眾之間表現出高度的合作和融合，那麼，我們或許能夠相信這個政黨可以讓我們過得更好。同理，在治理國家這件事上，如果當政者是以提高公民社會化或者合作能力為最終目標，讓國民更加喜愛自己的祖國、熱愛自己的文化，並且，可以讓公民遵照自己的意願來參與法律的制定和修改，那麼，對於這樣的政黨，我們就應該給予支持。班級的活動也是團體合作的活動，由於其是以促進全體成員進步為目的的，因此，在班級中也應該杜絕各種不利於合作的事情。所以，我們在判斷一件事是否有利於整體的時候，就要看它是否能夠增強團隊的凝聚力。我們可以找到很多促進合作的有效方式，這些方法沒有優劣之分，只要是與我們的目標相吻合的，我們就不應該按照自己的想法去反對它。

對於那些一心想要收穫，卻不想付出相應的勞動，只看重個人利益得失的觀念，我們肯定是不會認同的。這樣的想法無論是對於集體還是對於個人，都沒有什麼好處。只有當一個人對同類產生濃厚興趣的時候，他的個人能力才可能被激發出來。每個人都需要掌握說、聽、讀、寫等各種基本能力。語言本身就是我們一起努力的成果，並且也是因為社會興趣而產生的。對於另一個人的瞭解，其實也是大家共同的目標，而不是一個人單獨的目標。瞭解的意思是讀懂另一個人心中的想法，瞭解別人能夠使我們以共同的意義彼此相聯在一起，並受人類共同常識的控制。

有這樣的一種人，他們一直在為個人的獨立和優越感目標而奮鬥，對於他們而言，生活是他們自己的，理應因為他們的存在而改變。這樣的想法無法讓社會上的任何人表示贊同。我們發現，這樣的人一般無法與其他人進行合作。當我們身邊存在這種對他人沒興趣、只關注自己的人時，我們經常可以從他們的臉上看到一種卑鄙或者迷茫的表情，同樣的表情在罪犯或者精神病人臉上也可以看到。這類人的想法大多是自私自利的，透過他們的眼睛，我們看不到他們與任何人的關聯。懷有這種心態的孩子或者大人幾乎都會對同類產生一種輕視的態度，他們從來不會關注其他人，視線也不會在同類身上停留。透過觀察很多精神病人的行為，我們可以發現他們在與他人的接觸過程中表現得失敗。比如，他們會臉紅，說話會結結巴巴，甚至會出現陽痿、早洩等現象。這些例子都是值得我們注意的，也都是由於對別人不感興趣而引發的。

如果一個人孤僻到極點，那麼，他就會發展到瘋狂的境地。假如我們能夠成功地將他們的興趣轉移到別人身上的話，那他們就不是無藥可救。瘋子一般都不和他人產生關聯，他們與同類之間的距離是非常遙遠的，簡直無人能及，在這一點上，也只有自殺者可以與他們相比。所以，想要讓瘋子恢復正常，簡直比登天還要困難。在幫助他們之前，我們一定要設法吸引病人的注意，讓他們能夠和我們一起合作。然而，要想做到這一點，也只有擁有耐心並且始終保持著仁愛及極其和善的心態才可以。之前，曾經有一個人請求我去救治一個女孩，她患有嚴重的早發性癡呆症。她已經患病八年了，最近的這幾年她是在一家收容所度過的。她就像一隻發了瘋的狗一樣不停地亂叫，口水直流，拚命地撕咬著自己的衣服，而且，還想要將自己的手帕吞進肚子裏。可見，她根本搞不清自己的角色，她對自己身為人類的興趣是微乎其微的。她誤以為自己就是一隻瘋狗，對於她的動機我們可以透過調查來進行瞭解。她是認為在自己母親的眼中，她就是一條狗，她也過著像狗一樣的生活。她似乎是在用行動告訴我們：「看你們這些人類，多麼愚蠢，我真的希望自己本來就是一隻狗。」在跟她接觸的八天時間裏，我不停地和她講話，可是，她卻始終不願意與我說一個字。我繼續和她聊天，大概一個月之後，她才慢慢地開始用含含糊糊的口氣和我講話，因為我對她的態度很好，所以，她似乎找到了勇氣。

假如我們為這樣的病人提供支持，並喚醒了他們內心深處的勇氣，那麼，他們會顯得手足無措，因為他們已經習慣性地抗拒同伴，並且這種力量是非常強大的。當他們的勇氣已經恢復到某種地步，卻又不足以讓他們想要和其他人合作，我們便可以想像他們將做出什麼樣的事情。他們的行為將與問題少年非常相似：他們會不停地惡作劇，攻擊所遇到的同伴或者將可以拿到的東西摔在地上。事實上，在我再一次與這個女孩接觸的時候，她竟然想要打我。我必須要想好應對的措施，我能夠做到的唯一讓她感覺到驚訝的事就是不予理睬。大家可以想像一下她的外形——她並不是體格健壯的女生。我任憑她繼續打我，我依然顯示出一副非常友好的樣子。她感到非常驚訝，所以對我再也沒有什麼敵意。可是，對於她剛剛恢復的勇氣，她依然感覺手足無措。她把我的窗戶砸破了，所以傷到了手指，我非但沒有責怪她，反而幫助她將傷口包紮好。一般來說，我們會用囚禁的方式將這樣有暴力傾向的孩子關起來，然而，這樣的做法並不是正確的。假如我們想要贏取這個女孩子的好感，並讓她喜歡與我們合作，就要用其他更合適的方式。大多數人都陷入了錯誤的想法當中——他們在瘋子身上放太多的期待，希望他們可以像正常人一樣。幾乎所有的人都會被瘋子超乎正常人範圍外的瘋狂行為而激怒。比如，他們拒絕正常進食，他們會撕咬自己的衣服，等等。讓他們隨意地發洩心中的鬱悶吧！再也沒有比這更好的方式了。

後來，這個女孩恢復了健康。一年後，她的病情並沒有出現反覆。有一天，我在去她之前待過的收容所路上碰到了她。她問道：「您要去哪裏？」我說：「我們順路，一起走吧，我想去你以前住過的那家收容所。」隨後，我們一起去了收容所，我找到之前治療過女孩的那位醫生，讓他在我和另外一個人談話時與她聊一聊。在我出來以後，這位醫生一臉怒氣地說道：「她確實痊癒了，但有一個事實卻讓我真的很生氣：她壓根就沒有喜歡過我。」在這之後，我和女孩保持著聯絡，時不時地與她見面，持續了大概有十年的時間。她的身體狀況一直非常好，她可以自食其力，與朋友們保持著密切友善的關係，所有接觸過她的人都不會想到她曾經是個瘋子。

憂鬱和喜歡妄想的人與其他正常人的區別一般都是顯而易見的。患有妄想症的病人對於這個社會以及所有人類都飽含著怨恨，他常常會覺得自己身邊的環境簡直是糟糕透頂了，其他的人也都特別壞，都想來陷害他。患有憂鬱症的病人一般都生活在自怨自艾的環境中，例如，他們常常會想：「我是破壞家庭和諧的凶手。」或者「我把自己的錢都輸光了，看來我的孩子要受到飢餓的威脅了」。可是，一個人責怪自己做錯事的行為其實只是表面現象，他的實際意圖是想要指責別人。比如說，有一位活潑開朗、熱愛交際的女性，在一次意外事故後就沒法再像從前一樣出席各種社交活動了。她的三個女兒都已經嫁人了，所以她感到非常孤單。可是，屋漏偏逢連夜雨，他的丈夫在這個時候又離開了她。因為之前她是在別人崇敬豔羨的眼光中生活的，所以她受不了現在的狀況，並且想要找回失去的所有東西。她開始到處旅遊，幾乎走遍了歐洲。然而，她實在無法找回自己之前那樣光彩照人、擁有重要地位的感覺，所以，在歐洲的時候，她漸漸患了憂鬱症。對於處於這種狀況下的她來說，憂鬱症簡直就是一種巨大的考驗。她打電話給女兒們，希望她們回家來陪一陪她，可是，她們每個人都可以找到一大堆藉口，最後竟然沒有一個人來陪她。她回到家後，總是在說：「我的女兒們對我都是特別好的。」她的女兒們最後決定讓她獨自生活，並且雇了一名護士來照顧她的飲食起居，而她們則不時地來看一下她。我們不能從表面上來看她的話。她所說的每一句話都充滿幽怨的氣息，任何一個瞭解她生活現狀的人都會發覺，她總是在控訴生活中的不足之處。引發憂鬱症的原因有很多，最常見的就是心中長期積累著對別人的憤怒和怨恨，因為想要得到他人的幫助和照料，所以，他們一般都會表現得灰心喪氣、心灰意懶。在憂鬱症患者的最初記憶中，一般會出現這樣的情景：「我記得我非常想要躺在公園的長椅上休息，可是哥哥已經先我一步坐在那裏了，所以我不停地哭鬧，哥哥最終只好把位置讓給我。」

憂鬱症患者大多有自殺的傾向，他們一般以這樣的方式作為報復的途徑。所以，作為憂鬱症患者的醫生，一定要注意，千萬不要給他們任何自殺的藉口。關於這個問題，我自己能想到的解決方法就是在醫治他們的過程中，一直提醒他們：「如果有一件事讓你覺得不舒服，那就千萬不要去做。」這件事似乎不足以引起人們注意，然而，我卻相信它會造成巨大的影響。如果說我們

父母應當與孩子保持一些距離，當孩子年紀漸長已經可以分辨男女有別時，就不適合再與父母同睡一張床，這會讓孩子覺得尷尬。對其身心發展也會造成一定程度的影響，一定不要忽視了孩子最初的情感與記憶。

交給憂鬱症患者做任何喜歡的事的權利，那麼，他們就沒有必要對誰懷有抱怨的態度了。那麼，他們也就更沒有必要去做任何事以便報復別人了。我通常會告訴他們：「假如你想要去旅遊或者看電影，那就去吧，如果走著走著你又不想去了，那就可以隨時停下來。」這樣做的結果是讓他們體會到一種前所未有的優越感，這種事自然也是十分容易做到的。他們就像皇帝一樣，可以隨心所欲地做自己想做的事情。此外，這樣的情形和他們想要的生活方式是衝突的：他們想要找到合適的機會去埋怨別人，如果說所有的人都贊同他們所做的一切，那麼，他們就沒有埋怨他人的機會。這樣的生活情境對他們來說是一種解脫，並且，我的病人當中再也沒有誰自殺過。我們都明白，對於憂鬱症患者，最好是有一個人可以看護這些病人，但事實上，我的病人大多都沒有專門的看護人員。如果他們身邊一直有人，就不會發生任何危險了。

有時候，我們可以聽到病人這樣回答：「但是，我不想做任何事情。」因為我聽過太多這樣的答案，所以知道怎樣應對了。我會回答道：「那麼，你就暫時別去做你想要做的事情吧。」可是，有時候他們會說道：「我想要一整天都躺在床上休息。」我也明白，如果說我特許他們可以這麼做，那麼，他們就不想在床上躺著了。

其實我也明白，假如我不同意他們那樣做，他們就一定會進行反抗，所以，我永遠不會提出反對意見。

這只是其中一項規則。此外，還有一種比這些更加直接的、對生活方式產生嚴重對抗的方式。我會對他們說：「假如你能夠按照我的要求去做，你可以在兩個星期之內恢復正常狀態。你要記得，永遠都要設法地讓其他人開心。」一定要注意這些對於他們來說意味著什麼，要知道，在最開始時他們心中可能只有一個想法：「我怎樣做才能讓那個人感覺到困惑呢？」他們給出的答案其實是非常有意思的。有些人會說：「這些在我看來，都是非常容易做到的。我不是一直都在做這件事嗎？」其實，他們並沒有做類似的事情。我是想讓他們仔細思考我的建議，他們卻從來沒有照做。我對他們說：「如果你晚上遭遇失眠的困擾，你就可以利用這樣的機會去思考一下如何才能讓一個人感覺到快樂。如果這樣去做，你的健康問題一定會得到妥善的解決。」當我再次見到他們的時候，我問道：「你昨天晚上是否是按照我的方法去做的呢？」他們的答案是：「昨天我睡得很好，一下子就睡著了。」自然，我在做這些事情的時候所持有的態度都是真摯而和善的，我並沒有讓他們感覺到我有一絲一毫的優越感。有些人會這樣回答：「我太煩了，我沒辦法做到。」我就會對他們說：「沒事，儘管煩惱吧，你只要在心情好的時候偶爾能夠想到別人就可以了。」我是想將他們的注意力轉移到別人身上。很多人會問：「憑什麼要我取悅別人呢？他們為什麼不來討好我？」我說道：「這是因為你要對自己的健康負責。「如果一個人從來不為別人著想，那麼他一定會遇到問題。」按照我的經驗，幾乎沒有一個病人會馬上給我這樣的回答：「我已經按照你告訴我的方法試過了。」其實，我所做的所有努力無非是想讓病人對社會化興趣。我知道，正是因為他們缺乏合作精神，在這方面缺少鍛鍊，所以才會生病。我想要讓他們自己也能夠明白這點。只要我們能讓他們明白，他們需要與其他人以平等的身份一起合作，那麼他們很快就可以恢復正常。

此外，有一些案例顯示了他們對社會是極度缺乏興趣的。比如「犯罪性疏忽」。例如，有一個粗心大意的人將一根燃著的火柴丟進了樹林裏面，接著便發生了一場火災。再比如，近期發生了這樣一個案件：有一名工人在工作結束，下班回家後，忘記將橫放在馬路上的電纜收回去，後來有一輛摩托車撞到了電纜上，結果那名摩托車司機因此喪命。在上述兩起案件中，肇事者其實都是無心的，並不是故意要害人，所以，對於因此而產生的惡果，從道德的層面上，他們確實不需要負什麼責任。可是，沒有人曾經對他們說要懂得替別人著想，他們在這一點上是缺乏經驗的，他們也並不知道怎樣做才是對別人安全負責任的表現。究其原因，是因為他們不喜歡與人合作，缺乏合作意識。現實生活中諸如此類的事情隨處可見，比如說一個衣冠不整的孩子踩到別人的腳，摔壞了玻璃杯，破壞公共物品，以及其他種種對別人的利益產生不利影響的行為。

我們一般是在家庭或者學校中培養出對同類的興趣的。在這之前，我們似乎已經討論過哪些行為對孩子的發展會產生負面影響。一個人的社會化並不是透過遺傳得來的，然而，遺傳卻可以帶給我們產生社會化的潛能。有很多因素可以影響到這類潛能的發展，比如，母親的為母之道、母親是否對孩子保持著濃厚的興趣、孩子對於自己所處的環境抱著什麼樣的態度和想法等。假如在孩子的眼裏，周圍的人對他們都是有敵意的，他們就會認為周圍都是對手，這樣一來就會對環境產生一種抵觸心理，並採取各種手段來進行抵抗，這樣的情況下我們就無法期待他們會與周圍的人結交成好友。假設在一個人心中，所有人都應該為他當牛作馬，他就不會想到別人的利益，也不會對別人貢獻自己的力量，他的目標只有一個，就是控制所有人。假如一直以來他所關心的只有自己的感受以及自己是否舒適，那麼，他就會漸漸被社會所淘汰。

對於為什麼要讓孩子意識到自己只是家庭中特別平凡而普通的一員，並且要隨時關心其他人，我們已經在前文中進行了論述。我們得出過這樣的結論：父母之間也應該是親密無間的好朋友，而他們對外界的態度也應該是和善的。只有當父母做到這點時，才會讓自己的孩子認為他們在家庭以外也可以有很多能夠信任的好朋友。我們也贊成這樣的想法：在校園裏，我們應該讓孩子認為班級是一個整體，而自己是這個整體的一部分。我們要幫助他們與周圍的同學建立良好和諧的朋友關係。其實，無論是在家裏還是在校園中，我們的目標只有一個，那就是要為更高層次的目標做充足的準備。我們的所有目標都應集中在孩子身上，努力讓孩子成為一個合格的公民，讓他們變成社會中平等的一個個體。也只有達成這樣的目標後，孩子們才會從內心深處迸發出令人振奮的勇氣，從容不迫地解決社會生活中出現的各種困難，並且願意為其他人作貢獻，增進與他人之間的關係。

假如一個人感覺到周圍環境中有很多人都是他的朋友，他擁有著令人羨慕的婚姻及能夠展現自身價值的工作，他可以為社會貢獻自己的力量，那麼，他就不會認為自己比不上其他人，就不會被他人所擊垮。如果這樣，他就會感受到來自社會的友善力量，並且無論身在何處，遇到什麼樣的事情，都會從容淡定。他總能夠遇到喜歡的人，能夠將自己遇到的困難一一解決。他會感覺到自己的這種力量：「我可以主宰這個世界，我一定要努力奮鬥，不可以畏首畏尾。」他能夠看清自己所處的位置，他所經歷的時間只是人類歷史中非常短暫的一小段，他只是人類過程中過去、未來和現在的一個組成部分。同時，他可以體會到，這是一個用合作來尋求共贏的時代，在這樣的時代裏，他可以憑藉自己的力量創造財富，並為社會的發展貢獻力量。世界上雖然存在很多醜惡的東西，會有很多困難、悲傷，然而，這些都是這個世界的一部分，它是有自己的優缺點的。面對這樣不完美的世界，我們要努力去改造和完善它。我們可以推斷：假如每個人在從事工作的過程中，都能擁有正確的心態，並找到最合適的途徑，那麼，在改變社會的工作中，他就已經做到盡職盡責了。

所謂盡職盡責，就是要透過合作的方式來解決生活中所遇到的三個問題。這個世界對於一個人的所有要求，以及可以帶給他的最高獎勵，就是他一定要成為一個好的勞動者，與周圍的人建立平等友愛的朋友關係，在愛情或者婚姻中做一個好的配偶。總而言之，他一定要向世界證明，他是一個具有合作能力的人，是人類友好的夥伴。

第十二章

愛情與婚姻

據說在德國的某個地方，存在一種傳統習俗，內容是測試一對新人是不是能夠一起過得幸福美滿。新郎和新娘將在舉行結婚典禮之前被帶到一片廣場上，在廣場上有一顆被砍倒的樹木，這棵樹是提前放置好的。他們所要做的就是用一種兩頭都有把手的鋸子，一起將樹幹鋸為兩截。

ALFRED
ADLER

據說在德國的某個地方，存在一種傳統習俗，內容是測試一對新人是不是能夠一起過得幸福美滿。新郎和新娘將在舉行結婚典禮之前被帶到一片廣場上，在廣場上有一顆被砍倒的樹木，這棵樹是提前放置好的。他們所要做的就是用一種兩頭都有把手的鋸子，一起將樹幹鋸為兩截。我們可以透過這樣的測驗觀察出他們是不是能夠互相合作，以及合作的程度如何。如果說他們不懂得如何與對方協調一致，那麼，他們將影響到對方的行為，最後便無法完成測驗。假如其中的一個想要獨自來完成，以顯示自己的能力，而另一個又贊同他的觀點，選擇站在一邊，那麼，他們所用的時間就會很長，而效果卻很普通。如果想要達到最好的結果，他們就必須一起努力，並且要做到合二為一。由此可見，這些德國人早就知道組成美滿家庭的前提是懂得合作，善於合作。

假如說有人問我：愛情和婚姻的本質是什麼？我可能會將我的想法告訴他們，當然，我的理解並不一定是全面的：「愛情或者是婚姻，可以說是人類對於另一半最真誠的奉獻，愛情的表現形式有很多，比如說愛情中的默契，身體上的親密，或者對下一代同心協力的養育。我們能夠察覺到，無論是愛情還是婚姻，最需要的就是合作，這裏所指的合作不單單是為了夫妻雙方的利益，其實也是為了社會的利益。」

其實，關於愛情和婚姻中的合作是為了社會整體的利益這樣的解釋，是可以作為解決任何事情的依據的。就算人類在追尋伴侶的過程中需要考慮到軀體上的吸引力，對於人類而言，這樣的方式也是不可缺少的。我總是強調：由於人類在身體上會受到各方面的限制，所以在這個荒涼的星球上，他們無法一直生存下去，所以，如果想要讓我們的生命得到無限的延伸，就要利用我們生育後代的能力以及軀體上的互相認同來不斷地繁衍生息。

處於這樣的社會中，在愛情方面我們將受到來自各方面的挑戰和糾纏。一般來說，婚後的夫妻雙方都面臨著這樣的問題：父母會關心、干涉他們的生活，甚至連整個社會都被攪入他們的生活中，亂作一團。所以，我們一定要找到一個方法，讓這個問題得以解決，而我們的討論一定要是客觀的，不帶任何個人情感色彩的。我們要把自己的心靈清空，忘記所有既定的規則，在這個問題的討論過程中，一定不要受到來自其他方面的干擾。

我們不能用一個人的想法去單方面解決問題。我們每個人都會受到一種或幾種規則的制約，我們幾乎都是在一個固定的區域或範疇內生活的，所以，所有的活動都必須遵照一定的準則。我們之所以會被各種規則所牽制是因為：第一，我們是在這個星球上某一個固定的地方生活發展，而且這樣的環境經常會對我們帶來很多客觀的制約因素。第二，我們是在同類中生存發展的，因此一定要學會適應環境，適應同伴。第三，人類都有明確的性別區分，而我們種族的未來就依賴著這兩種性別關係。

我們不難瞭解，如果一個人時刻關心同類的生存狀況及是否幸福，那麼，無論他在做什麼事，都會首先為同伴考慮，他在選擇解決問題的方法時也會非常注意，一般不會損害到其他人的權益。有趣的是，他未必瞭解自己解決問題的方式竟然是這樣的，如果有人問他，他可能也無法清晰地說出自己所要達到的目標。然而，他卻在有意無意地朝著正確的方向努力追尋人類的幸福和提升，從各式各樣的活動中，我們都可以看到他對此保持濃厚的興趣。

有很多人對於人類整體是否幸福這件事所持有的態度都是冷漠的。他們不會主動思考：「我能夠為同胞帶來哪些好處呢？」、「我要做出怎樣的努力才可以成為群體中對其他人有益的一員呢？」

他們所關心的只是：「生活對於我而言，有什麼樣的意義？我能從中得到怎樣的好處？如果想要得到我渴望的東西，需要付出什麼？有沒有人時刻為我著想呢？其他人對我的看法是什麼樣的？」如果一個人在面臨生活問題時所持的態度也是這樣的，那麼，他也會用同樣的觀念和方式來解決愛情和婚姻中的困難。他會不斷地追問：「這究竟能給我什麼樣的益處？」

愛情並不像有些心理學家的論斷一樣只是純粹而自然的事情。性是一種人類的本能反應，是一種內在的驅動力，然而，愛情和婚姻包含很多內容，不僅僅是性的問題。無論我們從什麼樣的角度去看，都可以瞭解到，我們原本僅僅是一種本能的性已經變得如此高貴和雅致。我們一直在壓抑內心真正的欲望和想法，透過與周圍的人接觸，我們漸漸明白用怎樣的辦法才能避免讓對方感到生氣；漸漸地，我們學會了更佳地修飾自己，懂得怎樣穿衣搭配。就算是處於飢餓狀態，我們也不會僅僅尋求自然狀態下的簡單滿足，我們的口味開始變得高雅。我們在飲食的同時還學會了各式各樣的禮儀規範。我們的內驅力已經開始融入到我們的文化當中，這些跡象都可以表現出我們已經開始為社會的整體利益做出各種嘗試。

假如我們把這樣的觀念融入愛情和婚姻中，就會發現，在這當中有很多內容都與大眾利益息息相關，並且無可避免地牽涉到對人類的興趣問題。如果我們沒有認知到只有將人類整體的利益考慮在內，才能真正解決愛情和婚姻所面臨的問題，我們的很多做法都是沒有意義的。比如說：怎樣補救愛情中的問題，怎樣讓婚姻制度更加完美、更加人性化，等等。或許，我們應該努力探求一些方法，為類似的問題找到更完美的解答。可是，就算我們能夠找到比目前的方式更加巧妙的做法，然而，之所以說它是完美無瑕的，就是因為我們在尋找答案的過程中將下面的問題全面地考慮了進去：我們與同伴一起生活在這個地球上，在我們中間，有男人和女人之分，我們必定要與其他人產生各種關聯。如果我們能夠在思考問題時顧全到這些方面，我們思索所得來的答案就會成為真理，永遠不被駁倒。

假如我們採納了這樣的探討方式，那麼，我們就能在愛情中發現很多問題，比如，愛情的本質是兩個人齊心合力地進行合作。在很多人眼裏，這些都是非常陌生的新工作。一般來說，我們或多或少都曾從事過性質單一的工作，也或多或少地學會了怎樣埋在人堆裏面工作，然而，我們卻從來沒有嘗試過在工作的時候始終與另外一個人相聯在一起。

所以，對於我們來說，這樣的新環境可能會讓我們感覺寸步難行，然而，如果作為搭檔的兩個人對彼此都非常感興趣的話，想要解決這樣的問題就會變得簡單起來，因為，他們可以輕易地對對方產生興趣。

甚至，我們可以這樣認為：如果說我們想要將存在於兩個人之間的問題徹底解決，每個人都必須關心配偶多過關心自己。這個原則是我們在愛情和婚姻方面取得成功的最重要前提。那麼，我們應該感覺到，在有關婚姻的建議以及改善措施中到底存在哪些問題。在夫妻間如果想要達到真正的平等關係，那麼，每個人對對方的興趣就要高於對自己的興趣。假如，每個人都能做到對對方真誠無私，真心實意地貢獻自己的力量，那麼，誰都不會覺得對方是在控制自己，或者覺得自己太過卑微。只有在這種態度的基礎上平等才有可能出現在婚姻中。如果在愛情中，兩個人想要獲得安全感，就要努力讓對方過得安穩和舒適。這樣做的結果是夫妻雙方都會覺得自己被對方需要，自己是有價值的。

在這一點上，我們可以提煉出什麼是婚姻的基本保障，以及什麼才是真正意義上的幸福婚姻：這樣的婚姻會讓你覺得自己充滿價值感，自己是無可替代的，另一半非常需要你，你所做的都是對的，對於另一半來說，你就是一個合格的配偶，並且還像一個好朋友。

如果婚姻中充滿合作精神，就不存在誰是誰的附屬品這個問題。假如說，夫妻雙方有一個人想要控制對方，希望對方跟著自己的步調走，他們之間的相處就很難做到開心愉悅。在現代社會中，很多男人，甚至有很多女性也覺得在家庭中，男人應該是主導地位，他們是家中的支柱，是家裏的主人。很多婚姻之所以不幸福，其實就是因為這個原因。任何人都不可能處於卑賤的地位還能做到身心愉快，夫妻雙方關係必須是平等的，人類只有在這樣的氣氛下才有力量團結起來克服種種困難。比如，只有達到平等，夫妻雙方才能在生兒育女的問題上達成一致。他們明白，就在他們商量好不生孩子的時候，其實已經影響了人類的發展。在如何教育孩子的問題上，夫妻雙方也應該達成一致，這樣他們就會努力解決所面臨的困難，因為誰都懂得，如果家庭不和諧，在這種環境中成長起來的孩子一定會飽受摧殘，他們的未來也令人擔憂。

在當今社會，很多人其實都沒有為合作做好準備。我們的教育導致我們太重視自我價值的實現，將過多的精力放在如何從生活中獲取更多的東西上，而對於我們應該付出的內容卻很少涉及。因此，我們更容易明白，當一對夫妻朝夕相伴地守候在一起時，他們在合作這件事上一旦出現任何問題，後果都是不堪設想的。

大多數人都是頭一次接觸到如此近距離的關係，婚後他們常常需要為另一個人的利益、健康、希望等做考慮，這讓他們很不習慣。其實，對於共同努力來解決困難這件事，他們根本沒有做好準備。因此，當我們看到周圍的人犯了很多錯誤的時候，請不要驚訝，我們應該學習正視這些問題的存在，並學會怎樣去避免錯誤的發生。

假如不進行專門的訓練，想要解決生活中的困難是非常不容易的，因為，每個人在對事情做出反應的時候一般都是按照自己慣有的生活方式。為婚姻做準備這件事並不是水到渠成的。從一個孩子的各種態度、行為、思想中，我們可以觀察到，他是以什麼樣的方式對自己進行有意無意的鍛鍊，以便面對未來可能遇到的困難。當一個孩子長到五、六歲的時候，他的愛情觀其實就已經形成了。

在一個兒童成長的最初階段，我們就可以觀察到他對愛情與婚姻的期望是什麼樣的。當他有所表現的時候，我們不要誤解成那是與成人一樣的性興奮而已，他其實不是在簡單地對社會問題表明態度，而是他已經將自己看作社會生活的一分子。對他而言，愛情和生活都是他環境中的因素，他對未來的憧憬中自然也含有此類的內容。他會在他的頭腦中形成對這些概念的理解，他們自己也是有明確態度的。如果說孩子很早就開始對異性感興趣，並且會有意地接觸自己感興趣的異性，我們不能將這樣的行為看作是錯誤的，或者認為他太過早熟。我們一定不要將這件事作為嘲笑他的理由，我們應該將其作為孩子為愛情和婚姻做準備的一個開端。我們除了不要嘲笑他之外，還要對他的看法表示贊同，讓他明白，愛情是非常美妙的，他確實應該做足夠的準備，所有的人都會接觸到愛情的。只有這樣，我們才能讓孩子將愛情當成一件美好的事情來看待，也只有這樣，我們才能保證他們在今後能夠以良好的心態和真誠的態度去與另一半相處。在不久的將來，我們會看到孩子們一致擁護一夫一妻制，就算父母之間的關係不是很融洽，他們也不會成為無辜的犧牲品。

我根本不贊成父母讓孩子們太早地認識肉體上的性關係，或者是讓孩子知道太多他們還無法接受的性知識。孩子怎樣看待婚姻，孩子的發展是非常關鍵的，假如我們運用了錯誤的方法，可能會讓孩子誤認為婚姻是令人恐懼的，是他們無法控制的。根據我的觀察，在五～六歲就已經知道相關性知識的孩子，以及那些思想比較成熟的孩子，在成長過程中很容易在愛情方面遭遇挫折。在他們看來，軀體對於另一半的吸引力也是一種危險的信號，假如孩子是在比較成熟時才開始接觸到類似的事情，在他們心中就不會覺得害怕，他們也不會在處理男女關係的時候總是犯錯了。如果想要為孩子提供幫助，千萬不要欺騙他們，更不要對他們的問題避而不答，要瞭解潛藏在他們問題背後的實質是什麼，而且，對於他們的疑惑要在第一時間做出相應的解釋，並在他們能夠理解的範圍內，傳授給他們更多相關的知識。

其實，從別處聽來的、憑空揑造的性知識會對孩子產生很大的危害。戀愛的問題和其他的問題都是一樣的，如果能讓孩子自己去尋找解決的辦法，那就最好不過了。我們應該引導孩子憑藉自己的力量去找到想要的答案。如果說能在孩子和大人之間建立一種互相信任的關係，就會減少很多不必要的困擾。另外一種迷信的說法是孩子可能會因為聽到其他人的傳言而走入邪路。但事實上，我從未看到過一個非常健康的孩子因此而誤入歧途的。其實，孩子自己是有鑒別真假的能力的，他們不會輕易地相信其他同學說的話。如果他們對聽來的資訊有所懷疑的話，就會向父母、哥哥、姐姐求助，當然，我們也知道，很多孩子在這方面還是比較羞澀的，不太願意去詢問長輩。

就算是愛情中肉體吸引力的部分，也是在童年時期就已經被訓練出來了。孩子們會透過很多途徑來獲取對肉體吸引力的最初認識，比如，關於愛和吸引，以及異性給他們的感覺等。當周圍的一切異性使一個男孩子留下某一種印象之後，在他頭腦中，就會形成一種他所感興趣的吸引力模型，在這之後的生活中，他的想法都會被這樣的模型所影響。有時，一件藝術作品也會影響到他，每個人的審美觀念都是不同的，都會對他的行為產生作用。所以，可以這麼理解：一個人一旦受過類似的訓練，在之後的生活中就會失去對這類事情選擇的自由。這種對於美的追尋並不是沒有價值的，每個人的審美觀都是以他是個健康個體為前提的。當然，我們的一切能力和功能，也都是在這個原則下發展而來的。我們只能接受，不能逃避。我們常常會覺得那些我們認為美麗的東西是可以歷久不衰的，它們是那麼充滿吸引力。其實，我們希望自己的孩子也能朝這樣的方向去健康發展。這些就是不斷鼓勵我們奮進的審美觀。

如果說在現實中，女孩子和父親沒有建立親密關係，男孩和母親關係疏遠（如果說夫妻關係不好，這樣的情況是很常見的），那麼，孩子們在選擇異性的時候就會選擇與父母相反的人。假如一個男孩認為母親總是那麼挑剔，而他是一個怯懦的人，不喜歡被管制，那麼，他可能會樂於和那些外表比較溫順的女生相處，他在選擇另一半的時候，只會選擇這樣的女生。然而，這樣的關係並不是平等的，所以，由此而來的婚姻一定不會幸福。假如一個人想要向他人證明自己並不是軟弱可欺，那麼，他可能會找一個外表強悍的人做另一半，或許他本來就喜歡這樣的類型，或許他是想要滿足自己的挑戰欲望。假如他和母親存在不可調和的衝突，那麼，在愛情和婚姻上他可能會面臨很大的問題，甚至難以對異性產生興趣。對於這樣的困難，每個人的程度有所不同，最極端的表現就是對異性一點都不感興趣，最終發展為性欲錯亂。

假如說父母之間的關係是恩愛且和睦的，那麼孩子們所做的準備就會比較好。一般來說，兒童都是從父母的關係中形成對婚姻最初的印象，所以，如果一個孩子出生在婚姻存在問題的家庭中，他可能會變成失敗者，這其實很好理解。如果父母的合作能力非常差，他們一定不會有心情去教育孩子怎樣更良好地與人合作。我們常常將一個孩子所處的家庭是否和睦，以及他是否在這方面受到過良好的訓練作為判斷一個孩子是否適合結婚的標準，而他對待父母以及其他家庭成員的態度也是至關重要的。其實，最關鍵的是他在什麼樣的情景中得到了關於愛情和婚姻的印象及準備。當然，我們明白，環境並不能影響一個人的所有行為，產生重要作用的是他對待環境的態度，這是很重要的。

或許因為他親眼見證了父母不和諧的婚姻關係，所以想要讓自己將來的婚姻生活更加和諧，他可能還會因此更加注意鍛鍊自己在這方面的能力。所以，我們不能因為一個人生活在不和諧的家庭中，就斷定他會遭受失敗婚姻的打擊，從而拒絕把機會給他。

最糟糕的莫過於一個人只看重自己的私利。如果有人對他灌輸過這樣的思想，他可能會整天盤算著：我怎麼才能從周圍的環境中獲取更多的快樂呢？他可能會嚮往自由或灑脫的生活，對伴侶卻不管不顧。這樣的做法是完全錯誤的，就像緣木求魚一樣愚蠢。這並不是一種罪惡，只是在處理問題時運用了錯誤的方式。所以，在面對愛情和婚姻時，我們不能只看重自己的私利或者不願意承擔任何責任。如果愛情是充滿懷疑的，就註定不會幸福。我們需要帶著永恆不變的決心去與另一半進行合作，當我們真正做到這一點時，就可以真正體會到愛情與婚姻的美妙了。這樣的恆心和堅定並不僅僅體現在養育後代上，還表現為：要對後代負責，給他們良好的教育，讓他們學會合作，並成為合格的公民，在社會中成為平等的個體。讓自己的婚姻更加幸福，就是我們教育後代的最好方式，我們都應該做到。婚姻和工作是有相通之處的，婚姻也有一定的準則，我們不能只保留我們喜歡的部分，而將另一部分扔掉。婚姻所要遵循的準則就是要懂得合作。

假如我們已經在無形中為自己的責任劃定了年限，比如五年、十年。或者，婚姻對於我們來說，就是一種實驗，那麼，無論如何我們都無法得到真正的愛情。如果說每個人都為自己留下了足夠的退路，那麼，我們就不會全心全意地付出。世界上任何一種需要認真對待的工作或者生活，都不允許我們提前為自己準備好後路。如果那樣，我們的愛情就無法達到極致。任何一個工於心計，想要從婚姻中逃避責任的人都是不正確的，他們的行為對於另一半來說就是巨大的傷害，會讓配偶徹底失望，之後，配偶或許也會放下自己的希望，不再繼續付出自己的真誠。我們都清楚，現在的社會中，人們總是面臨太多的問題，這些問題阻礙了我們的前進，讓我們在愛情和婚姻中遇到坎坷，我們雖然非常想根除它們，卻始終不得要領。然而，如果因為這些就摒棄愛情，那絕對是錯誤的做法，我們想要解決的是生活中的問題。我們都清楚，如果想要得到甜蜜的愛情，就需要付出一些東西，比如真誠、專一、毫不保留的愛。我們可以想像，如果一個人總是抱著懷疑的態度，他就根本不應該結婚。如果婚姻雙方都想要自由地生活，那麼，他們就無法做到坦誠相待，這樣的關係也不能稱為愛情。愛情中是有一些束縛因素的，我們不能做到絕對自由，我們必定需要與對方合作。

現在，讓我們透過分析事例來證明拒絕合作的行為不單是對婚姻有害的，也會損害到夫妻雙方的利益。

在我的印象裏，有這樣一個案例：兩個離過婚的人結合在了一起，他們的受教育程度都比較高，並且都渴望這一次的婚姻關係會比上一次要美滿幸福。可是，他們並不清楚自己為什麼在第一次婚姻中遭到挫折，他們一直都在探求解決問題的方法，卻沒有意識到自己是因為缺乏社會合作精神。他們都崇尚思想自由，不想受到對方的控制。所以，他們約定好夫妻雙方可以按照自己的意願進行自由活動，夫妻雙方可以去做自己喜歡的事情，但是一定要信任對方，並把自己所經歷過的都向對方坦白。在這個問題上，這位男士似乎表現得非常勇敢。他每天下班後，都會將自己的那些風流過往告訴另一半。女人也不生氣，反而很享受這樣的過程，並且將這樣的事情看作她丈夫的驕傲。她也想模仿丈夫，在愛情方面到處發展各種關係，然而，就在實施計畫之前，她卻罹患了公共場所恐懼症。她就像精神病人一樣把自己關在家裏不敢出去，每當她走出屋子，就會感覺很不自在，於是又返回去。表面看來，這樣的症狀似乎是因為想要避免計畫好的活動而發生的，其實並不是這樣。因為她不敢自己外出，所以，丈夫就留在身邊照顧她。我們發現，他們定下的規矩已經破除了，因為丈夫要照顧妻子，就不能自由活動了。因為她不敢自己出去，所以也沒法擁有行動自由。這位妻子假如想要恢復健康，就一定要先瞭解一下婚姻的內涵，同時，這位先生也要將婚姻看作是需要合作來完成的事。

此外，還有一些錯誤是在婚姻還未形成的時候開始的。被家庭寵壞的兒童，結婚後經常會認為另一半冷落了自己，他們適應不了社會的環境。被寵壞的兒童結婚後或許會變得喜怒無常，伴侶會感覺壓抑，就像在監牢裏生活一樣，並且總有一天會奮起反抗。如果是兩個被寵壞的人結合在一起，就會產生很多衝突。他們都希望對方關心自己多一些，可是，他們又都做不到為對方著想。之後，他們就會想要解決問題：夫妻中的一方或許會與其他人曖昧不清，從而引起另一方的關心。有的人是不能忍受只與一個對象戀愛的，他們常常喜歡同時和兩個人談情說愛。他們是想經由這樣的方式尋找自由，他們會有從一個人身邊逃離到另一個人身邊的感覺，並且，不必負什麼責任。然而，這種不專一的行為，遲早會落得雞飛蛋打的下場。

有些人對愛情的印象是虛幻的，頗具浪漫主義色彩，他們一心陶醉在自己的夢幻中，尋找愛人的時候經常脫離現實。如果一個人對愛情的期望值太高，就會讓他們排斥與異性建立戀愛關係，因為，他們太過挑剔，覺得周圍的人無法配得上自己。很多人，尤其是女性，都容易在自身發展中培養出錯誤的人格特質，她們可能會暗示自己，異性是惹人厭煩的。她們進行自我設限，阻礙了自身功能的自然發展，如果不進行必要訓練的話，他們就與婚姻無緣了，在這裏我所指的是「對男性的欽佩」。在這樣的社會環境中，男性的地位相對於女人而言要高一些，所以，很多女人都會有這樣的錯誤認知。假如兒童對自己的性別並無自信，那麼，他們就會缺乏安全感。只要男性依舊被認為是特別重要的，無論兒童是男是女，總會不自覺地對男性角色產生出欽佩的感覺。他們甚至會懷疑自己的能力是否足以擔當這樣的責任，同時會太過強調男性的地位，並且，對於別人檢驗自己男性化程度的做法會感到相當排斥。

在現代社會，很多人都對自己的性別不滿意。這樣的因素常常會導致女性對異性缺乏興趣，男性由於心理問題而出現陽痿的症狀。這些人都對婚姻和愛情產生了抗拒，而這樣的抗拒會導致一系列問題的出現。想要解決這樣的問題，除非我們可以做到真正的男女平等，並且，只要我們中間還有一部分人對自己的性別產生質疑，他們就很難在婚姻問題上取得成功。我們要用強調平等地位並增加訓練強度的辦法來進行補救，並且，我們也不能允許自己的後代對性別產生模糊的看法。

我覺得，男女雙方在婚前避免發生性關係，對於愛情和婚姻來說是最有利的保障。一項調查顯示，多數男人都不希望自己的妻子在婚前就已經失去貞潔。很多時候，男人很注重女孩的貞操，並且會因為女孩失貞而感到震驚。而且，在我們這個時代中，假如在婚前已經發生了不該發生的性關係，通常是女孩會付出沉重的代價。假如促成婚姻的是恐懼而不是勇敢，那也並不是一種好現象。我們都明白，想要促成合作，就需要具備勇氣。如果人類由於無法戰勝恐懼的心理而與對方結合在一起，他們是不會對對方付出真心的。如果說他們的伴侶在教育程度或者其他方面不如自己，也會發生同樣的情況。婚姻在他們看來是一件恐怖的事情，並且，他們希望自己的另一半能夠很快對自己產生崇敬之感。

在培養社會興趣的方式中，友誼是非常有效的一種。透過與人建立友誼關係，我們可以學會怎樣與其他人真心相待，並且深刻地體會到其他人的感受和心理。假如一個孩子遇到了困難，他會依賴於監護人的照顧和保護；假如他在成長的過程中比較孤僻，感受不到朋友的關心，他就無法學會為別人著想。在他看來，自己就是全世界能力最強的人，並且總是想要維護自己的利益。在友誼方面的鍛鍊也能作為幸福婚姻的基礎。用遊戲的形式來鍛鍊自己的合作精神，其實是非常有效的方式。然而，現實生活中，我們卻經常發現孩子們抱著一種想要超過別人的想法去參加遊戲活動。

假如我們能夠安排一些情境，將兒童們召集在一起，一起學習讀書，一起工作，那將是一件非常有意義的事情。我們應該重視舞蹈對於孩子的價值，因為，一般來說舞蹈這類的活動都是需要兩個人一起合作進行的，所以，我們會發現，透過舞蹈的方式來鍛鍊孩子的合作精神，是非常有效的。當然，我們這裏所說的舞蹈，是那種兩個人一起配合進行的活動，而不是那種群體舞蹈。假如說，我們能夠找到那些可以讓孩子來完成的簡單舞蹈，那麼，在我們教育孩子的過程中，這將是一件非常有意義的事情。

我們可以經由一個人在職業方面的表現，來測試他是不是已經具備了結婚的前提條件。在如今這樣的時代裏，我們必須在一個人面臨愛情和婚姻的問題之前就解決掉這個麻煩。一般來說，夫妻雙方都應該有各自的工作，或者夫妻之中至少有一個人有穩定的工作，也只有做到這點，他們才有能力去解決生活中的問題，並為家庭提供有力的經濟支持。我們很容易理解這一點：如果想從婚姻中獲得幸福，那麼，就一定要在結婚之前做好相應的準備工作。

我們可以很容易觀察到，一個人在面對異性的時候是否表現得足夠勇敢，這表明他是否可以與異性進行合作。在每個人的心中都有一套自己的戰略，指導他們怎樣去接近所遇到的異性，怎樣對異性進行求愛，在戀愛中選擇怎樣的戰術，這些具體的戰術都是和這個人的生活方式一致的。透過觀察一個人在戀愛時表現出怎樣的氣質，可以判斷出他對人類的未來是否充滿信心，他是否具有與人合作的能力，或者，他的注意力和興趣是不是只集中在自己的身上，他在面對異性的時候會不會臨陣退縮，並不斷地盤問自己：「我將要面臨怎樣的狀況，周圍的人對我的印象將是怎樣的？」一個人在追求異性的時候可能表現得小心翼翼，也可能是充滿熱情，不管怎樣，他所表現出的氣質都是與其生活方式相符的，並且，這僅僅是表現方式的一種而已。我們不能僅僅透過一個人在求愛時的各種行為來武斷地判定他是不是到了可以結婚的境地。因為，處於這一情境中的他眼中只有一個目標，只能奮勇前行。但是，倘若是在其他的情境下，他或許會是一個猶豫豫、畏首畏尾的人。但是，從他的行為中，我們依舊可以找到某些方面的有力證據。

在我們這樣的時代背景下（也就只有在這樣的情境下），我們一般都希望男生主動一點，先做出示愛的表示。所以，只要我們依舊存在於這樣的文化背景下，我們就一定要將男生培養成主動、勇敢的人。可是，只有當他們意識到自己是社會生活的一分子，並且，社會的整體利益是與他們的個人利益息息相關的時候，我們才有可能說服他們接受此類訓練。當然，求愛的現象也會出現在女生當中，有時，她們也會對異性主動示好。然而，在我們的社會環境中，大部分的女孩還是比較被動的，我們能透過她們的行為舉止，她們的穿衣打扮，以及談話的內容去判斷一個女生對異性的態度。所以，男性在接近女性的時候，態度是簡單而明瞭的，而女性在接近男性的時候，態度則是矜持而複雜的。

下面，我們繼續對這個問題進行討論。我們當然有必要訓練自己對異性的吸引力，然而，我們對這項特質的鍛鍊卻應該遵照人類的幸福法則去做。如果說一對夫妻真的對彼此都非常感興趣，那麼，這種性的吸引力就不會輕易地消逝。這種消逝經常意味著興趣的缺乏，也就是說男女雙方對彼此失去了興趣，夫妻雙方不再是平等友好的關係，也不想要繼續與對方一起合作了。有時候，男女雙方對彼此的興趣依然是存在的，可是，對彼此的性吸引力卻已經不在了。但這並不是事實，我們經常會感覺頭腦不清楚，有時候也會刻意地隱瞞一些真實的想法，可是，身體卻不會撒謊，它們會在不經意間說出實情。如果兩個人在性方面遇到了困難，那只能說是他們之間的合作出現了問題，他們可能已經覺得對方索然無味了，或者，至少是其中的一員不再希望解決愛情和婚姻中的問題，一心只想要逃避，想要解脫。

與動物的性驅動力相比，人類有一些特殊之處：人類的性驅動力是一種持續的狀態。這一特點為人類幸福的延續提供了有效保證，使得人類的人口數量是不斷增加的，我們之所以會生生不息並持續繁衍，而且整體可以安穩地度過各種各樣的天災人禍，就是因為這一點。其他動物為了延續生命，所採取的方式是與人類所不同的。比如說，我們會觀察到很多雌性動物能夠大量排卵，在孵化的過程中，有些卵會被破壞掉，有些能夠完整地保留，被保留的個體就可以得到生命的延續。

人類延續生命的方式就是養育後代，因此我們會發現，對於愛情和婚姻而言，最讓人關注的部分就是養育後代了。而如果一個人從內心深處表現出對同類的冷淡，那麼，他們就會拒絕養育後代；假如他們只是將注意力放在索取上，而不願意付出自己的真心，他們就會對孩子不感興趣。在他們心中，焦點永遠都只有自己，而孩子就意味著一種負擔，一種麻煩，一種可能會對他們造成困擾的東西。所以，我們可以這樣理解：要想讓婚姻變得和睦、幸福，養育後代是不能丟掉的環節。對於人類的繁衍生息而言，養育子女是一種最有效的途徑，因此，所有想要結婚的人都應該明白這一點。

在我們的社會生活中，在愛情和婚姻方面我們宣導的是一夫一妻制。愛情需要我們的真心奉獻，以及對對方的關心，所以，確保婚姻關係不會被破壞的基礎是付出自己的真心。可是，我們也明白，這並不是說婚姻關係就永遠不會被破壞，我們依舊無法保證婚姻永遠都保持穩定的狀態。我們應該將愛情和婚姻看成一項工作來對待，這樣就可以促使我們想出各種各樣的方法去善待它，同時我們必須找到相應的辦法去克服各種困難。婚姻之所以破裂是因為夫妻雙方沒有盡力維護婚姻關係，他們並不是想要透過努力獲得美好的婚姻生活，而是一心想要索取。假如夫妻雙方是按照這樣的方式來對待婚姻的，那麼，婚姻一定會失敗。在愛情和婚姻中抱有太高的期望是不正確的，當然，將婚姻看作愛情的墳墓也是不正確的。

其實，婚姻只是兩個人共同生活的一個開端，透過結合在一起的方式，兩個人才有機會真正地接觸生活和工作，才能夠為整個人類貢獻自己的力量。此外，還有一種觀念，就是將結婚作為愛情的終點或者目的，在現代社會，這種心理也是很常見的。例如，我們可以在很多小說中看到類似的情節。新婚燕爾對於一對新人來說，其實只是考驗的開始，可是，很多小說裏卻將結婚描述成愛情的終點，似乎只要一結婚，所有的事情就都圓滿了。此外，還有一點需要特別強調一下，我們不要期望透過愛情解決所有的問題。愛情通常分為很多種，如果想要保證婚姻不出現任何問題，最好是將焦點放在工作、合作及興趣上面。

在婚姻關係中，並沒有什麼神妙的事情。每個人對於婚姻的看法都是其生活方式的表現之一，假如我們對自己另一半的人品非常瞭解，那麼對婚姻的看法可能就會全面一些。一般來說，二者都是朝著同一個目標奮進的，所以，我們就很容易理解為什麼有很多人都想擺脫婚姻的束縛。我對於持有此類想法的人比較瞭解，他們一般都是被寵壞的孩子。這些被寵壞的兒童長大後對於社會而言是非常危險的，一般來說，他們在四～五歲的時候就已經形成了較為穩定的生活方式，他們一直都有這樣的想法：「我可以獲得我想要擁有的一切嗎？」假如他們不能如願以償，他們就會認為所有的一切都沒有意義。他們會這樣說：「如果我無法得到夢想中的一切，那生活對我來說有什麼意義呢？」

他們其實是悲觀主義者，他們心中總是有一種「想要尋死的欲望」。他們總是一副神經質的樣子，他們總是試圖從自己不正確的生活方式裏總結出一種哲學，他們誤以為自己的那些錯誤觀念簡直就是奇葩：這個世界對於個人的欲望和情緒總是產生抑制作用，因此，他們要表現出這種咬牙切齒的痛恨，他們總是在接受這種訓練。他們之前經歷過如此幸福的生活，在那個時候，他們可以輕而易舉地獲得自己想要的一切。所以，他們中還有相當大的一部分人認為：只要他們的呼喊聲夠大，只要他們表示出心中的憤恨，只要他們不去和別人合作，他們就可以輕易地得到想要的一切。他們是如此看重私利，以至於棄整個社會的利益於不顧。最後，由於他們無法貢獻出自己的力量，只是想著索取，他們漸漸地也變得更加貪婪。因此，對於婚姻一事他們總是淺嘗輒止，他們想要的婚姻一般都是那種蜻蜓點水式的，能夠隨時離婚的婚姻。他們一般都會在結婚前就協商好，夫妻雙方是自由的，可以不對對方保持忠誠。然而，假如夫妻中有一方真的對對方感興趣，他會表現出這樣的狀態：他一定會成為一個忠誠的、真心的朋友，他也一定會對對方負責到底，他對伴侶一定是專一的。我認為，那些在婚姻中沒有得到幸福的人，應該去研究一下自己到底在這段關係中犯了哪些錯誤。

還有一件事是非常必要的，那就是要關心孩子們是否過得開心。假如婚姻不是以我主張的觀念為基礎，那麼，他們一定會在養育孩子方面出現問題。如果夫妻雙方經常發生爭執，並且不重視婚姻的品質；如果他們已經放棄解決雙方之間的問題，他們的關係將繼續惡化，那麼，這樣的婚姻帶給孩子的惡性影響也是非常嚴重的。

或許，夫妻雙方會為他們不能在一起生活找很多的藉口，或許很多時候，他們還是分開比較好，然而，誰來做這樣的決定呢？總不能指望那些本身都沒有受到應有教育，對婚姻並不是特別瞭解，一心只想著自己的人去解決這個難題吧。他們怎樣看待離婚與他們怎樣看待結婚是一樣的：「離婚對我有什麼好處呢？」顯然不能期望他們能有什麼好的建議。在我們周圍，有一些經常結婚又離婚的人，他們反覆地犯著同一種錯誤。那麼，關於這個問題，我們應該找誰來解決呢？我們或許會產生這樣的想法：如果婚姻出現了問題，可以試著讓精神病專家來判斷夫妻是否應該離婚。這樣的方式在美國顯然是無法實現的，我並不知道美國人對此有什麼樣的看法，然而，我們卻發現歐洲有很多精神病學家都提倡要重視私利，所以如果帶著關於婚姻的問題到這些人面前進行諮詢，他們會讓你乾脆去找一個情人，在他們看來，這就是解決問題的最好方式。我確定，他們過不了多久就會收回自己的話，不再勸別人找情人，他們之所以會提出錯誤的建議，是由於並不瞭解整件事情的來龍去脈，以及這件事與其他事情之間有怎樣的關係。而這樣的關係卻是非常值得我們注意的。

此外，在怎樣解決婚姻中的問題上，我們也經常犯錯誤，我們或許會認為婚姻問題是個人能夠獨自解決的。對於美國的具體情況，我們不得而知，然而，在歐洲，當男孩或女孩存在精神病的預兆時，精神病專家會建議他們尋找情人或者是與他人發生性關係。而對於成年人，他們的建議也是一樣的。他們將愛情與婚姻看得太過美好，所以，病人會感覺到非常迷茫，甚至手足無措。如果能夠良好地解決愛情與婚姻方面存在的問題，我們的人格將更加完美。沒有任何問題可以像這個問題一樣讓人感到快樂。我們不能忽略這個問題的存在，我們不能將其作為罪犯、酒鬼或者精神病人解決緊急問題的法寶。

精神病患者要想掌握關於愛情及婚姻的解決之道，就一定要接受相關的訓練。假如他們在沒有做好準備的情況下就冒冒失失地去處理問題，那麼一定會遇到很多困難。婚姻還是一種讓人抱有美好幻想的崇高理想，如果想要解決婚姻中的各種問題，需要我們努力地投入和創造，一般來說，身心存在問題的人是無法勝任的。

在某種程度上，婚姻所要達到的目的也可能是非正當的。有些人結婚的動機不是很單純：或者為了求得穩定的經濟環境，或者出於對對方的同情，還有的人是想要有一個人服侍他。然而，婚姻中是容不得這些不正當因素的。我還發現，有些人竟然是為增加自己的困難而結婚。例如，一個年輕人遭遇到事業和學業的雙重打擊，所以他認為自己註定是要失敗的，他會將這些作為自己失敗的藉口，因此，他再用婚姻為自己增加麻煩，以此來為自己的失敗找藉口。

我敢斷言：我們非但不應該在這方面放鬆警惕，反而應該高度重視這個問題。一般來說，在那些婚姻破裂的家庭中，總是女方遭受到更大的傷害，這是因為男性在社會中能夠享受到更多的自由。這並不是一種好現象，而我們卻無法以個人的能力去糾正它。尤其是在家庭中，個人的抵觸心理總會將社會的各種關係擾亂，並且讓伴侶感覺索然無味。要想改變這樣的情況，就需要瞭解社會在這方面的普遍認知，並且盡力去改變它。

我有一個學生，即底特律的羅席教授（Professor Rasey）曾經做過一個調查，他發現幾乎有四二%左右的女性想要變成男人，這表示她們對自己的性別感到不滿。當幾乎一半的人對自己的狀況感到不滿意，並且想反抗另一半人的自由灑脫時，我們怎麼能將愛情方面的問題解決清楚呢？如果在一個社會中，女性的地位總是低下的，她們感到被壓制，並且覺得男人本來就是一種強大的動物，女人就是他們的附屬，男人就算不專一也是無可厚非的，那麼愛情和婚姻的問題能夠得到徹底的解決嗎？

透過以上所說的各點，我們可以總結出一個簡單而且有實用性的結論：人類並不是天生就該一夫一妻或者一夫多妻的。然而，我們居住在地球上，被分為兩種性別，並且一定要和周圍的人建立平等互利的關係，同時周圍的環境還為我們提出了必須解決三個生活方面的問題。從以上事實我們可以看出：有且只有在一夫一妻的制度下，我們才能擁有美好的愛情和幸福的家庭生活。

戀愛的問題和其他的問題都是一樣的，如果能讓孩子自己去尋找解決的辦法，那就最好不過了。我們應該引導孩子憑藉自己的力量去找到想要的答案。

附錄

ALFRED
ADLER

阿爾弗雷德・阿德勒年譜

一八七〇年二月七日

在維也納郊外一個猶太裔中產階級的米穀之家出生，阿爾弗雷德・阿德勒（Alfred Adler）在家中排行第二。

一八七三年：三歲

從小身體孱弱，患有佝僂症。他的動作遲緩笨拙，喉部也有毛病。在這一年裏，他親眼看到睡在身邊的兄弟去世，因此也敏銳地感覺到了死亡的味道。

一八七五年：五歲

阿德勒差一點死於肺炎，於是他決心將來要當一名醫生。他年幼的時候被街上的車子撞倒過兩次，因此，他對死亡懷有極度的恐懼。他天生熱愛音樂，對歌劇的內容可以做到過目不忘。他愛花成癖，醫生認為新鮮空氣對他的佝僂症有益。這一年他步入學校。

一八八〇年：十歲

由於在野外遊玩時傷害了同伴，此後他更樂意待在家裏讀書和工作。

一八八一年：十一歲

進入中學讀書。

一八八七年：十七歲

高中畢業。之後進入維也納大學攻讀醫學，進行深造。

一八九五年：二十五歲

順利透過考試，取得了醫學博士學位。在校期間，他最喜歡的課程是病理解剖學。並對社會問題和社會情況產生了濃厚的興趣。

一八九七年：二十七歲

阿德勒愛上了俄國的留學生蒂諾菲佳娃娜（Raissa Tinofejewna），並和她結婚。蒂諾菲佳娃娜性格強硬，善於言辭，並且對祖國社會改革的事情很感興趣。他們在個性、家境方面都有很多不同之處，初期雖有小摩擦，最後卻能相敬如賓，白頭偕老。

一八九八年：二十八歲

在這一年，阿德勒成為一名眼科醫生。之後，他又成為了一名全科醫生。在他看來，病人不只是一個病例，與此同時，他沒有停下對人格、心理與身體等各方面的情況的探索。阿德勒以他精湛的醫術以及淵博的學識贏得了病人的信賴和稱讚。阿德勒對佛洛伊德的名著《夢的解析》進行了特別的研究，被其中的奧祕所深深折服。他曾在救治糖尿病患者的時候感到束手無策，深有挫折感，但由於克勞夫特・埃賓（Krafft Ebings）的鼓勵，他克服了種種困難，漸漸從一般醫生的工作轉到神經科的研究。

一九〇二年：三十二歲

他曾在維也納一本著名的刊物上發表文章對佛洛伊德的觀點表示贊同，這引起了佛洛伊德的關注，並寫信給他，邀他加入佛洛伊德主持的討論會。於是，他在這一年進入佛氏集團，並逐步成為集團的領導人之一。

一九〇四年：三十四歲

出版第一篇心理學論文《作為教育家的醫生》。

一九〇七年：三十七歲

出版《器官缺陷的研究》一書，書中包含的許多新概念也都是受到佛洛伊德的啟發。

一九一一年：四十一歲

在佛洛伊德要求所有討論會的成員都必須無條件服從其理論觀點時，與阿德勒展開了辯論。阿德勒認為不能將性作為人類所有活動的目標，而是要將其作為個人奮鬥向上的途徑與因素，於是，阿德勒與另外七個職員在這一年離開了討論會，他在這個團體中工作了九年。

一九一二年：四十二歲

阿德勒於這一年組織了「自由心理分析研究學會」（Society for Free Psychoanalytic Research），並將其研究成果命名為「個體心理學」（Individual Psychology）。

一九二〇年：五十歲

阿德勒聲名鵲起，環遊世界，到各地演講，並出版了一系列重要著作。

一九二六年：五十六歲

第一次到達美國，受到當地民眾的熱烈歡迎。

一九二七年：五十七歲

受聘於美國哥倫比亞大學，擔任講座教授。同時，在一所「社會研究新學校」擔任教授。

一九三二年：六十二歲

被長島醫學院（Long Island College of Medicine）任命為醫學心理學客座教授。出版了《自卑與超越》一書，該書原名為：《生命對你意味著什麼》（What Life Should Mean To You）。

一九三四年：六十四歲

和夫人定居美國紐約。

一九三五年：六十五歲

創辦了《國際個體心理學學刊》（International Journal of Individual Psychology）。出版的著作除了本書之外，還有《理解人類本性》《兒童的人格教育》《優越感與社會興趣》《阿德勒的個體心理學》和《自卑與生活》等。

一九三七年：六十七歲

受聘赴歐洲講學。最終由於途中過度勞累，而導致心臟病突發，客死於蘇格蘭亞伯丁市（Aberdeen），享年六十七歲。

成功講座 403

阿德勒的自卑與超越

海鴿文化出版圖書有限公司
Seadove Publishing Company Ltd.

作者　〔奧〕阿爾弗雷德・阿德勒
譯者　王倩
美術構成　騾賴耙工作室
封面設計　九角文化設計
發行人　羅清維
企畫執行　林義傑、張緯倫
責任行政　陳淑貞

出版　海鴿文化出版圖書有限公司
出版登記　行政院新聞局局版北市業字第780號
發行部　台北市信義區林口街54-4號1樓
電話　02-27273008
傳真　02-27270603
e - mail　seadove.book@msa.hinet.net

總經銷　創智文化有限公司
住址　新北市土城區忠承路89號6樓
電話　02-22683489
傳真　02-22696560
網址　www.booknews.com.tw

香港總經銷　和平圖書有限公司
住址　香港柴灣嘉業街12號百樂門大廈17樓
電話　（852）2804-6687
傳真　（852）2804-6409

CVS總代理　美璟文化有限公司
電話　02-27239968　e - mail：net@uth.com.tw

出版日期　2024年04月01日　一版一刷

定價　380元
郵政劃撥　18989626戶名：海鴿文化出版圖書有限公司

國家圖書館出版品預行編目資料

阿德勒的自卑與超越／阿爾弗雷德・阿德勒作;
王倩譯--一版，--臺北市 ： 海鴿文化，2024.04
面 ；　公分. －－ （成功講座；403）
ISBN 978-986-392-519-4（平裝）

1. 阿德勒（Adler Alfred，1870－1937） 2. 學術思想
3. 精神分析學

175.8　　113002803